国家社会科学基金青年项目"政府监管与行业自律互动合作的实现机制研究"(项目批准号:12CZZ052)

行业协会商会脱钩改革

"后脱钩时代"监管与自律互动合作如何实现

郭薇 王天楠 等著

中国社会科学出版社

图书在版编目（CIP）数据

行业协会商会脱钩改革："后脱钩时代"监管与自律互动合作如何实现/郭薇等著 .—北京：中国社会科学出版社，2021.7
ISBN 978-7-5203-8586-2

Ⅰ.①行…　Ⅱ.①郭…　Ⅲ.①行业协会—行政管理体制—体制改革—研究—中国　Ⅳ.①F269.2

中国版本图书馆 CIP 数据核字（2021）第 117418 号

出 版 人	赵剑英
责任编辑	李庆红
责任校对	夏慧萍
责任印制	王　超

出　　版	中国社会外季出版社
社　　址	北京鼓楼西大街甲 158 号
邮　　编	100720
网　　址	http：//www.csspw.cn
发 行 部	010-84083685
门 市 部	010-84029450
经　　销	新华书店及其他书店
印　　刷	北京君升印刷有限公司
装　　订	廊坊市广阳区广增装订厂
版　　次	2021 年 7 月第 1 版
印　　次	2021 年 7 月第 1 次印刷
开　　本	710×1000　1/16
印　　张	14
插　　页	2
字　　数	209 千字
定　　价	78.00 元

凡购买中国社会科学出版社图书，如有质量问题请与本社营销中心联系调换
电话：010-84083683
版权所有　侵权必究

目　录

第一章　基础研究：选题背景、选题意义及理论综述 …………… 1
　　第一节　研究背景 ……………………………………………… 1
　　第二节　选题意义及研究思路 ………………………………… 22
　　第三节　理论综述 ……………………………………………… 27

第二章　理论构建：政府监管与行业自律互动合作的
　　　　　必要性及可能性 ……………………………………… 51
　　第一节　必要性：发端于行业自律之"有限自觉" ………… 51
　　第二节　可能性：源于政府监管之"强弩之末" …………… 63
　　第三节　可行性：实现于基础的构建与限制的突破 ………… 74

第三章　数据支撑：脱钩后政府监管与行业自律互动合作的
　　　　　变化与挑战 …………………………………………… 89
　　第一节　词频分析：脱钩前行业协会商会的角色认知及
　　　　　　职能诉求 ……………………………………………… 89
　　第二节　问卷调查：脱钩后行业协会商会的发展挑战与
　　　　　　认知变化 ……………………………………………… 102
　　第三节　问题回溯：理论分析与数据统计基础上的问题
　　　　　　再造 …………………………………………………… 128

第四章　资政建议：政府监管与行业自律互动合作的机制建设 …………………………………………………………… 133

　　第一节　政府的主动互动：政府的监管机制 ………………… 134
　　第二节　行业协会的被动反哺：行业的自律机制 …………… 147
　　第三节　二者的互通互联：三大机制建设 …………………… 161
　　第四节　社会的多点控制：社会的监督机制 ………………… 172
　　第五节　未来的进一步合作：具体的政策建议 ……………… 177

第五章　结论与贡献 ………………………………………… 190

　　第一节　结论 …………………………………………………… 190
　　第二节　贡献与不足 …………………………………………… 196

附录　脱钩后行业协会商会可持续发展问卷调查 ………… 199

参考文献 …………………………………………………… 206

后　记 ……………………………………………………… 218

第一章　基础研究：选题背景、选题意义及理论综述

第一节　研究背景

在西方，作为市场经济的产物，行业协会商会既是独立自主的市场组织，也是压力团体的一种，能够通过议会制度等表达和维护自身利益、影响政策制定甚至影响立法。与发达国家行业协会商会的发展轨迹不同，我国行业协会商会发展较为缓慢，新中国成立以后由于实行以公有制为基础的计划经济，行业协会商会的发展一度停滞，仅有的少数行业协会商会也是以服务和辅助政府为主要职能。市场经济改革以后，受路径依赖的影响，行业协会商会仍然带有过度的行政化特点，其作为社会组织和市场经济主体利益代表的作用受到很大程度的限制，没有发挥出应有的功能，这与多元治理的时代发展趋势不符。

为改善这种状况，2015年7月8日，中共中央办公厅、国务院办公厅印发《行业协会商会与行政机关脱钩总体方案》，开始在全国范围内推行行业协会商会与行政机关的脱钩改革。习近平、李克强等主要国家领导人通过讲话、指示等方式指出，此次改革要厘清行政机关与行业协会商会的职能边界，厘清政府、市场、社会三者关系，加强综合监管，规范行业协会商会依法运行，促进行业协会商会更加有效地发挥作用。通过试点探索实现行业协会商会与行政机关真正脱钩，

加快形成政府依法行政、行业协会商会依法自治的新体制。① 脱钩改革的实行是我国市场经济深入发展过程中进一步进行经济体制改革的制度需求，也是解决我国行业协会商会发展中长期存在的诸多问题的现实要求。

　　本书的研究正是基于这样的背景。在全球结社革命的大趋势下，政府监管单打独斗的局面已一去不复返，无论是出于市场经济秩序的进一步完善、社会治理能力的进一步提高，政府职能的进一步转变，还是政府在处置某些行业问题时的专业、信息受限等，都需要行业协会商会能够充分发挥自身优势，尤其是充分发挥其超越政府的两大基础性优势——信息传播和行动协调功能②，以"促进行业自律"的方式与政府相互配合，形成一种"新的监管范式"，共同进行市场治理。但正如前文所言，由于长期的行政依附，带有"官味"的行业协会商会丧失或部分丧失了独立发展和处置市场问题的能力，其与政府之间的政会不分也使其在处理行业问题时处处掣肘。

　　总之，脱钩改革之前，我国行业协会商会受制度依赖、亲缘关系、自身能力的限制，无法真正以独立"第三方"的、民间的身份与政府开展合作，而脱钩改革三年之后，由于制度惯性，行业协会商会与政府之间的合作也仍然未能达到理想效果。这种状况如何改善？脱钩之后，与政府间切断了利益联系的行业协会商会是否还会与政府合作，还是倾向于与企业共谋？在新时代，这种"新的监管范式"面临哪些新的挑战和考验等一系列问题亟待解答。由此，本书研究拉开帷幕。然而，必须看到，造成当前的这种状态并非一朝一夕之过，为从根本上彻底改变这一状况，需要从历史中追根溯源。因此，本章第一部分从历史制度主义视角对行业协会商会发展的历史进程、存在的问题及其与政府的关系进行考察，试图从历史中摸底，寻求原因，对症下药，引导行业协会商会的发展从路径依赖走向路径创造。

---

① 王勇：《扎实推进行业协会商会与行政机关脱钩改革》，《社会治理》2016年第1期。
② 蔡晔琦：《协会、制衡与政府信誉》，《经济评论》2004年第1期。

一 夙昔画卷：行业协会商会与政府关系的历史演进

历史是研究一切现在问题的本源。厘清行业协会商会与政府的历史关系是研究行业协会商会与政府互动合作的基础。纵观过去，经历两千多年封建时期的中国有着稳定且持续的集权传统，始终保持"大政府、小社会"的格局，民间治理的空间极为狭小，民间自治组织也几乎没有在"政府—市场—社会"的三者较量中起到过制衡作用。如有学者指出，在明清时期开始逐渐出现并扩展的民间手工业和商业行会与这一时期的官府联系大多较为密切，很少发生与官府的对抗性行为，因此封建时代行会的制衡作用极为有限。[1] 民国时期，我国封建经济、民族资本主义经济和在华外国资本主义经济得到了一定程度的发展，行业协会商会也逐渐开始进入较为规模化的阶段，这成为我国行业协会商会从传统到现代发展的开端。追拷历史脉络大致可以将我国行业协会商会发展及其与政府的关系演进分为三个时期：

（一）市场调节的萌芽：近代中国行业协会商会发展及其与政府的关系

近代时期，我国行业协会商会曾经得到较为自觉的发展。许多学者对这一时期我国行业协会商会或同业公会的建立、运作、特点、功能等问题进行了研究，为考察历史上我国行业协会商会的发展提供了基础性的材料。

首先，就民国时期行业公会等行业社会组织所发挥的功能，许多学者进行了考察和界定。陈瑞认为近代广告行业自律组织的尝试发挥了一定的行业审查监督功能。他考察了1914年全国报界联合会在上海建立以后所制定的一系列制度和进行的行业相关发展活动，如呼吁行业抵制日货的"拒登日商广告案"；通过了被认为是我国最早的广告行业自律文件——《劝告禁载有恶影响于社会之广告案》；提出"崇笃实而黜虚浮，先公益而后私利"的行业自律目标。[2] 樊卫国认为上海同业公会已具有近代资产阶级"准政党"的属性和功能。民国

---

[1] 蔡皞琦：《协会、制衡与政府信誉》，《经济评论》2004年第1期。
[2] 陈瑞：《近代广告行业自律与政府监管略论》，《贵州社会科学》2016年第6期。

时期上海各类同业公会曾运用自身的经济实力和社会影响，发挥过一定的政治功能，包括参与或干预政治事件和政治运动，以合法路径阐述政治立场、表达舆论取向、公陈群体诉求，维护和扩展相关权益等。① 温锐以1927—1937年南京国民政府与市场调适关系为中心，认为在南京国民政府时期，中商会、农会、同业公会等民间经济组织构成经济发展的助力与保护，促进了政府决策优化并发展了政府与市场之间的双向互动关系。② 民国时期行业协会商会还具有较为明显的以"地域"为行业协会建立标准的特征，具有联络同乡、互相扶持、发展慈善公益萌芽等特点，这与传统中国重视乡土人情有关。③

其次，就民国时期同业公会在政府、市场的关系方面，学者们也给出了不同的界定。樊卫国通过研究民国上海各行业的营业规约指出，随着民国时期市场竞争的发展和营业规约细化，行业组织进一步规范了价格管理、营业环节和交易环节，以约束同业的经营行为；民国时期的同业公会成为民国上海市场、企业群体和政府三者关系的结纽。④ 宋涛考察抗日战争结束以后上海市棉布商业同业公会的发展，认为其已经形成了较为完备的行业工会结构，制定了行业规范，并协调政府与同行业间的经济关系，为棉布商业提供了内部发展空间，创造了良好的外部发展环境。⑤ 朱英关注近代同业公会在向现代社会组织转化的过程中所保留的传统特色，包括维护同业垄断利益和承袭行会对官府的依赖特点，认为应当客观看待近代同业公会存在的一些问题，如工商各业仍然延续了偏重本业发展，缺乏全局意识和前瞻眼光的短视行为。⑥

---

① 樊卫国：《论民国上海同业公会的"政治行为"》，《民国研究》2014年第2期。
② 温锐、周海燕：《政府主导下的经济发展——1927-1937年南京国民政府与市场调适关系分析》，《江西财经大学学报》2014年第3期。
③ 朱英：《中国传统行会在近代的发展演变》，《江苏社会科学》2004年第2期。
④ 樊卫国：《民国上海同业公会与企业外部环境研究》，上海书店出版社2014年版。
⑤ 宋涛：《抗战之后上海市棉布商业同业公会研究》，硕士学位论文，华中师范大学，2012年。
⑥ 朱英：《近代中国同业公会的传统特色》，《华中师范大学学报》（人文社会科学版）2004年第3期。

此外，就这一时期同业公会是否具有自治性及其政治影响等问题，也有学者提出了不同的看法。如马德坤通过对同业公会与政府的关系的研究，探讨近代工商组织的自治性与国家权力的关系，认为同业公会的一些职能只是政府自上而下管理社会权力的延伸，而非自治性。① 日本学者清水盛光也认为这一时期中国行会在政治影响方面软弱无力，其活动范围只限于经济生活，原因则是当时的割据势力和国家官僚势力限制了行业协会商会的发展空间，总体来说则是"都市之空气并不自由"②。

综上所述，这一时期的行业协会商会的发展，主要是自觉阶段，尚未形成较为系统的机制，并且由于当时的政治生态原因，行业协会商会所发挥的作用有限，在与政府合作方面也比较乏力。此外，这一时期行业协会商会的发展，大多是在少数如上海、广东等经济较为发达的省市进行的，数量有限，没有形成全国范围的制度模型。总体而言，民国时期的行业协会商会是我国近代史上社会组织的一种有益尝试，为我国行业协会商会的发展奠定了一定的历史基础。

(二) 路径依赖的肇始：新中国成立以后行业协会商会发展及其与政府的关系

1949 年新中国成立后，开始实行以政府对社会和资源的整体控制为主要特征的高度集中的计划经济体制。新中国成立初期，政府成为资源配置的主要方式，进行社会经济活动的组织、管理、调节和控制并掌握行业的发展指导权力。诸如没收官僚资本，进行私营工商业改造，建立公有制经济等一系列举措的实质其实是政府对经济的直接干预和全面监管。在这种体制下，与全能型政府管理模式相对应，经济、社会对政治高度信仰和依赖，社会自我组织和自我约束能力萎

---

① 马德坤：《近代工商业组织"自治"性刍议——以同业公会为例》，《学术界》2015 年第 8 期。

② 〔日〕清水盛光：《传统中国行会的势力》，《食货月刊》1985 年第 15 卷，第 1、2 期。

缩①，行业协会商会曾一度淡出经济舞台。正如有学者指出："历史遗留下的'强政府、弱社会'的权力格局，在计划经济年代得到了强化。改革前，中国社会和经济生活的方方面面都被公域覆盖，民间组织几乎完全消失。"②

这一时期，政府在进行资源配置和行业发展安排时，较多采取政治动员、行政主导方式；企业之间也都按照政府行政命令进行经济交往。有学者总结这一时期的商业特点是形成了以"商业、供销、粮食、物资、外贸"五大系统为基础的全国统一市场，并采取国家定价的价格管理模式。③比较而言，在市场经济体制下，各自独立的企业依据自由市场的价格信号进行生产经营和资源的调动，并根据共同利益需求自愿和自发地组成协会等组织。而与此截然不同的是，在计划经济体制下，经济、社会、政治的所有功能都是通过单位制来完成的，是经过组织规划和计划后的资源配置，市场失去了原有的积极性、竞争性的资源配置作用。

这一阶段，作为企业之间联合组织的行业协会商会几乎不存在。就形式而言，在组织功能上，有些行业协会商会的实质是政治性社会团体而非行业性组织；有些则是特定时期根据经济利益和协调矛盾冲突需要而成立的。这些行业协会商会大多直接承担政府职能，多数属于"自上而下"建立起来的，其资金来源、人事安排、行业规章制度、技术标准等均受政府指导与控制，形成了为政府服务、对政府负责的格局。在缺乏市场经济竞争的经济环境下，行业协会商会自然无法进行市场内的自我调解和自律，其互益性服务功能和行业自律功能基本缺失。

总的来看，从积极的方面来说，高度集中的计划经济体制起到了保证新中国成立初期政治经济稳定的作用，保证了工业化的快速起步

---

① 唐燕：《城市规划行业管理模式的转型——从完全行政主导走向政府监管与行业自律相结合》，《规划师》2006年第6期。
② 蔡晔琦：《协会、制衡与政府信誉》，《经济评论》2004年第1期。
③ 黄新生、李宏彪：《计划经济时期商业的回顾与启迪》，《商场现代化》2006年4月（下旬刊）总第465期。

和发展。但是也应该看到，从消极的方面来说，长期看，这一经济体制对我国行业协会商会等社会组织的发展造成了不利影响，使其几乎进入停滞状态，即使在改革开放以后，仍然难以摆脱对计划经济、行政主导的路径依赖。

（三）蓬勃壮大的发育：市场经济改革以来行业协会商会发展及其与政府的关系

1978年以来，我国经济制度发展出现重要拐点——开始从计划经济向市场经济体制改革转型。随着经济制度的改变，政治、社会、文化等方方面面都得到了相应的改革和转变。在经济领域，逐步开始探索政企分开，建立现代企业制度，非公有制经济发展得到越来越多的政策支持，市场活力受到巨大激发。在政治领域，开始探索从全能政府向有限政府转变，政府开始逐步退出直接的微观管理，转向宏观的间接调控，"小政府、大社会"的目标逐步确立，政府社会服务职能随之加强。在社会领域，探索政府还权于社会，实现社会自我管理和自我服务，多元社会治理逐渐兴起，社会组织得到了更大的发展空间。在文化领域，多元开放、包容的文化得到充足的发展，社会利益和社会文化日益多元化。这一时期，"改革开放释放出的巨大能量加上缺乏相应的制度约束，使得社会组织在数量上几乎呈现为爆炸式的巨大增长"[①]。行业协会商会获得"从职业化到行业化"的发展，开始初步改变从属地位而获得一定的独立性，同时在行业规范上也由单纯依靠行政管理改变为开始探索行业自律。

在促进行业协会商会进一步发展的初步探索方面，1997年3月19日，国家经济贸易办公厅颁布《关于选择若干城市进行行业协会试点的方案》，提出建设和发展行业协会商会是建立社会主义市场经济体制的重要组成部分，也是国有企业改革的重要外部配套条件。党的十四届三中、五中全会明确了行业协会商会作为社会中介组织和自律性行业管理组织的地位和作用，并确定在上海、广州、厦门、温州

---

① 王名：《走向公民社会——我国社会组织发展的历史及趋势》，《吉林大学社会科学学报》2009年5月第3期。

四个城市进行经济类行业协会商会试点工作。试点方案提出行业协会商会的职能包括：（1）建立行业自律性机制，规范行业自我管理行为，促进企业平等竞争，提高行业整体素质，维护行业整体利益；（2）对新办企业申报进行前期咨询调研，作为有关部门审批和登记注册的重要依据；（3）制定和修订本行业各类标准，承担本行业生产许可证发放的有关工作；（4）进行行业内部价格协调，组织同行议价；（5）行业统计，为政府制定产业政策提供依据，为企业经营决策服务；（6）对行业内重大项目进行前期论证，并参与项目责任监督。从试点方案对行业协会商会的职能界定可以看出，较多还是为政府决策服务和提供资讯，其次才是行业内的自律和服务职能。因此这一时期，在职能定位上，行业协会商会并不是市场经济条件下的独立的社会组织角色，基本上是作为政府的助手而存在。另外，由这一时期的政策设计使然，行业协会商会也承担了一定的审批职能，并合规、公开地开始进行行业价格协调，这就给未来行业协会商会逐步发展为"二政府"或从事反竞争行为埋下了隐患。

随着改革开放进一步深入，我国市场经济渐趋发育成熟，市场在资源配置中开始发挥基础性甚至决定性作用，社会转型也随之展开，政府对社会组织的管理方式逐步规范化和科学化，行业协会商会等社会组织开始得到较为充分地发展。2001年中国加入世界贸易组织，开始执行WTO规范下的一系列以市场经济为基点的多边秩序，更加突出市场的自我调节作用。由此，由市场主体构成的行业协会商会自然也需要逐步发挥出行业自律、自我约束、互惠互利的功能。在这样的制度背景下，行业协会商会得到进一步发展，并开始逐步参与反倾销、反补贴起诉和应诉活动，在国际贸易关系中发挥出越来越重要的作用。

与此同时，为适应市场经济的深度发展需要，我国制定了一系列正式的法律法规和指导意见，进一步明确了市场和社会组织进行自我调节和自律管理的重要性，确立了政府不断减少对市场经济和社会组织发展的干预，合理让位于行业自律的主导思想。如2004年7月正式实施的《中华人民共和国行政许可法》第十三条规定："公民、法人或者其他组织能够自主决定的;市场竞争机制能够有效调节的;行业组织或者中介机构能够自律管理的可以不设行政许可。"再如,2007年国务院办公厅发布的《关于加快推进行业协会商会改革和发展的若干意见》指出:"充分发挥桥梁和纽带作用;加强行业自律;切实履行好服务企业的宗旨;积极帮助企业开拓国际市场;把适宜于行业协会行使的职能委托或转移给行业协会。"党的十八大以来,中央再次进一步对社会组织改革发展做出决策部署,要求加快形成"政社分开、权责明确、依法自治"的现代社会组织体制。2013年3月,《国务院办公厅关于实施〈国务院机构改革和职能转变方案〉任务分工的通知》提出:对行业协会商会类、科技类、公益慈善类、城乡社区服务类社会组织实行民政部门直接登记制度。从而开启了"让社会组织依法自治,政府退出社会扮演监管角色"的深度改革步伐。

经过这一时期的系列改革发展举措,我国行业协会商会得到蓬勃发展。到2014年年底,我国行业协会商会的数量接近7万个,基本覆盖了国民经济的各门类和各层次。与过去单纯作为政府助手的功能角色相比,这一时期的行业协会商会在发挥行业自律的功能上也有了长足进步。从数据来看,据不完全统计,全国性行业协会商会中有356家制定了行业自律制度,347家制定了行规行约,305家发布了行业自律宣言,301家制定了行业职业道德准则,全国性行业协会商会2014年全年协调行业内外纠纷达到2236次[①],为建设规范的社会主义市场经济秩序做出了巨大贡献。

(四)深化改革的楔子:行业协会商会自身发展及其与政府关系的沉疴宿疾

经过长期积累,我国行业协会商会取得了长足的发展进步,最初鼓励行业协会商会发育、发展的顶层制度设计在当时起到了补充遗缺、充实多元治理体系的重要作用,但也给行业协会商会的未来发展埋下了诸多隐患。总的来看,过往行业协会商会的自身建设及其与政

---

① 高运成:《推进新常态下行业协会商会健康有序发展》,《社会治理》2016年第1期。

府关系存在以下问题。

首先,从行业协会商会自身发展来看,不足逐渐显现。主要包括几个方面问题:其一,协会发展不平衡。行业协会商会发展状况与我国经济发展的地域不均衡、市场结构不完善有关,突出表现为东部沿海地区的行业协会商会多较为发达和先进,西部地区的行业协会商会则相对落后,东西部的行业协会商会在活跃程度、能力水平、作用范围等方面存在明显差异。如早在十年前,广东就开始了行业协会商会的民间化改革,而在有些经济改革滞后的地区,行业协会商会的行政色彩几乎还没有改观。① 其二,行为制度不规范。一些行业协会商会职能不完备,内部组织机构和规章制度不健全,难以正常开展活动;还有一些行业协会商会运作行为不规范,甚至存在代表行政主管部门向企业摊派会费,热衷表面评比表彰等现象,增加了企业负担。其三,人员配备不科学。过去,行业协会商会较多由政府行政部门退休人员构成,这样的人员安排短期看虽然能够明显增强协会商会与政府的沟通联系,助力行业协会商会的发展,却不利于行业协会商会的长远发展,因其既强化了我国行业协会商会的精英治理现象,加重了协会商会领导人才的断层问题,又为行业协会商会发展为"二政府"埋下了隐患。其四,协会设置不先进。突出表现为新兴行业缺乏行业协会商会,尤其是进一步细化的行业协会商会,而传统行业的协会商会则存在相对萎缩和老化的趋势。② 其五,过度商业化。也即有学者指出的中国行业协会商会在发展上表现出两大本不应该有的特点——非政府组织的"政府性"和非营利组织的"营利性"③,如强制收费、强制处罚、强制进行非法敛财、不正当竞争等。

其次,从政府对行业协会商会的监管来看也存在诸多问题:其一,正式的监管规范缺失。直至现在,我国仍没有出台《行业协会商

---

① 贾西津、张经:《行业协会商会与政府脱钩改革方略及挑战》,《社会治理》2016年第1期。
② 朱剑红:《脱钩改革——让行业协会商会褪去"官色"》,《人民日报》2015年7月9日第6版。
③ 王名、贾西津:《行业协会论纲》,《经济界》2004年1月第1期。

会法》,对行业协会商会的监管仅依据《社会团体登记管理条例》中的一些原则性规定,缺乏深入和细化的监管措施;其二,政府干预的随意性较大①,存在指令性干预和监管政策不稳定等现象。同时,这一时期政府对行业协会商会的监管存在"既严又松"的矛盾现象,即"前紧后松"——审批紧,监管松。出于行业失范的担忧,这一时期政府对协会商会较少放权,政策上也没有放开,导致民间行业协会商会不能自由注册而官办行业协会商会又过度沾染行政气息,两者都无法充分自主发展。

最后,在行业协会商会与政府的关系方面,存在政会不分的问题,行业协会商会过度行政化,常常被批评为"二政府""红顶中介"。由于很多行业协会商会在设立之初就是依据政府部门的工作要求而设立的,或者承接了政府机构改革中裁汰的职能和工作,因此与政府关系密切,政府的业务主管部门也仍旧用传统方式管理行业协会商会,甚至直接指挥协会商会的工作,这就导致行业协会商会缺乏自主性,经常根据政府指令和要求从事日常活动,协会商会因此在一定程度上成为行政主管部门权力的延伸,难以真正代表和维护行业和企业的利益。总之,以上问题为接下来的改革打开了应然的窗口,随着我国经济社会的进一步发展,行业协会商会与行政机关的脱钩呼之欲出。

二 新的时代:行业协会商会与行政机关的脱钩改革

(一)社会组织地位提升:肩负参与国家治理的时代使命

随着社会的不断发展,我国的社会组织逐渐从过去"强国家—弱社会"的阴影中走出来,拥有了更大的自主发展空间,并日益承担着参与社会治理的重要角色。目前,社会组织协同治理已经成为我国国家层面优化社会治理模式的重要措施之一。2013年,党的十八届三中全会通过了《中共中央关于全面深化改革若干重大问题的决定》,指出要在新的历史起点上全面深化改革,推进国家治理体系和治理能力

---

① 郁建兴、周俊、沈永东、何宾:《后双重管理体制时代的行业协会商会发展》,《浙江社会科学》2013年第12期。

现代化。其中，对创新社会治理体制提出新的要求：要着眼于最广大人民的根本利益，改进社会治理方式，激发社会组织活力。① 2017年，习近平总书记在党的十九大报告中重申上述观点，并提出打造"共建共治共享"的社会治理格局，要求完善党委领导、政府负责、社会协同、公众参与、法治保障的社会治理体制。强调社会治理中心下移的重要性和必要性，并指出特别是在社区治理方面，社会组织要积极参与，实现政府、社会和居民三个治理主体之间的沟通与协调。② 2019年，党的十九届四中全会通过了《中共中央关于坚持和完善中国特色社会主义制度 推进国家治理体系和治理能力现代化若干重大问题的决定》，强调要发挥社会组织的作用和行业协会商会的自律功能，构建基层社会治理新格局。③ 由此可见，社会组织在国家治理体系中的地位逐渐彰显出来，行业协会商会的自律功能也开始成为完善国家治理体系的手段之一。根据《中国社会组织报告》（2019）的最新研究结果显示，中国的社会组织发展已经由高速增长阶段迈向高质量发展阶段，对社会组织的审核以及合法性的要求越来越严格。同时，政府强化对各类社会组织的政策性支持，切实提高社会组织的内生动力，以实现制度性和结构性参与国家战略和治理体系。④

总的来说，社会组织具有政府组织和市场组织所不具备的自愿组织、自主事务、自我管理、自我负责、自我发展的独特特征。在新时代，社会组织的时代使命已经被重新定义：它承担着参与国家治理、为经济发展提供人才储备、承接政府职能、搭建协商平台、构建现代社会秩序以及在社会范围内传播社会正义等各项责任。行业协会商会

---

① 《中国共产党第十八届中央委员会第三次全体会议公报》，共产党员网，http：//news.12371.cn/2013/11/13/ARTI1384290823679595.shtml，2013年11月13日。

② 习近平：《决胜全面建成小康社会夺取新时代中国特色社会主义伟大胜利——在中国共产党第十九次全国代表大会上的报告》，中央政府门户网站，http：//www.gov.cn/zhuanti/2017-10/27/content_5234876.htm，2017年11月27日。

③ 《中共中央关于坚持和完善中国特色社会主义制度推进国家治理体系和治理能力现代化若干重大问题的决定》，中央政府门户网站，http：//www.gov.cn/zhengce/2019-11/05/content_5449023.htm，2019年11月5日。

④ 黄晓勇、蔡李强、何辉、徐彤武：《社会组织蓝皮书：中国社会组织报告》（2019），社会科学文献出版社2019年版。

作为社会组织的一员,也承担着上述责任。但是行业协会商会中存在的"二政府""红顶中介"等不良现象严重扰乱了市场秩序,使行业协会商会的治理功能仍然具有一定程度上的行政色彩,必须采用法制手段斩断其与政府机关背后的利益链条和身份依附,只有使社会组织真正走向社会,才能实现新时代国家治理现代化的目标。为此,2015年6月,《关于全面推开行业协会商会与行政机关脱钩改革的实施意见》出台(以下简称《意见》),《意见》提出要实现行业协会商会与政府行政机关之间的"五分离、五规范",目的是从根本上切断行业协会商会与行政机关之间的利益链条。然而,由于目前行业协会商会自身发展还不成熟,因此,摘掉"二政府"和"红顶中介"帽子后的行业协会商会若要实现社会化,面临着巨大的挑战。但是,不可否认的是,在全国范围内推行行业协会商会对行业进行自律监管是我国完善社会治理格局的必然选择。

(二)地方经济驱动:地方脱钩实践的探索源头

在国家层面正式发布脱钩改革方案之前,我国各地方已经有了一些较为先进的脱钩实践,这些探索脱钩实践的城市一般集中在经济较为发达的地区,如上海、深圳、广东以及浙江等地。其脱钩实践的动力来源主要是改革开放以来私域的扩展和私营经济的发展,地方私营经济出于自身利益需求开始走向联合,促使民间自治需求扩大。又因为这些地域有较为扎实的经济基础、经商传统等,能够相对较快地进行利益整合,因此出现了较多的企业自发建立的行业协会商会,开始谋求在市场经济条件下实现行业内的利益最大化。

但是由于这一时期仍然存在挂靠制度,行业协会商会必须寻找相关主管单位进行协会商会的挂靠程序以获得自身的合法化。根据我国颁布的《社会团体登记管理条例》(1998年)、《民办非企业单位登记管理暂行条例》(1998年)和《基金会管理条例》(2004年)等社会组织的管理法规规定,社会组织必须先获得所在行业业务主管部门的审批,才能到民政部门登记管理机关申请登记,这一"双重管理"体制虽然可以通过政府干预来控制和规范社会组织的准入,但是同时导致大量社会组织由于责任承担等原因,无法获得行业业务主管单位的批准，其发展因此受到了一定程度的阻碍。从 2006 年起，深圳、北京、温州、广东和福建等地先后出台政策，开始实行行业协会商会直接由民政部门登记的管理体制，由此"一元管理"的实践探索有了地方先例，随后一些地方又出现了允许"一业多会"和"一地多会"的实践。

同时，由于政府行政力量对市场和行业协会商会发展的干预也使行业协会商会活动受到了较大的限制，地方脱钩实践开始发酵。不过，不同地方脱钩改革实践的侧重点有所不同[1]，如贵州省脱钩实践以政会分开为重点，主要关注人、财、机构的分离，解决行业协会商会泛行政化倾向和依赖政府的问题；广东等地主要关注民间办会，将行业协会商会由公共财政框架下的行政附属部门转型为"自愿发起、自选会长、自筹经费、自聘人员、自主会务"的社会自治组织；河北省主要从政府购买公共服务入手，建立了政府资助行业协会商会发展机制以及政府购买行业协会商会服务机制；浙江省则借助行业改革、国有企业改革以及深化行政体制改革，推动行业协会商会承接政府职能转移，到 2007 年年底，浙江省应脱钩的 1300 多家行业协会商会全面完成与行政机关脱钩改革。脱钩改革中，对萎缩的行业协会商会进行注销，培育新兴产业协会商会，加强对现代服务业、文化产业等行业协会商会的扶持建设力度。[2]

这一时期我国行业协会商会与政府的关系中出现了几个比较典型的地方创新模式[3]，同时政府向行业协会商会转移职能的地方性规定陆续出台：（1）以双重管理、统一负责为特征的温州"统一模式"。2001 年《温州市行业协会管理办法》授权温州市工商联可以作为行业协会商会的业务主管单位，把部分业务主管单位的权力集中交给工

---

[1] 杨宜勇、关博：《行业协会商会脱钩政府：探索、挑战和改革》，《时事报告》2014 年第 3 期。

[2] 徐家良、薛美琴：《行业协会承接政府职能转移特征分析》，《上海师范大学学报》（哲学社会科学版）2015 年 9 月第 5 期。

[3] 张冉：《我国行业协会管理体制弊端、实践创新及变革趋势》，《昆明理工大学学报》（社会科学版）2007 年 8 月第 4 期。

商联，为行业协会商会提供了一个相对宽松和自主的环境。（2）以双重管理、三方负责为特点的上海"协调模式"。该模式将登记管理、行业管理、协会管理职能分别交由市社团局、各委办局、社会服务局，实行综合协调、专业管理。（3）以集中控制、一元管理为特点的广东"集中模式"。2006年3月1日，《广东省行业协会条例》规定行业协会商会设立时不必先经业务主管单位许可，可直接报送民政部门，并由民政部门行使对行业协会商会的登记、准入和管理权力。

这些地方实践在一定意义上以其现实运行为全国行业协会商会的脱钩改革提供了借鉴，并在一定程度上以其运行效果推动了脱钩方案的制定与推行。但除了地方脱钩实践带来的积极示范作用以外，部分学者也指出了这一时期地方脱钩实践的问题：如职能定位不清，仅仅将脱钩改革视为人财物的分离，而缺少配套机制的改革；保障机制匮乏，政府购买公共服务时存在购买对象资质不明确、购买服务内容狭窄、购买资金来源缺乏长效保障、购买服务质量的监督和评估机制未建立、竞争机制引入不足等问题。[①] 因此地方的各种脱钩改革实践迫切需要进行统一整合，制定清晰、全面、可统领全局的全国性脱钩改革方案。

（三）政府职能转变：国家脱钩改革的酝酿动因

随着我国经济发展阶段的变化以及现代化水平的全面提高，政府职能转变成为中国改革的核心内容之一。朱光磊提出，政府职能转变不仅是历史发展到一定阶段的产物，也是我国经济、社会进一步发展的必然要求。同时，处于经济体制改革和政治体制改革的"结合部"，政府职能转变是调整政企关系，建立现代企业制度，行政体制改革、机构改革，发展第三部门等多项改革的重要内容或重要基础。[②] 与此相对应，我国行业协会商会与行政机关脱钩的改革是社会组织在政府职能转变过程中的呼应。贾西津指出，从组织形式上看，此次脱钩改

---

① 杨宜勇、关博：《行业协会商会脱钩政府：探索、挑战和改革》，《时事报告》2014年第3期。

② 朱光磊：《中国政府职能转变问题研究论纲》，《中国高校社会科学》2013年第4期。

革的目的并非仅仅进行行业协会商会的改革,更深层次的目标是发挥行业协会商会在市场经济中的功能并探索中国社会组织的变革。①

2013年,《国务院机构改革和职能转变方案》提出,"根据党的十八大和十八届二中全会精神,深化国务院机构改革和职能转变……以职能转变为核心,继续简政放权、推进机构改革、完善制度机制、提高行政效能,加快完善社会主义市场经济体制,为全面建成小康社会提供制度保障"。其中明确提出逐步推进行业协会商会与行政机关脱钩:"改革社会组织管理制度。加快形成政社分开、权责明确、依法自治的现代社会组织体制。逐步推进行业协会商会与行政机关脱钩,强化行业自律,使其真正成为提供服务、反映诉求、规范行为的主体。探索一业多会,引入竞争机制。"②

紧接着,2014年1月,民政部提出为推动行业协会商会"去行政化",将启动行业协会商会与行政机关脱钩试点,制定《行业协会商会与行政机关脱钩总体方案》。总之,为了营造改革氛围,创造脱钩基础,一方面中央加紧协调推进制定《脱钩总体方案》及其配套文件;另一方面通过领导讲话、媒体宣传营造舆论氛围,在全国性培训会、交流会等场合动员行业协会商会勇敢面对改革。③ 随着国家层面对脱钩改革的方向酝酿,地方政府层面脱钩实践随之增加。在中央改革精神指导下,有超过22个省级行政区域竞相制定了脱钩改革政策,有的省份已经开始执行,如2014年广东省清退了行业协会商会兼职国家机关工作人员1547名。④

(四) 五大分离举措:脱钩改革方案的正式发布

2015年7月8日,中共中央办公厅、国务院办公厅正式印发《行

---

① 贾西津、张经:《行业协会商会与政府脱钩改革方略及挑战》,《社会治理》2016年第1期。

② 《国务院机构改革和职能转变方案(全文)》,中国网,http://www.china.com.cn/news/2013lianghui/2013-03/14/content_28245220.htm,2017年11月3日。

③ 赵小平:《与行政机关脱钩:2014年行业协会商会改革的热点分析》,《中国社会体制改革报告No.3(2015)》,社会科学文献出版社2015年版,第188页。

④ 赵小平:《2015年行业协会商会与行政脱钩改革进展评述与政策建议》,《社会体制蓝皮书》2016年版,第167—175页。

业协会商会与行政机关脱钩总体方案》，确立了行业协会商会"社会化、市场化"的改革方向。①为加强试点工作指导服务，国务院办公厅还印发了《行业协会商会与行政机关脱钩工作资料汇编》和《行业协会商会与行政机关脱钩政策问答》②。并由联合工作组成员单位按职能牵头制定了十个配套文件，分别涉及党建工作管理体制调整、事业单位机构编制调整、外事管理工作、行业公共信息平台建设方案、全国性行业协会商会负责人任职管理、脱钩有关国有资产管理、脱钩有关经费支持方式改革办法、行业协会商会承接政府购买服务工作、脱钩有关办公用房管理办法、脱钩后综合监管办法等。这些陆续出台的配套政策，与脱钩总体方案、试点方案形成系统完整的脱钩政策操作体系③，尤其是第一次在国家层面建立和完善了针对行业协会商会的新型综合监管制度，对于加强脱钩后行业协会商会综合监管，规范行业协会商会服务和收费行为，维护行业协会商会发展良好秩序，都具有重要意义。④

此次脱钩改革主要涵盖目标、主体、原则、内容等几个方面。改革的目标是厘清行政机关与行业协会商会的职能边界问题，加强综合监管，促进行业协会商会成为依法设立、自主办会、服务为本、治理规范、行为自律的社会组织。改革的主体是各级行政机关与其主办、主管、联系、挂靠的行业协会商会。改革的四条基本原则：一是坚持社会化、市场化改革方向；二是坚持法制化、非营利原则；三是坚持服务发展、释放市场活力；四是坚持试点先行、分步稳妥推进。⑤ 改

---

① 《中办国办发文提出实现行业协会商会与行政机关脱钩》，中央政府门户网站，http://www.gov.cn/xinwen/2015-07/08/content_2893986.htm，2019年10月12日。

② 程楠：《全国性行业协会商会正有序稳步脱钩——访民政部民间组织管理局副局长廖鸿》，《中国社会组织》2016年第17期。

③ 季云岗、王冰洁：《脱钩是行业协会商会发展的必由之路——专访民政部民间组织管理局副局长李勇》，《中国社会组织》2015年第19期。

④ 《〈行业协会商会综合监管办法（试行）〉问答》，中华人民共和国民政部网站，http://www.mca.gov.cn/article/fw/zcjd/shzz/201701/20170100003048.shtml，2017年2月12日。

⑤ 中共中央办公厅、国务院办公厅印发《行业协会商会与行政机关脱钩总体方案》，中央政府门户网站，http://www.gov.cn/zhengce/2015-07/08/content_2894118.htm，2017年7月4日。

革的内容包括：机构分离，规范综合监管关系；职能分离，规范行政委托和职责分工关系；资产财务分离，规范财产关系，进行资产清查、行政办公用房清理腾退等；人员管理分离，规范用人关系；党建、外事、期刊主管主办单位变更等事项分离，规范管理关系。[①]

在组织实施上，方案明确国家发展改革委、民政部会同有关部门成立行业协会商会与行政机关脱钩联合工作组。全国性行业协会商会脱钩试点工作由民政部牵头负责，2015年下半年开始第一批试点，2016年总结经验、扩大试点，2017年在更大范围试点，通过试点完善相应的体制机制后全面推开[②]，争取到2018年行业协会商会脱钩工作全面完成。2016年8月24日，脱钩联合工作组办公室召开了全国性行业协会商会第一批脱钩试点工作推进会暨第二批脱钩试点工作动员会，指出前期脱钩试点工作取得阶段性成效，总体符合预期。截至当时，第一批148家全国性行业协会商会中，有145家正式报送了脱钩实施方案和基本情况表。之后脱钩工作陆续展开，截至2018年2月，第三批脱钩试点工作完成。至此，共计约438家全国性行业协会商会被纳入"脱钩试点范围"，从全国总量来看，脱钩进程已近半，初步成效显现。

（五）脱钩改革战略部署：从试点先行走向全面推开

2019年6月17日，国家发改委发布《关于全面推开行业协会商会与行政机关脱钩改革的实施意见》，《意见》指出要按照"去行政化"原则，落实"五分离、五规范"的改革要求，以"应脱应尽"为导向，促进符合改革条件的行业协会商会向合法、自主、规范、自律的社会组织转变。同时，要落实主管单位的主体责任，坚决杜绝"甩包袱"改革。全国性行业协会商会和地方性行业协会商会脱钩改

---

① 中共中央办公厅、国务院办公厅印发《行业协会商会与行政机关脱钩总体方案》，中央政府门户网站，http：//www.gov.cn/zhengce/2015 - 07/08/content_ 2894118. htm，2017年7月4日。

② 中共中央办公厅、国务院办公厅印发《行业协会商会与行政机关脱钩总体方案》，中央政府门户网站，http：//www.gov.cn/zhengce/2015 - 07/08/content_ 2894118. htm，2017年7月4日。

革分别由民政部和各级脱钩联合工作机制负责落实,发改、民政、组织(社会组织党建工作机构)、财政、人力资源社会保障等职能部门及行业管理部门协同配合做好脱钩改革工作。[①]

同年,脱钩联合工作组办公室下发了《关于做好全面推开全国性行业协会商会与行政机关脱钩改革工作的通知》和《关于做好全面推开地方行业协会商会脱钩改革工作的通知》两个文件,进一步细化了全国性与地方性脱钩改革的时间点、路线图和责任方。要求脱钩工作围绕"五分离、五落实"原则展开,要求强化主体责任,按照"谁主管、谁负责"原则,层层分解和落实工作责任。要求全国性行业协会商会与行政机关脱钩改革工作明确各部门的职能边界:党建、机构编制、国有资产管理、外事管理以及各相关部门要各司其职、各负其责、加强指导、积极配合,将相关配套政策落到实处,对于现有政策不明确的事项,要及时予以研究解决;行业管理部门要创新管理方式,建立工作机制,畅通联系渠道,主动了解掌握在本行业领域内活动的行业协会商会基本情况,积极开展政策和业务指导;财政、税务、审计、价格、市场监管等职能部门要依法全面履行监管职责,同时加强部门间信息共享和协同配合;国家发展改革委、民政部要履行好联合工作组办公室职责,认真梳理脱钩改革中发现的共性问题,密切关注、跟踪脱钩改革进展情况,及时指导和解决脱钩改革中出现的新情况、新问题。[②] 地方性行业协会商会与行政机关脱钩改革工作要求在总结试点经验的基础上,进一步健全行业协会商会脱钩改革工作机制、明确脱钩名单、建立和完善政府综合监管体系;加大对相关部门的培训力度,深入宣讲脱钩政策;评估和清理现行政策,做到"脱

---

① 《关于全面推开行业协会商会与行政机关脱钩改革的实施意见》,中央政府门户网站,http://www.gov.cn/zhengce/zhengceku/2019-09/27/content_ 5434101.htm,2019 年 12 月 6 日。

② 《关于做好全面推开全国性行业协会商会与行政机关脱钩改革工作的通知》,中央政府门户网站,http://www.gov.cn/xinwen/2019-06/21/content_ 5402133.htm,2019 年 12 月 6 日。

钩不脱缰""脱钩不脱管""脱钩不脱扶持""脱钩不脱服务"。①

在上述诸多文件指导下，截至 2019 年年底，已有 359 家全国性行业协会商会形成并向国家民政部报送了脱钩实施方案。国家民政部正按照程序对脱钩实施方案——进行核准，并联合国家发改委督促相关业务主管单位扎实稳妥推进后续脱钩工作。同时，各地发改委、民政部门也精心组织、周密部署，切实抓好省、市、县三级脱钩改革的具体组织实施。②

（六）未来新的趋向：用好脱钩改革这柄"双刃剑"

脱钩改革是一场轰轰烈烈的自上而下的政社分开运动，其表明了中国政府还权社会的决心，对促进政府职能转变，培育良好的政社关系，保障行业协会商会可持续健康发展具有十分积极的意义。但必须看到，由于脱钩改革尚在试验之中，还需要实践的检验。同时，像所有改革一样，其也存在一些可能的风险。如何利用好脱钩改革这柄"双刃剑"考验着执政者的执政智慧。关于脱钩改革的成因剖析、热点难点、实施成效、脱钩风险以及脱钩之后行业协会商会的发展走向，学者们也给出了分析和预测，主要观点如下：

1. 制度变迁说。沈永东认为，此次脱钩改革是一种自上而下的强制性制度变迁（Mandatory Institutional Change），既要解决行业协会商会长期依附权威行政资源的"路径依赖"（Path Dependence）问题，也将面临"会员逻辑"（Logics of Membership）运行过程中的市场逐利倾向及行业利益代表性不足的问题。脱钩改革要求行业协会商会"面向市场、服务会员"，将"服务重心从政府转向企业、行业与市场"，这意味着"会员逻辑"将主导我国行业协会商会今后的发展方向。③

---

① 《关于做好全面推开地方行业协会商会脱钩改革工作的通知》，中央政府门户网站，http：//www.gov.cn/xinwen/2019-06/21/content_5402131.htm，2019 年 12 月 6 日。

② 《回望2019·社会组织篇：行业协会商会脱钩：从试点先行走向全面推开》，中央政府门户网站，http：//www.mca.gov.cn/article/xw/mtbd/201912/20191200022548.shtml，2020 年 2 月 6 日。

③ 沈永东、宋晓清：《新一轮行业协会商会与行政机关脱钩改革的风险及其防范》，《中共浙江省委党校学报》2016 年第 2 期。

2. 职能转移说。贾西津和张经认为，脱钩改革是中国社会组织改革的"试验田"，同时也是我国市场经济发展以来对市场主体要求的配套改革。行业协会商会与政府脱钩的目标是使我国最终实现"政社分开，责权明确，依法自治"的社会组织体系现代化，是通过契约和市场的方式实现和重构行业协会商会与政府的关系。现阶段，我国全国性和省级的行业协会商会的形成路径仍以自上而下的路径为主，但总体上行业协会商会的民间性越来越强。而我国现代社会组织体制的建立，必须走向组织的独立运作和依法自治，他们提出脱钩改革涉及政府向行业协会商会转移的职能包括宏观、中观、微观三个层次，相应地，脱钩改革以后也应该从这三个层次发挥行业协会商会的功能，包括行业公共治理和公共政策功能；行业自律、行业服务、企业联合、企业代言功能；互助互益、服务企业的功能等。①

3. 体制阻滞论。葛亮提出行业协会商会"去行政化"的困境在于体制性连环阻滞，主要是由于目前我国行业协会商会的发展既缺乏完善的社会意识支撑，又没有健全的制度外部框架。面临政府职能转移不健全、行业协会资源筹集方式不健康、行业协会商会缺乏专业人员以及相互强化的影响。在脱钩改革的落实中，应该以政府职能转移为抓手，通过路径协同，坚持以政府和行业协会商会的职能重构为核心，制度重建为保障，社会意识更新为基础，带动人员和资源等要素的革新。②

4. 脱钩风险说。宋晓清结合地方早年脱钩试点改革的经验，认为在推进"政会脱钩"过程中应特别注意防范以下三种风险：行业协会商会资金、人才"失血"的风险、行业协会商会治理失范的风险、行业协会商会被隐性"俘获"的风险。③ 在全国范围的脱钩改革进程

---

① 贾西津、张经：《行业协会商会与政府脱钩改革方略及挑战》，《社会治理》2016年第1期。
② 葛亮：《行业协会商会去行政化的困境与路径协同——以政府转移职能为抓手》，《中国机构改革与管理》2016年第5期。
③ 宋晓清：《谨防行业协会商会与行政机关脱钩过程中的三种风险》，《中国社会组织》2015年第21期。

中，应该注意培育行业协会商会"自我造血"功能，实现资金、人才等方面的自立，同时引导其完善内部法人治理结构。

第二节 选题意义及研究思路

行业自律是一种重要的自主治理形式，行业协会商会的主要职责之一就是促进行业自律。① 西方发达国家较早开展了行业自律的相关研究，行业自律目前已成为国际社会较为成熟的市场治理方式，其主要是利用行业准则与道德等规范促进市场主体积极遵守市场治理规范，从而弥补和完善政府监管所存在的问题与不足。研究行业自律与政府监管的合作问题具有十分重要的理论与现实意义。

一 理论意义

（一）为促进自律与监管互动合作填补理论空白

目前我国学术界对行业协会商会在实际运作中的问题、困境及发展方向研究较多，对行业自律的研究比较有限，对行业自律与政府监管合作机制的研究则更少，尤其是对行业自律与政府监管之间的内在联系，行业协会商会实现行业整体自律的途径，行业协会商会与政府监管规范化、制度化的协调配合机制的形成路径，二者协调配合和实际合作机制运作的具体条件、面临的现实障碍或困境等问题的回答较为模糊和宽泛，亟须后来人进行补充。从这个角度讲，本研究有助于弥补行业自律与政府监管互动合作相关研究的理论空白。

（二）为构建公共领域治理新格局提供理论依据

社会组织是现代国家治理体系中的重要组成部分，行业协会商会作为一种行业层面的社会组织，在市场经济现代化国家具有举足轻重的地位。作为"政府—市场—社会"三足鼎立中的重要一足，本应是多元治理格局中重要主体的行业协会商会，却由于理论构建上的缺失

---

① 郭薇:《政府监管与行业自律——论行业协会在市场治理中的功能及实现条件》，中国社会科学出版社2011年版。

和不足导致其在实践中参与市场治理的行为屡屡受挫，甚至与市场主体合谋走向自律的反面，理论先行迫在眉睫。探析如何实现有效的行业自律，并与政府监管形成科学的合作机制，将有助于现有行业协会商会与政府关系的理论拓展和创新，也有利于充实多元治理理论的内容，为公共领域治理新格局的形成提供理论支撑。

二　实践意义

（一）完善社会主义市场经济秩序

党的十九大报告指出，改革开放以来，社会主义市场经济历经近40年的发展已由高速增长阶段转向高质量发展阶段，正处在转变发展方式、优化经济结构、转换增长动力的攻关期，建设现代化经济体系是跨越关口的迫切要求和我国发展的战略目标。[①] 行业协会商会是现代经济体系中的重要组成部分，通过行业协会商会实施的行业自律有助于行业内成员的自我约束和自我管理，因此，积极发挥社会主义市场经济中行业协会商会等社会组织的作用，提升行业自律的水平和能力，并与政府监管形成稳定规范的合作机制，将有助于更好地防范和治理市场主体的不良行为，增强市场监管的有效性，完善社会主义市场经济秩序。同时，也有助于市场主体发挥更加积极主动的作用，促进我国社会主义市场经济的进一步发展，加快形成现代化经济体系。

（二）促进政府职能转变

一直以来，中国政府常常管得过宽、过多、过细，这不仅导致政府成本过高，也使其无法专心致力于公共服务的提供。从全球趋势来看，政府、市场、社会各行其是、各负其责，各自配置与调节自身所在领域内的资源与事务，也即是将"恺撒的归恺撒，上帝的归上帝"已越来越成为善治的标准和国际的共识。与政府的强制手段不同，通过行业协会商会实现更加有效的行业自律，可以从道德的角度对市场主体进行内在约束，将一部分问题消化在行业层次，缩减政府监管的

[①] 习近平：《决胜全面建成小康社会　夺取新时代中国特色社会主义伟大胜利——在中国共产党第十九次全国代表大会上的报告》，中华人民共和国中央人民政府网，http://www.gov.cn/zhuanti/2017-10/27/content_5234876.htm，2017年10月27日。

成本、时间和精力，减轻行政执法和司法压力，使政府能够专心致力于提供更加优质和多样化的公共服务，从而助力政府职能转变。

（三）提高社会治理能力

现代国家治理要求社会各主体充分发挥其作用，行业协会商会作为一种社会组织，其自律功能的完善以及与政府监管之间形成的科学合作机制，对于形成现代化的国家治理体系具有重要意义。研究如何促使市场主体与行政力量形成有效的合作关系而非对抗关系，不仅有利于理顺政府与市场和社会的关系，缓释政府与行业协会商会等社会团体间可能的冲突与矛盾，同时还有助于市场机制与政府力量的共同进步，促进社会自治能力的提升。

三　问题提出

市场经济条件下传统的经济社会治理方式主要包括两种：其一是通过"看不见的手"进行自发的市场调节，其二是通过"看得见的手"（政府监管）来弥补市场的失灵，这在很长一段时间内都是主导资源配置方式的二元世界观。直到20世纪70年代"全球结社革命"兴起后，公民社会、治理理论跃入公众视野，市场和政府之外的第三条道路——"社会"才开始逐渐受到重视。由此，促进经济社会治理从传统管理到合作共治的转变成为主导趋势，而行业协会商会作为社会自治开展的组织形式之一，随着众多民间非营利组织、非政府组织一起得到蓬勃发展，行业自律与政府监管之间也开始出现愈加良好的互动与配合。

我国自1978年实行改革开放以来，社会主义市场经济已经得到了四十多年的发展。在这一过程中，行业协会商会数量逐渐增多，并开始参与市场治理，协助政府完成在经济管理方面的诸多职能需求。行业协会商会在我国也逐渐成为更为重要的社会组织。但是，近年来随着我国经济社会的进一步发展和社会主要矛盾的转变，行业协会商会与政府在互动中日益暴露出诸多不适应当下政治、经济、社会需求的问题。首先，尽管经济社会形势的发展越来越需要合作，需要通过政府、市场、社会三方的通力配合，使政府失灵、市场失灵、志愿失灵能够被控制在最小限度内。但是我国长期形成的"强政府—弱社会"格局却造成合作不力的局面,这与时代发展趋势不符。一方面政府强势,缺乏合作意识,行业协会商会作为一级治理主体没有被真正摆到总体治理框架中,在总体治理格局中长期处于弱势地位。另一方面由于发育不良、发展不良,行业协会商会自身也不具备能够通力合作的能力、条件和水平,尤其是行业协会商会所发挥的行业自律作用和水平仍然十分有限,并受到一定的体制阻碍,而且其与政府监管之间尚未形成科学规范的合作机制,这些都成为制约行业协会商会与政府合作的关键问题。

其次,合作关系亟须调整。由于最初的生发方式不科学导致行业协会商会与政府之间的互动模式不合理,而长期的"依附式"互动又造成二者关系的不健康。在新的时代背景下,尤其是全球经济一体化,行业协会商会在跨国、跨境贸易中的作用愈发重要的今天,需要协会商会能够以独立于政府之外的社会公共组织的形象在国际舞台发挥更大作用,也需要其能够以自主的行业治理人的身份在国内社会可持续发展,为此,构建新型政会关系,推进行业协会商会与政府全面分离迫在眉睫。也正是基于这样的考虑,2015年,全国层面的行业协会商会与行政部门脱钩改革拉开大幕。然而脱钩又可能产生一系列新问题,比如:脱钩后的协会怎么发展?脱钩后,政府怎么能既"不管"又"管"?"不管"就是让协会商会自主发展,"管"就是给其一定的合理扶持,同时又给其一定的合法监督。另外,在脱钩改革之后的三年里,中国的行业协会商会有什么样的变化?脱钩之后合作是否可能、何以可能?这些变化对其与政府的合作提出了哪些新的挑战?在目前的行业协会商会与政府关系及其发展的基础上,如何构建出更为科学有效并且适应中国国情的行业自律与政府监管的合作机制,同时,在新的背景下合作是否存在新的模式等,这些都是现阶段亟待回答和解决的问题。

总之,多元治理的时代背景和政社分开的国际规则要求政府监管松绑,使行业协会商会能够作为独立的社会组织获得自主发展,充分发挥自身优势与政府进行合作治理,并且,在新时代,这个合作不是依附式合作,不是帮扶式合作,而是同样作为独立治理主体的平等合

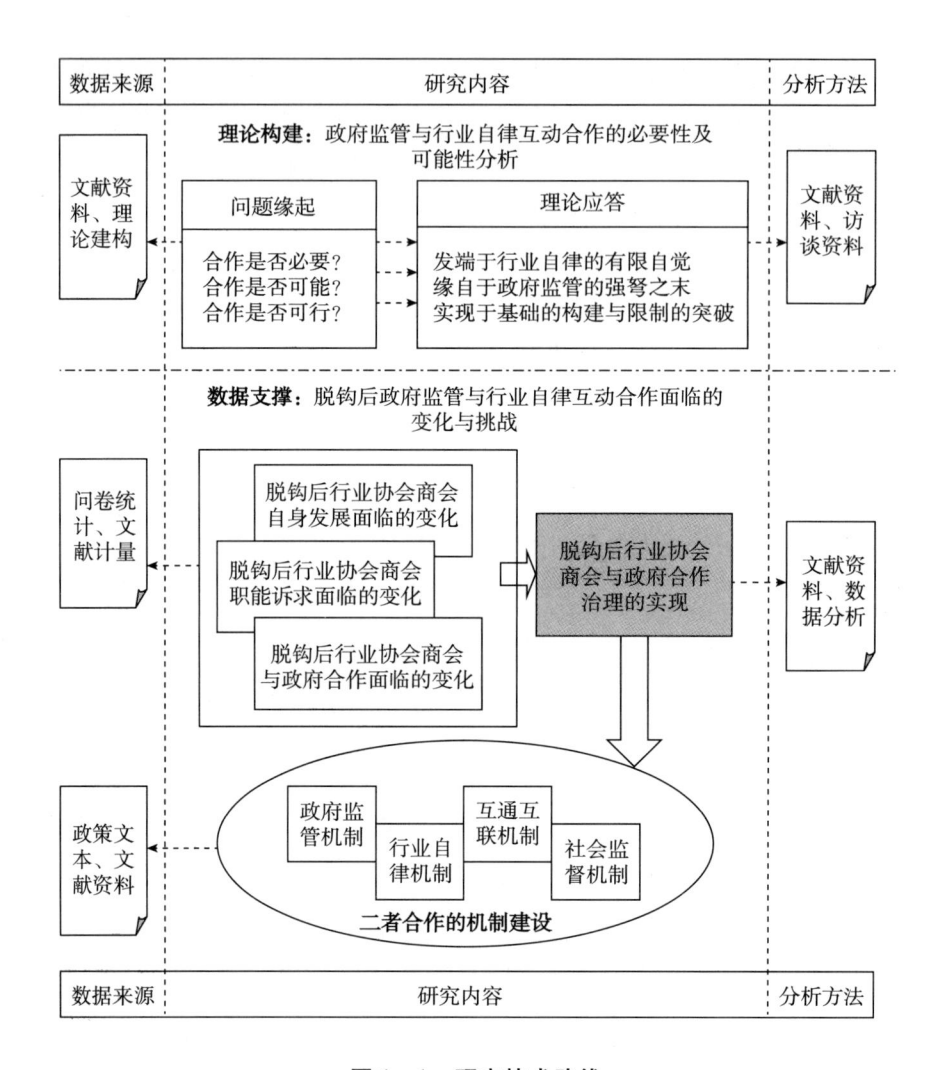

图 1-1　研究技术路线

作。由此就提出了本书的核心研究问题：如何改善原有病态体制，增强合作意识，拓宽合作渠道，加快构筑新型政会关系，尤其是脱钩改革之后，"分灶吃饭、自立成家"的行业协会商会如何既能够克服长期形成的行政依赖，又能够避免产生"有奶便是娘"与企业合谋危害公共利益的新问题，与政府之间形成平等、互益的合作伙伴关系？

四　研究内容与技术路线图

沿着这一核心问题全书内容安排如下：第一章着力搭建研究基础，介绍研究背景、选题意义、研究思路并进行相关文献述评；第二章着力进行理论构建，分析行业协会商会与政府合作治理在学理上的必要性、可能性和可行性；第三章着力进行实证论证，用数据分析脱钩之后行业协会商会在与政府合作治理方面面临的新问题及新挑战；第四章着力进行资政建议，结合前文的理论与实证分析，探讨政府监管与行业自律互动合作的机制建设以及脱钩之后我国行业协会商会的未来走向；第五章对全书结论进行总结。

第三节　理论综述

提到行业协会商会必须首先对其基本概念和范畴进行界定。结合中国国情，这主要涉及两个基础问题：一是行业协会商会的利益导向，二是行业协会商会的生发方式。在行业协会商会利益导向方面，学术界一般将其分为两类，区别在于利益导向范畴的狭义与广义。广义的观点认为行业协会商会是以维护广泛的整体市场或社会的利益为目标的一种组织形式。如陈金罗认为，行业协会商会是由同行业企业自愿依法组成，为促进国民经济的发展提供各种服务的非营利团体。[1]狭义的观点则认为行业协会商会仅以协会内部企业的利益或者行业利益为导向，是市场主体维护自身利益的方式与手段。如吴宗祥认为，行业协会商会是以同一行业的共同利益为目的，以为同行企业提供各种服务为对象，以政府监督下的自主行为为准则，以非官方机构的民间活动为方式的非营利的法人组织。[2]徐家良认为行业协会商会是市场经济发展过程中，由需要表达共同诉求、维护共同利益的市场主体

---

[1] 陈金罗：《社团立法和社团管理》，法律出版社1997年版。
[2] 吴宗祥：《行业协会治理机制的制度需求和制度供给》，《学术月刊》2003年第7期。

所自发形成的一种组织形式,它是具有行业自律性、非营利性的社会团体法人,其功能主要包括:协调市场各行业主体的合法利益、提高市场配置资源效率和维护市场经济运行秩序。①

在生发方式方面,学界也形成了较为统一的认识,即将其分为自上而下产生、自下而上产生两种路径。如贾西津指出,自上而下的生成路径主要是随政府改革和职能转型,由政府部门建立甚至直接转制而来的;自下而上生成的路径则是企业基于市场需求而自发形成的。②前者一般是响应政府管理工作要求或承接政府职能转变而建立的,包括由原来的行业产业部分改制或改称为行业总会、政府机构改革将部分行政职能转移给行业协会商会、通过设立行业协会商会来延续和落实政府经济管理的职能、为安置分流人员和解决级别待遇等问题组建的行业协会商会等,由于设立之初这些行业协会商会就承担了较多的市场和企业以外的需求,因此这类协会商会在职能定位上就存在自律性不强的问题。后者则由于其产生之初就扎根于市场,是为了维护行业内或企业间的共同利益而形成的,如为了规范行业秩序、开拓市场、自我保护和行业自救、改变行业内无序竞争状况等,因此,此类行业协会商会的形态更加多样灵活,其工作开展也更具主动性和积极性。

总结以上各种观点,本书所研究的行业协会商会采用学者 John M. Havas 下的定义:行业协会是指由企业或其他社团组成的,旨在促进彼此间相互利益的团体③,并主要研究经济类协会,包括行业协会、商会、同业公会、贸易促进会等,不包括各类职业协会和学术性学会。在性质上倾向于认为行业协会商会的性质更偏向狭义,即主要是为了维护特定行业的利益,但在具有中国特色社会主义制度特点的我

---

① 徐家良:《双重赋权:中国行业协会的基本特征》,《天津行政学院学报》2003 年 2 月第 5 期。
② 贾西津、张经:《行业协会商会与政府脱钩改革方略及挑战》,《社会治理》2016 年第 1 期。
③ John M. Havas, "Counseling the Trade Association", *Public Relations Quarterly*, 1969, 14 (2): 7–14.

国其也保留了一定的公共性。在生发方式上,两类行业协会商会都被囊括在本书的研究范围之内。在文献综述的部分主要对政府与行业协会商会的互动合作以及政府监管与行业自律的互动合作的相关文献进行了回顾。这样安排的考虑是前者主要涉及载体的合作,后者主要涉及模式的合作。关于另一个关键词"行业自律"在本书中仅指行业协会商会对行业内成员企业进行的约束与管理。而"合作"的概念在本研究中采用的是法学的"自动遵守"理念,根据法学界的遵守理论,自动遵守也是合作的一种,本质上可以被视为一种合作的特殊方式。

一 关于政府与行业协会商会两大治理主体的互动合作研究

本部分主要综述和政府与行业协会商会的关系、政府与行业协会商会的合作模式相关的文献。同时,鉴于行业协会商会本身在市场治理上能否发挥作用是研究行业协会商会是否能够与政府合作的前提,因此,本部分还将对行业协会商会的作用进行考察与综述。

(一) 关于行业协会商会作用的争论:积极的还是消极的?

关于行业协会商会在市场治理中的作用问题在学术界尚未达成共识,认为其作用消极的学者和认为其具有意义积极的学者长期以来彼此争锋,相持不下。这些论点大致包括以下内容:

1. 早期看法:行业协会商会在市场治理中的作用弊大于利

早在18世纪,亚当·斯密就指出行业协会商会在经济中扮演了消极的角色,它们的存在是为了密谋反对公众或提高商品的价格。行业协会商会的寻租活动阻碍了竞争,从而限制了行业内的集体创新。斯密提出,法律虽然不能阻止行业内的联合行动,但是不应该采取任何措施来促使这种行动,更不用说使其成为必要了。这里,亚当·斯密对行业协会商会的批判虽然存在过度强调其负外部性的问题,但也较早地发现了行业协会联合会员的行动对自由市场存在干扰这一负面影响。

伴随着市场经济主体通过行业协会商会寻求共同利益的天然需求,在较为自由开放的西方市场经济体制下,行业协会商会得到了长足的发展。但是,其在发展过程中也一直伴随着学者们的质疑。Atkinson 和 Coleman 认为,当国家和政府被行业协会商会和其他利益集团渗透时，政策制定者可能将行业协会商会和利益集团视为其顾客，试着去满足他们的利益要求，而不再促进公共利益。[1] Moore 和 Hamalai 提出行业协会商会甚至可能产生冲突，导致资源浪费，而不是促进企业精神和创新。[2] Kimenyi 提出社团的寻租活动及其角逐对政府行为的影响，除了引起资源冲突和浪费，也会影响一个国家的民主化程度。[3] 行业协会商会也带有狭隘的寻租和追求精英利益的负面含义，这些利益与公共利益背道而驰，阻碍了竞争和随后的创新。总之，早期的学者们认为行业协会商会存在集体共谋、干扰市场秩序、影响公共利益、阻碍竞争和创新等消极作用，对市场治理不利。

2. 20 世纪末改观：行业协会商会在促进公共利益等方面也具有积极意义

随着 20 世纪末头几十年里关注企业责任和可持续性发展的行业协会商会在数量和规模上的急剧增长，行业协会商会正在成为国家和国际治理中的重要行动者。在这一背景下，Jose Carlos Marques[4] 关注了行业协会商会的利益导向问题，即探究行业协会商会是否只是为会员自身利益游说，还是能够解决当代社会可持续问题的、可行的自律机构。Jose 从两个方面对这一问题进行了回答：行业协会商会作为特殊利益集团对社会具有不利的作用，因此，行业协会商会需要受到市场、政府政策和社会运动的制约。但是近年来，行业协会商会作为自律机构开始关注企业的社会责任，在实际中也表现出能够实现私人和公共部门的互利，应对当代挑战并惠及整个社会的特点。因此，从这个角度讲，其认为行业协会商会对社会公共利益具有积极意义。

---

[1] Atkinson, M. M., Coleman, W. D., Strong States and Weak States, "Sectoral Policy Networks in Advanced Capitalist Economies", *British Journal of Political Science*, Vol. 19, No. 1, 1989, pp. 47–67.

[2] Moore, M., Hamalai. L., "Economic Liberalisation, Political Pluralism, and Business Association in Developing Countries", *World Development*, Vol. 21, No. 12, 1993, pp. 1895–1912.

[3] Kimenyi, M. S. Interest Groups, "Transfer Seeking and Democratisation", *American Journal of Economics and Sociology*, Vol. 48, No. 3, 1989, pp. 339–349.

[4] Marques, J. C., "Industry Business Associations: Self–Interested or Socially Conscious?" *Journal of Business Ethics*, Vol. 143, No. 4, 2016, pp. 1–19.

Sharfman 通过对行业协会活动方式的研究,提出尽管行业协会商会的志愿行动是为了个体利益,并且直接目标是提高参与者的财富,但是必须看到其在以下方面仍然具有积极意义:作为消除雇主和雇员之间明显不平等的讨价还价能力的必要手段,劳动者之间通过共同的协会组织进行结合已被广泛认可和采用,而且往往比政府监管更现实,也是改善各自活动总体环境的有效手段。[①]

Willmott 和 Williamson 对行业协会商会积极作用的认知与上述两位学者类似,但更为强势。Willmott 认为,行业协会商会由市场中自利的劳动出售者构成,同时又作为公共利益的保护者,在这样的双重责任下,形成一种独特的治理格局:行业协会商会在满足会员需求和愿望的同时,也承担着为公众服务的职责。[②] 而 Williamson 则认为,利益团体不仅可以代表群体共同利益,也可以协调行业内行为准则与政府规范之间的关系,甚至可以参与政府公共政策的制定,由此,行业协会具有自律性(self-regulatory)和准公共性(quasi-public)的双重性质。[③] 可见,随着行业协会商会的进一步发展,其公共性逐渐被发现并得到认可,甚至有学者认为公共性是行业协会商会本身就应该具备的一种应然特性。

除了上述提到的促进企业履行社会责任、维护雇工利益等积极作用之外,还有不少学者聚焦行业协会商会对公共政策的游说作用,并对这一作用持中立看法甚至肯定看法,他们指出行业协会商会对政府的游说也具有积极意义——至少其在这一过程中增进了社会组织与政府之间的沟通交流,改善了企业与政府之间的关系,也即行业协会商会的中介功能得到发现和重视。如 Staber 和 Aldrich 区分了行业协会商会的四个活动领域:商业(组织贸易展览和会议、督促实施产品标准

---

① IL Sharfman, "The Trade Association Movement", *American EconomicReview*, Vol. 16, No. 1, 1926, pp. 203–218.

② Willmott Hugh, Organising the Profession: A Theoretical and Historical Examination of the Development of the Major Accountancy Bodies in the U. K., Pergamon, 1986, 11 (6).

③ 转引自曾铁兵《注册会计师职业协会问题研究评述》,《中国注册会计师》2005 年第 7 期。

化以及收集行业统计数据)、公共(对合规性的统计资料进行汇编)、政治(游说政府)和团结(出于建立行业内共识和共享的目的)①,其中明确指出行业协会商会在游说政府、影响公共政策制定等方面作用明显。又如,Watkins 等提出,行业协会商会是一种基于会员的组织,其常常代表特定产业的利益,积极游说和与政府谈判,促使其制定有利行业的政策和法规。② 再如,Dalzie 认为包括发展中国家的新兴产业在内,诸如行业协会商会等中介角色,在冲突、谈判和协作过程中的重要性正在显现,并且促进了产业界和政府之间的信息交流。③ 还如,Nadvi 表明,基于集群对国家、区域和部门创新系统的重要性,行业协会商会不仅有利于企业之间的学习和创新,动员集体回应政府创新政策。反过来,也改善了政府与行业的关系,促进了关键部门的整合。④ Dafna Schwartz 和 Raphael Bar – El 也提出了类似观点,二者认为,在政府干预并未对创新活动发展中的市场失灵作出充分回应时,行业协会商会可以起到推动变革的作用,特别是在欠发达地区。行业协会商会作为创新过程的催化剂,主要通过五个因素起作用:提高所有行动者的意识,提供信息和知识,协助企业发展其创新能力,发展环境的创新能力,并建立该进程的长期可持续性。⑤ 他们通过考察印度和南非的生物制药和制伞行业,认为二者与政府和决策者都有不同的参与和接触。行业协会商会不仅向行业内传递信息,成为行业的"延伸";同时积极投身于与政府的自下而上的关系,充当"中介"

---

① Staber, U., Aldrich, H., Trade Association Stability and Public Policy,, *Organizational Theory and Public Policy*, 1983, pp. 163 – 178.

② Watkins, A., Papaioannou, T., Mugwagwa, J., Kale, D., "National Innovation Systems and the Intermediary role of Industry Associations in Building Institutional Capacities for Innovation in Developing Countries: A Critical Review of the Literature", *Research Policy*, Vol. 44, No. 8, 2015, pp. 1407 – 1418.

③ Dalziel, M. "The Impact of Industry Associations", *Innovation: Management. Policy & Practice*, Vol. 8, No. 3, 2006, pp. 296 – 306.

④ Nadvi, K. "Facing the New Competition: Business Associations in Developing Country Industrial Clusters Discussion", Brighton: Institute of Development Studies, 1999.

⑤ Dafna Schwartz; Raphael Bar – El: "The Role of a Local Industry Association as a Catalyst for Building an Innovation Ecosystem: An Experiment in the State of Ceara in Brazil", *Innovation*, 2015, pp. 383 – 399.

的角色，影响政策和法规的创新。

（二）关于行业协会商会与政府关系的研究：合作还是竞争？

1. 国外理论界的研究："增长联盟"和"监管联盟"

国外理论界关于行业协会商会与政府关系的研究基本可以被概括为两大类：一类称为"增长联盟"，旨在共同促进经济发展；另一类称为"监管联盟"，旨在合作进行市场治理。

（1）关系一：行业协会商会与政府形成"增长联盟"

Sen 明确强调，在发达国家尤其是在美国、加拿大和欧盟，在产业创新与经济增长方面，行业协会商会的安排和政府长期政策目标的追求之间存在很强的相关性。有效的"政府—行业"关系不仅对经济表现十分关键，也对技能发展、资本形成和生产力进步至关重要。正是通过这种关系，才有可能形成政治和创新行动者的联合。[①] 有学者将二者之间的这种关系界定为"增长联盟"，包括摩尔（Moore 和 Schmitz）提出的只有最低程度的共同依赖的"弱增长联盟"[②] 以及 Brautigam 等提出的政府和行业都致力于"朝着双方都期望促进投资和提高生产力的政策目标进行积极的合作"的"强增长联盟"。[③]

"增长联盟"的关系往往更容易出现在发展中国家或者一个国家正处在发展阶段之时，韩国在历史上就曾经历过利用"增长联盟"促进发展的事例。Sub Park 通过韩国纺织业者协会考察了韩国政府与行业协会的关系，指出 1950 年至 1970 年韩国政府为了促进棉花产业的发展，期望该行业的协会在减缓通货膨胀率和增加出口方面起到积极作用。相对于政府行政部门在促进产业发展方面的低效，韩国纺织业者协会则是一个拥有丰富组织资源的、强有力的行业组织，在与政府的合作中，不仅帮助政府在商业领域促进政策实施，而且成为政府完

[①] Sen, K., "The Political Dynamics of Economic Growth", *World Development*, No. 47, 2013, pp. 71 – 86.

[②] Moore, M., Schmitz, H., "Idealism, Realism and the Investment Climate in Developing Countrie – s", Institute of Development Studies, 2008.

[③] Brautigam, D., Rakner, L., Taylor, S., "Business Associations and Growth Coalitions in Sub – Saharan Africa", *The Journal of ModernAfrican Studies*, Vol. 40, No. 4, 2002, pp. 519 – 547.

成目标的正式合作伙伴。上述案例提示,在韩国的经验中行业协会商会与政府优势互补,可以在发展经济方面作为政府帮手发挥作用。[①]

(2)关系二:行业协会商会与政府形成"监管联盟"

Kshetri等认为,对于发展中国家,政府经常会在开发新的行业监管模式时,缺乏资源、专业知识和合法性,因此,行业协会商会可以作为"具有效率和效益的机构",阐明行业需要、调动资源,与政府合作开发并实施新的监管框架,即所谓二者之间形成"监管联盟"进行联合监管。[②] Papaioannou等通过关注南非和印度等发展中国家的行业协会商会指出,行业协会商会正试图寻求与政府之间进行合作治理的新途径。他们认为,这些国家特殊的历史轨迹和制度能力不足正逐渐使行业协会商会远离无效的游说,而通过一种强调与政府合作的新的政治途径发挥作用,其不再追求狭隘的行业目标,而是追求一种更广泛的发展目标。行业协会商会作为一种曾被忽视的重要中介力量,在冲突的演变过程、谈判和信息的扩散过程中能够促进机构能力建设,同时有益于改善监管以及产业的持续发展。[③]

不管是"增长联盟"还是"监管联盟"落脚点都是"联盟",可以被具体理解为一种"联结"或是"合作",从对"联盟"这一词语的使用可见国外学者更多将行业协会商会与政府的关系界定为是一种平等的合作关系,这与国外行业协会商会的发达程度直接相关。但是在中国,由于历史上的特殊原因,行业协会商会与政府之间的关系形态呈现出特定历史条件下的特殊样态,二者之间更多地表现为一种"依附型"的中国式合作关系,或者"游离型"的隐性竞争关系。

2. 国内理论界的研究:监管还是放松监管?

目前,国内学者对当代中国行业协会商会的主流研究多采用传统

[①] Sub Park: "Cooperation Between Business Associations and the Government in the Korean Cotton Industry, 1950-1970", *Business History*, 2009.

[②] Kshetri, N., Dholakia, N., "Professional and Trade Associations in a Nascent and Formative Sector of a Developing Economy: A Case Study of the NASSCOM Effect on the Indian Offshoring Industry", *Journal of International Management*, Vol. 15, No. 2, 2009, pp. 225-239.

[③] Theo Papaioannou, Andrew Watkins, Julius Mugwagwa and Dinar Kale, "To Lobby or to Partner? Investigating the Shifting Political Strategies of Biopharmaceutical Industry Associations in Innovation Systems of South Africa and India", *World Development*, Vol. 78, 2016, pp. 66-79.

的"国家—社会"关系视角。其中,公民社会理论强调国家对社团干预的放松,而法团主义则强调国家对协会商会的控制。学者们在这场监管抑或放松监管的理论争论中对行业协会商会与政府的关系逐渐形成了两种看法:

(1)关系一:"依附型"的中国式合作

张华(2015)关注在宏观的"国家—社会"关系讨论之下权力的实际运作对行业协会商会的影响,认为除了国家对社团的控制之外,国家对经济的干预也影响了企业家的行为和他们的集体行动意愿。[①] 以此为基础其提出依附理论的视角,认为由于国家权力的保留和市场的不完全,企业和行业协会商会形成了对政府的依附关系,而行业协会商会仍然镶嵌于国家机构内部,成为依附于地方政府的工具,而不是企业与政府之间的连接纽带。与之类似,张冉认为在行业行政合法性地位的获得方式上,行业协会商会失去了操作层面的权力,由此将自身人事权让渡给政府主管部门。同时,经费来源的政府化也从物质基础上动摇了行业协会商会的法人地位,使协会商会失去了自治性身份,从而为主管部门延续部门特权提供了制度性保障[②],而这也成为行业协会商会依附政府的根由。

对于行业协会商会是否依附政府这一问题上,也有学者淡化这一命题或提出不同意见。比如,汤蕴懿等从市场经济中非政府组织影响制度变迁的视角,以新制度主义为理论基础,认为作为一种非制度性的资源配置方式,上海市外国商会弥补了上海地方经济中的部分"制度真空",为中国商会和其他非政府组织的发展提供了有益的经验借鉴。商会主体间通过反复博弈最终达到的均衡,强化了民间商会和市场经济组织及政府组织的合作网络,为各方带来了共同利益,为解决依靠单个组织无法解决的事务提供了可能,成为推动公共管理民主

[①] 张华:《连接纽带抑或依附工具:转型时期中国行业协会研究文献评述》,《社会》2015年3月第35卷。

[②] 张冉:《我国行业协会管理体制弊端、实践创新及变革趋势》,《昆明理工大学学报》(社会科学版)2007年8月第4期。

化、社会化、分权化和竞争化的重要力量。① 这种提法淡化了政府与行业协会商会是否存在依附关系的话题,单纯考量两者之间合作的积极意义。再如,徐家良等通过"国家与社会"视角的观察发现,行业协会商会在承接政府职能转移中存在一个行动渐进的区域空间,形成"社会主导—国家支持""国家主导—社会支持""社会主导—国家引导"三个不同特征的行为模式。② 可见,其认为由政府代表的国家和由行业协会商会代表的社会都有可能处于主导地位,行业协会商会并非始终作为依附者存在。而李利利等则通过分析脱钩改革后我国行业协会商会社会关系网络的转变,认为行业协会商会与政府的关系由强关系变为弱关系③,行业协会商会对政府不再是依附、隶属和服从行政命令的关系,而是一种协调、引导、沟通、服务、协作的关系。行业协会商会与协会内企业之间依赖性关系增强,与其他主体之间的社会关系网络不断扩大。

(2)关系二:"游离型"的隐性竞争

除了合作关系之外,有时行业协会商会与政府之间也存在某种形式的竞争,尽管并不十分明显,但这一关系形态已经被诸多学者观测到。如王华讨论了非政府组织在多元治理格局中的作用,指出政府与非政府组织在公共事物的治理中既存在合作又存在竞争。④ 贺绍奇通过对国际互换和衍生协会先进经验的借鉴与考察,提出脱钩改革以后行业协会商会与政府所建立的新型政社关系应该既包括建设性的伙伴关系(public‑private partnership),又包括相互制衡约束的公共关系,以此为行业协会商会参与公共政策制定与公共治理提供公开、透明、

---

① 汤蕴懿、胡伟:《制度变迁与制度均衡——析上海地方治理过程中外国商会的角色》,《上海交通大学学报》(哲学社会科学版)2006年第5期。
② 徐家良、薛美琴:《行业协会承接政府职能转移特征分析》,《上海师范大学学报》(哲学社会科学版)2015年9月第5期。
③ 李利利、刘庆顺:《脱钩后行业协会社会关系网络分析》,《对外经贸》2017年第6期。
④ 王华:《治理中的伙伴关系——政府与非政府组织间的合作》,《云南社会科学》2003年第3期。

合法的途径和渠道。① 黎军通过对大陆法系与英美法系的对比，指出行业协会商会与政府之间呈现出合作关系还是竞争关系与所在国家的政治经济制度和社会发展程度有关，其认为在法国、德国、日本等大陆法系国家，行业协会商会被当作政府的组成部分或延伸机构，作为"政府助手"与政府之间结成合作关系，这被称为"同属模式"。而在英美法系国家，行业协会商会则作为企业利益的代表与政府处于对立地位，充当着抑制政府的角色，二者之间呈现出"斗争模式"。② 张丹丹、耿志国运用心理学的阻抗概念，指出官办行业协会商会与政府之间虽努力建立合作互补的关系，但客观进程难以按照预期设计进行，并不时伴有不适应症状的出现。③

本书认为行业协会商会与政府之间不单纯是合作关系，二者在行业控制权、协会控制权、会员控制权等方面也存在竞争，但这里的"竞争"不同于英美法系国家的"斗争"，并且很少公然表现出来，只是在关涉行业协会商会自治与否的话题上，二者之间的竞争才表现得稍微明显一些，而且这种情况主要发生在草根类行业协会商会中。鉴于草根类行业协会商会与政府的关系较为松散，因此，本书将其与政府之间的竞争称为"游离型"的隐性竞争。当然，中国行业协会商会与政府之间的关系并非只有这两种形态，而且，客观讲，更接近实际的情况是绝大多数行业协会商会与政府之间呈现出一种"中庸型"的沟通交流关系，也就是说两者之间不存在真正意义上就某一具体项目或事务的合作，更谈不上就某一权力或利益的竞争，而只是就某一政策、某一文件、某一诉求进行沟通交流，行业协会商会在其中起到上传下达的作用。由于这种关系对本书的研究意义不大，因此，此处不做介绍和讨论。

（三）关于行业协会商会与政府互动合作模式的研究

在行业协会商会与政府互动合作模式方面，世界各国行业协会商

---

① 贺绍奇：《政府与行业协会商会脱钩后的政社关系重构——基于ISDA的案例研究》，《中共浙江省委党校》2016年第2期。

② 黎军：《行业组织的行政法问题研究》，北京大学出版社2002年版。

③ 张丹丹、耿志国：《阻抗——官办社团与政府关系的新诠释》，《河海大学学报》（哲学社会科学版）2006年第1期。

会的运作模式主要分为三种：大陆模式、英美模式和混合模式。①

大陆模式代表国家有德国和法国，在这些国家中行业协会商会的组织性质是公法人，在一定程度上属于政府公共管理机构，拥有一定的公共权力，承担政府公共职能。政府会在资金上予以行业协会商会一定的支持，同时对行业协会商会的监督比较严格。在这些国家中行业协会商会代表行业利益的同时会参与政府政策制定。

混合模式主要代表国家是日本，日本行业协会商会的性质是社会团体法人，其自治性拥有法律和制度性的保障，虽然也会在一定范围上承担政府转移的经济职能，但政府给予的资金支持不会太多，因此日本行业协会行政化程度不深。②

英美模式的主要代表国家是英国和美国，在这些国家中政府不会向行业协会商会转移政府职能，协会组织是参加者自愿组织起来的社会民间团体，在官方机构进行登记注册后即可开展活动。行业协会商会具有比较强的自治性、通过自由竞争进行行业协会商会之间的淘汰与更新。政府通常不干涉行业协会商会的活动，只进行常规性的规范管理。

二 关于政府监管与行业自律两种治理方式的互动合作研究

（一）国外理论界的研究：单纯行业自律还是与政府合作监管？

在国外关于政府监管与行业自律合作关系的研究中，理论界的阐释可以被划分为两种：一种单纯强调行业自律，另一种则关注行业自律的无效性问题，提出行业自律应与政府监管相结合。

1. 对行业自律的正反观点：有效还是无效？

国外理论界对行业自律的有效性问题基本持两种态度，一种认为行业自律比国家立法或政府监管更加有效，另一种则针锋相对地认为单纯依靠行业自律无法维持市场的有序状态。从正向的角度看，Coglianese 指出了行业协会的专业性和其在信息不对称中所能发挥的积

---

① 郁建兴、沈永东、周俊：《从双重管理到合规性监管——全面深化改革时代行业协会商会监管体制的重构》，《浙江大学学报》（人文社会科学版）2014 年 7 月第 4 期。
② 张新文、谢焕文：《西方发达国家行业协会的角色功能及运行机制》，《广西民族学院学报》（哲学社会科学版）2004 年第 5 期。

极作用，指出行业自律可以以比政府监管更低的成本实现公共政策目标，因为行业自律的监管决策是由那些拥有最佳信息和专门知识的人做出的。[1]。Kjellberg Anders 在此基础上进一步提出行业自律具有三个显著优势：其一，基于"集体协议"的自律能够在单个个体中实现执行和控制；其二，由利益集团的内部人自身相互妥协后所形成的工作条件和待遇比法令性监管拥有更高的合法性，也更易于被接受；其三，集体协议更能适应地方和行业的具体状况。因此，集体谈判的利益整合方式更加灵活，效果优于实体立法。[2]

Frances Bowen 则察觉到了单纯依靠行业自律可能产生的问题，但仍然坚持认为行业自律"利大于弊"。他形象地指出，尽管许多批评者认为完全依靠行业自律无异于"让学生批改自己的作业"，但是反过来看，当学生做得好的时候，让学生自己为作业打分，不仅可以更好地发现老师的问题，而且能够促进学生进行相互学习，反思自己的表现。因此，即使行业自律这一形式有可能造成"学生自己打分，就很容易得到优秀的评分"的后果，也有可能成为一个合理的转移监管责任的途径，但是通过改善自行打分的程序、结构和结果，则有可能使这一方式成为有效的监管路径。[3]

虽然诸多学者对行业自律持有热情，但是行业自律仍然面临着太多现实问题的拷问。站在对立面的这些学者结合行业自律的失败案例，提出仅仅依靠行业自律难以实现良好的治理，因而呼吁自律加监管的共同监管机制。如 Nick Lin – Hi 和 Igor Blumberg 关注行业自律在新兴国家与发展中国家促进劳动标准责任履行方面的能力，通过考察中国玩具工厂，他们认为促进劳动责任标准实施的有效主体是企业本

---

[1] Coglianese, C., Mendelson, E., "Meta – regulation and self – regulation", In R. Baldwin, M. Cave, M. Lodg – e, Eds. *The Oxford Handbook of Regulation*, Oxford: Oxford University Press, 2010, pp. 146 – 168.

[2] Kjellberg Anders, "Self – regulation versus State Regulation in Swedish Industrial Relations", *Festskrift till Ann Numhauser – Henning*, 2017, pp. 357 – 383.

[3] Bowen, F., "Marking Their Own Homework: The Pragmatic and Moral Legitimacy of Industry Self – Regulati – on", *Journal of Business Ethics*, No. 2, 2017, pp. 1 – 16.

身，行业自律在这一过程中的力量是有限的，并且是有条件的。[①]

另外一个学者 Maitland I 认为虽然行业自律经常被用来取代政府监管，但它从来没有履行过它的承诺。主要原因在于：其一，行业自律"供给不足"是因为它的福利通常是公共产品的形式，而公共产品容易面临"搭便车"的问题，是不能由市场提供的。市场作为规范企业的主要依靠手段，在市场失灵的情况下会削弱行业的自律能力。其二，美国商业的极度分裂和在公司集体行动中所设置的障碍，使行业自律严重依赖政府来规范市场失灵，其自身并未发挥太大作用。[②] 关于行业自律的无效性问题，更有学者激烈地指出，行业自律大多是欺骗公众去相信那些不可靠的行业所具有的责任的一种尝试（Braithwaite，1993）[③]，或是嘲讽行业自律只不过是一种表面的粉饰（Christmann & Taylor，2006）[④]。

还有学者指出，有时候行业自律不仅无效，而且还有害。如 Jonathan Noel 等通过考察巴西、英国和美国的酒业市场自律，认为单纯的行业自律有可能造成拖延法令性监管的结果而非促进公共健康。[⑤] 自律准则中的模糊语言，可能会允许行业规避行业规范并在酒类广告曝光率的要求上产生松懈，容许酒业对青少年的过度曝光，从而出现妨碍自律准则实施的漏洞。

除了对自律无效进行批判、解释其原因之外，也有学者针对自律存在的问题积极地提出了解决路径。如 Thomas A. Hemphill 提出：自

[①] N Lin‐Hi, I Blumberg, "The Power (lessness) of Industry Self‐regulation to Promote Responsible Labor Stan‐dards: Insights from the Chinese Toy Industry", *Journal of Business Ethics*, Vol. 143, No. 4, 2017, pp. 789–805.

[②] Maitland, I., "The Limits of Business Self‐Regulation", *California Management Review*, Vol. 27, No. 3, 1985, pp. 132–147.

[③] Braithwaite, J., "Responsive Regulation in Australia", In P. Grabosky & J. Braithwaite, Eds. *Business Regulation and Australia's future*, 1993, pp. 81–96.

[④] Christmann, P., Taylor, G., "Firm Self‐regulation Through International Certifiable Standards: Determinan‐ts of Symbolic Versus Substantive Implementation", *Journal of International Business Studies*, Vol. 37, No. 6, 2006, pp. 863–878.

[⑤] Noel, J. Lazzarini, Z., Robaina, K., Vendrame, A. "Alcohol Industry Self‐regulation: Who is it Really Protecting?" *Addiction*, Vol. 112, No. S1, 2017, pp. 57–63.

律可能存在于经济组织的企业层面、行业层面和商业层面。尽管存在有效的行业自律的例子，但行业自律的广泛实施也面临经济（"搭便车"）和法律（反托拉斯）方面的障碍。① 从法律障碍来说，虽然长期以来各方一直鼓励建立行业规范，但是采纳和执行这些规范却受到最高法院裁决和联邦贸易委员会咨询意见的严重限制。破除限制的方式包括两种，其一是请求联邦贸易委员会发布行业指南来确定颁布和执行行业协会行为守则；其二是将利益相关者与道德委员会任命联系起来，以作用于后续影响准则的创建和执行。他在此基础上进一步指出，一个完善的行业行为准则（行业规范）应该包括三个方面：经济准则、环境准则和社会政治准则。经过上述各个方面的努力和构建，最终，这些战略路径可以为有效的非市场监管提供新的机会。

2. 政府监管与行业自律互动合作的机制：一种新的监管范式

面对行业自律的无效问题，一些学者呼吁在其中加入政府监管的因素，将二者联合起来进行合作监管以提高监管效能。Ruggie 指出，没有公共权威的有效参与，即使是最成功的志愿机制，也很难成规模，并且会存在协调困难问题，"搭便车"问题也将普遍存在。② Caraher 以"盐与健康共识行动"组织的报告为基础指出，报告中被调查的 28 类食品中只有一个符合英格兰公共卫生组织 2017 年提出的减盐目标，食品工业也没有达到英格兰公共卫生组织"实现到 2020 年九类食品，包括早餐麦片、蛋糕和酸奶等，糖含量减少 20%"的目标。这些现象证实了一些专家长期持有的观点，即行业和政府之间的自愿协议在改善公共卫生方面存在无效性问题，因此，应该从软性监管逐步转变为硬性调控。③ Boyland 等同样秉承这一理念，他们以儿童食品

---

① Thomas, A. Hemphill, "Self - regulating Industry Behavior: Antitrust Limitations and Trade Association Codes - of Conduct", *Journal of Business Ethics*, Vol. 11, No. 12, 1992, pp. 915 – 920.

② Ruggie, J. G., "Global markets and global governance—The prospects for convergence", In S. Bernstein & L. W. Pauly, Eds. *Global Liberalism and Political Order: Toward a New Grand Compromise?* Albany, NY: State University of New York Press, 2007.

③ Caraher, M., Perry, I., "Sugar, Salt, and the Limits of Self Regulation in the Food Industry", *British Medical Journal*, No. 32017, pp. 1709.

营销的改进为例指出，与此相关的行业自律是比较小规模并且缓慢的。而且，企图依靠行业自愿对成功的商业模式进行实质性改变存在明显的局限性。因此，公共卫生专家认为，政府监管或立法行动将是唯一有效的解决办法。[1] Dumitrescu 等通过实验方法，认为在导致儿童肥胖问题的非健康食品的监管中，政府的赠送玩具溢价禁令在引导儿童及其父母购买非健康食品中存在无效性，这一禁令反而导致了监护人对于非健康食品行业的满意度和选择倾向。[2] 因此，政策制定者应该鼓励行业自律对食品营销和促销等做出自我监管，从而与政府监管形成合力，共同维护良好高效的市场秩序。

以上述认识为基础，在实践的需要和众多的呼吁之下，行业自律逐渐被纳入国家治理框架，并与政府监管合作日益发展成一种新的监管范式。如 Kjellberg 根据行业自律与政府监管、集权化和分权化两类维度区分出行业自律（企业单边的、企业与工会双边的行业自律）、双边监管（行业自律与国家监管的混合）、三重监管（行业自律、政府监管、劳工法庭）、国家监管四种监管形式[3]，将行业自律看成与政府监管并置的一极。

为了使这种"新的范式"更易被理解和接受，有学者细致地描绘了行业自律与政府监管互动合作的可能过程和运行机制。从公共部门与私人部门在自律与监管的互动角度，Abragaml L. Newman 和 David Bach 认为公共部门在促进、维持和塑造行业自律方面的作用具有中心性，并区分了美国与欧洲行业自律的不同特征：被动守法自律（Legalistic self – regulation）和主动调节自律（coordinated self –

---

[1] Boyland, E. J., Harris, J. L., "Regulation of Food Marketing to Children: Are Statutory or Industry Self – governed Systems Effective?" *Public Health Nutrition*, Vol. 20, No. 5, 2017, pp. 761 – 764.

[2] Dumitrescu, C. Hughner, R. S. Clifford, I. I., "Policy and Marketing Changes to Help Curb Childhood Obesity: Government Ban vs. Industry Self – regulation", *International Journal of Consumer Studies*, Vol. 40, No. 5, 2016, pp. 519 – 526.

[3] Kjellberg, Anders, "Self – regulation versus State Regulation in Swedish Industrial Relations", In M. Rönnmar & J. Julén Votinius, Eds. *Festskrift till Ann Numhauser – Henning*, 2017, pp. 357 – 383.

regulation）。① 他们指出，只有当企业同意与竞争对手合作时，才是有意义的行业自律，而公共部门的监管在改变企业成本收益分析方面起着关键作用。在一个仍在迅速变化的商业模式、市场结构和技术进步的环境中，私营部门自律在政府干预和纯粹市场机制之间形成了一个监管中间地带。自律系统往往比政府的正式监管更灵活，更不受干扰。同时，它们减少了不确定性，增强了消费者信心，超出了市场所能达到的水平。在美国，如果行业未能实现社会期望，政府会通过严格的正式规则和昂贵的诉讼来实现行业监管。因此，业界认为自律是避免政府介入的先发制人的努力。公共部门和私营部门之间的关系参差不齐，形式复杂，而且常常带有对抗性。在欧洲，公共部门代表与工业界会面，商定共同行动进程；私人和公共部门经常处于非正式的自我调节过程。同时，他们的研究还指出了行业自律在政府监管和市场自决之间的地位（见表1-1）。

表1-1　　　　　　　　　行业自律的地位

监管模式	监管目标及原则	标准和规则	
		由……设立	由……执行
政府监管	政府	政府	法院、政府机构
行业自律	政府、行业	行业	法院、政府机构、行业组织、市场
企业自律	消费者的要求	企业	市场

Ian Bartle 和 Peter Vass 探讨了在满足公共利益目标挑战的背景下国家与自律的关系，认为分析国家的作用对于理解自律的性质和动力至关重要②，并根据既定的自律形式，将国家在自律机制中的角色分

---

① Abragaml L. Newman, David Bach, "Self-Regulatory Trajectories in the Shadow of Public Power: Resolving Digital Dilemmas in Europe and the United States", *Governance: An International Journal of Policy, Administration, and Institutions*, Vol. 17, No. 3, 2004, pp. 387-413.

② Ian Bartle, Peter Vass, "Self-regulation Within The Regulatory State", *Public Administration* Vol. 85, No. 4, 2007, pp. 885-905.

类为：授权、促进和默许（默认支持）。他们指出，现代监管国家的机构、过程和机制——尤其是那些旨在促进透明度和问责制的，以及英国的"良好监管议程"（Better Regulation Agenda），可以在各行业的自律计划下促进公共利益目标的实现，并提出了"一种新的监管范式"，其包含一种新的监管辅助形式（Regulatory Subsidiarity）。据此，可将监管权力下放给接受监管的组织和自律机构，同时在问责制和透明度制度的基础上增加公共监管进行监督。

（二）国内理论界的研究："脱钩"前与"脱钩"后

脱钩改革前后，国内理论界对行业自律与政府监管相关问题的聚焦点完全不同。脱钩之前学者们更关注行业自律是否有效，其与政府监管孰优孰劣或者其是否应该与政府合作进行治理等基本的理论问题，而脱钩之后，学者们则更加关注对如何能够促进行业自律与政府监管的切实合作等实际问题的考量。

1. "脱钩"改革以前的国内研究：行业自律与政府监管孰优孰劣？

脱钩改革前国内学者较多聚焦于对行业自律有效性的追问，并更多在探讨两种治理模式的异同、优劣问题。如罗豪才等从软法与硬法的异同比较角度指出，行业自律作为一种软法规范，具有一些缺陷：其一，软法和硬法在有些情况下是冲突的，危害了法治的权威性和统一性；其二，软法因为缺少正式的责任制度，有可能在现实中得不到有效的实施；其三，软法可能成为权力的遮羞布，从而使人治得以在法治的幌子下延续。[①] 同样关注这一问题的黄坡和陈柳钦则指出政府规制与行业自律存在一种辩证关系，二者具有一定的同质性，同时又有异质性，而在现实中二者已经融合、互为补充，在制定规制、规则和人员构成上面存在较为紧密的关系。[②]

通过讨论，学者们基本认识到行业自律与政府监管各有利弊，并不存在某一方完全优越于另一方的情况，而且单纯依靠一种治理模式

---

① 罗豪才等：《软法与公共治理》，北京大学出版社2006年版，第223—224页。
② 黄坡、陈柳钦：《政府规制与行业自律的辩证关系研究》，《学习论坛》2005年12月第12期。

存在失效、失灵的可能，为避免这种情况，应重构国家监管体系中政府主导的传统监管模式，营造"政府外部威慑—行业内部引导"的治理框架和格局。① 沈萍以注册会计师行业为例，其在考察了美国注册会计师行业的历史演变之后，认为在目前我国注册会计师行业自律严重缺位、政府监管不力的情况下，应建立一种政府监管与行业自律相结合的平衡监管模式。② 美国注册会计师行业监管自 20 世纪 30 年代以来，曾一度单独依靠行业自律来规范注册会计师的执业行为，在当时形成了有效的会计监管方式。但随着世界经济和国际贸易的发展，经济利益的获得方式日益多样化，出现了行业协会商会与企业共同作弊的现象。因此，2002 年美国发布《萨班斯—奥克斯利法案》，结束了美国注册会计师行业单一的自律监管制度。根据这一法案，组建有权进行调查、监督和处罚的公众公司会计监察委员会，以独立审计报告的制度保证了其合理性和科学性。由这一改革过程可以看出，完全自律的行业监管方式存在一定的缺陷，需要借助政府的调控，共同保证行业的秩序。

在众多学者抛开异同谈合作之后，为进一步打开促成行业自律与政府监管互动合作的"黑匣子"，我国学者参考借鉴发达国家的规制改革与绩效，为指导本国行业自律与政府监管互动合作的实践做出了贡献。王林生等考察了英国行业自律和政府监管之间的互动，指出由于英国政治具有非正式的合作和自愿的特点，因此英国在政府规制与行业自律方面具有较为成熟的运作——一种由非政府组织行使对其成员规制权的制度安排。在英国，自我规制安排在许多行业都得到了应用，如金融服务业、广告业、保险业、媒体和体育业，甚至正式规制对象也包含了自我规制的特征。如，工作场所的安全和健康保障是"健康和安全委员会"的职责范围，委员会的九个成员分别来自资方、劳方和政府代表。其规制模式成本相对比美国和欧洲大陆模式更低，

---

① 郭薇：《政府监管需要与行业自律形成合力》，《学习时报》2013 年 5 月 6 日第 11 版。
② 沈萍：《政府监管与行业自律相结合的监管模式——由美国注册会计师行业监管模式引发的思考》，《兰州商学院学报》2005 年第 5 期。

自我规制领域内的反应速度和服从度远高于其他领域。而英国政府的规制政策在制定时，政府和与之有利益相关的机构将进行惯例性的磋商，这种政府内部磋商是基于一些长期存在的传统的、非正式的规定以及明确的政府政策和方针形成的。①

又如，焦怡雪考察了荷兰住房行业的行业自律与政府的关系问题，指出荷兰采取的法律法规约束、政府监管、住房协会行业自律和机构内部监督、社会组织监督等约束与监督机制的有效性，确保了住房协会向中低收入群体提供社会住房的社会责任得到有效落实。荷兰的社会住房由政府授权的非营利机构——"住房协会"负责建设与管理。住房协会在多年发展过程中积累了丰富的经验，具有很高的效率和专业性，形成了完善的管理与运营机制。②

2. "脱钩"改革以后的国内研究：合作如何实现？

脱钩改革以后多数学者已不再过多关注行业自律是否有效，是否应该与政府监管合作等学理性问题，而是将目光转向攻克脱钩改革的热点难点等实际问题。在这一背景下，学术界对行业自律与政府监管互动合作的研究也开始发生转变，新的趋势是更多学者开始面向"脱钩后合作如何能够实现"这一基本命题进行研究，尽管这部分研究还比较有限，但哪怕点滴的变化也值得一提。

彭小玲等研究了行业自律行政化现象，认为行业自律主体——行业协会商会在组织机构、人员任用及业务过程上均受到行政权力的影响和干预，表现出典型的从属性特征，因而行业协会商会无法发挥其应有的自律效果。③ 目前的脱钩改革，如果仅仅简单使行业协会商会与政府主管部门在形式上分离，但在实质上仍旧相互依赖和勾连，则会产生"貌离神合"的现象。因此，脱钩后若要促成行业自律与政府监管的合作必须彻底改变行业自律行政化的不良现象。

---

① 王林生、张汉林等：《发达国家规制改革与绩效》，上海财经大学出版社2006年版。
② 焦怡雪：《政府监管、非营利机构运营的荷兰社会住房发展模式》，《国际城市规划》2017年9月4日。
③ 彭小玲、蔡立辉：《貌离神合：市场中介组织行业自律的行政化现象研究》，《行政论坛》2016年第3期。

刘晓贵从监管的角度切入，提出脱钩改革后应建立对应关系和新型综合监管运行机制，以监管促合作。① 其指出，各主体应该各司其职、协同配合，建立起新型综合监管运行机制。行业协会商会进一步完善内部治理机制，完善资产财务、纳税收费等方面的自治自律，并进行信用体系建设。而政府则应该做好规范引导和督促检查工作，同时促进社会监督和社会各界的广泛参与，从而通过多方的共同努力实现行业自律与政府监管的良治。这些研究为我国实现行业自律与政府监管的良好互动奠定了扎实的理论基础。

吴昊岱从政策执行和政策特性角度出发，指出政会脱钩政策特征呈现出"高模糊、高冲突"向"低模糊、高冲突"的转变，当前正处于一种"政治执行"的过程取向。他认为，脱钩工作是否能够实现，与脱钩目标中的冲突性能否得到有效化解之间存在巨大的关联性。同时，他指出对于这种冲突性的化解，前提是要能够清楚并且理性的界定和理解行业协会商会在我国社会主义市场经济中的地位和作用。另外，政府要能够利用公权力对行业协会商会参与市场治理提供政策上的支持，形成二者之间良好的政策合意。因此，其结论为：要实现脱钩改革工作的深化，首先要确保政策、法规本身清晰明确，以彻底厘清政府和社会之间的职能关系，尽量减少脱钩改革工作的冲突。并且，要尽量避免"官僚政治"阻碍脱钩改革进程的可能性，加强对政策目标的解读，力求在改革各主体之间形成对政策目标的一致性认识和理解，将脱钩改革政策纳入"行政执行"的轨道上来。为我国的脱钩改革工作提供更为坚实的政策支持和实现途径。②

赵晓翠基于组织理性化视角，指出政策变化和资源困境是促使脱钩后行业协会商会转型发展的重要动因，为了实现转型，行业协会商会必须注重对理性化工具的使用。改革并不是一蹴而就的成果，而是一个探索的过程。行业协会商会要在把握国家宏观发展规划和行业内

---

① 刘晓贵：《加快落实行业协会商会综合监管的几点思考》，《中国社会组织》2017年第10期。
② 吴昊岱：《行业协会商会与行政机关脱钩：政策执行与政策特征》，《治理研究》2018年第4期。

部实际情况的基础上形成一套完善的工作体制，包括制订详细的发展计划、完善财务审计制度、加强咨询和培训以及引入量化评估手段等。政府部门的职责除了提供有关政策支持和财政补贴外，还要积极引导行业协会商会运用理性手段承接政府职能，二者共同努力形成有利于脱钩改革工作进行的环境和条件，保证脱钩工作的科学性。①

王天楠从政府监管与行业自律互助互补的角度出发，指出政府与行业协会商会的互动合作既受到共同的利益驱动，又面临共同的风险挑战。他认为，"后脱钩"时代政府监管与行业自律有效结合存在三方面的困境：首先，行业协会商会对于本身利益最大化的追求可能会导致其异化为利益集团，不仅在一定程度上会影响政府决策，而且不利于行业成员的健康发展；其次，由于脱钩改革尚未取得完全的成功，因此许多领域的监管空白仍然存在，在这些领域，行业协会商会的自治功能需要能够充分发挥作用；最后，我国有关政府监管与行业自律结合的相关政策和法律建设还不完善，这种缺失严重影响政府在行业协会商会中的形象，不利于行业协会商会对脱钩工作的配合。为了解决这些问题，要建立政府把控宏观和行业协会商会把控微观相结合的行业治理机制，并且要在政府与行业之间建立良好的沟通和协调机制，实现二者间的相互配合和相互补充，推动行业向好发展。②

三 研究综述简评

通过文献综述可见，关于行业协会商会与政府的关系研究，国内外在研究范式上基本一致，社会学、政治学或经济学的分析工具采用得较多。从目前的情况看，在行业协会商会与政府关系的研究上，国外已经相对成熟，并形成了较为普遍的行业协会商会发展模式。在行业自律与政府监管的相关研究上，也是国外研究更为充分和翔实一些。但国外的研究也并非完美无缺，其一般主要是从制度主义视角进行二者关系的论证，仍然存在缺少过程主义视角的实然研究的现象。

---

① 赵晓翠：《脱钩改革后行业协会商会的转型发展》，华东师范大学出版社2019年版。
② 王天楠：《国家治理视阈下政府监管与行业自律互助互补的基础与路径》，《天津行政学院学报》2020年第22卷第4期。

而国内的研究恰好相反，国内学者们比较关注特定行业内行业协会商会的运行状况，并尝试通过比较研究得出中国行业协会商会发展方向及经验的借鉴。应该指出，两种研究范式都有其合理性，但目前我国国内行业自律与政府监管合作机制的需求，显然更需要我们在借鉴国外研究的制度主义和权力归属的基础上，回归现实经济、社会和政治的条件，提出更多具有实际可行性的二者合作机制。

具体地说，与行业自律相关的理论主要来自国外学者的贡献，国内学者更多是在研究行业协会商会本身，在这一领域较有代表性的当数王名、余晖、贾西津、郁建兴、徐家良、周俊、鲁篱、黎军等的研究。国内学者对行业协会商会的研究主要集中在行业协会商会所面临的问题及其改革上，如行政化问题、能力建设问题、立法权力问题等方面。这些研究比较务实，但大多属于较为分散的中观问题分析，相对缺少宏观的制度、机制研究。除此之外，比较而言，国内对于政府监管与行业自律这两种治理模式的直接研究则更少。目前可收集的资料大多是一种口号式的号召，而且有限的研究一般仅涉及某一具体行业的行业自律问题，多集中在金融业、新闻业、电子商务业、自然垄断行业。在这一主题下也只是探讨了行业自律制度的源起、演进及效率等问题，缺少从中观层面进行的行业自律与政府监管的配合机制研究。另外，目前国内关于行业自律与政府监管间关系的研究，多数学者认为二者间的合作多表现为配合、合作、协作、主辅关系等，这种定位具有一定的合理性，但对二者怎么合作则缺少具体的技术分析和建议。因此，需要在进一步的研究中，从行业协会与政府关系出发，在制度安排、机制设置等方面进行深入的研究和探索。

总体来说，过去的研究为今后的研究奠定了良好的基础，但仍然存在下述缺憾：第一，国内研究较多关注行业协会商会的实际运行和存在的问题，并从政社关系角度对二者关系的改进进行政策建议，但是缺少从行业自律与政府监管这一功能角度进行的机制研究；第二，多数研究割裂了政府监管与行业自律之间的联系，尤其是忽视了行业自律在治理框架中的地位和作用，没有把行业自律看成与政府监管并置的一级治理制度；第三，多数研究以行业协会的"自治"为重点，忽略了对"自律"的研究。"自治"强调的是行业协会经济自主权的重要性,而"自律"除此之外,还包含了符合国家法律规范和社会道德规范的意思指向;第四,目前,主张"合作"的呼声一片,而不约而同地忽略了政府与行业协会在协会控制权、市场控制权等方面存在的竞争;第五,主张二者"应该合作"的较多,而对"怎么能合作"则研究较少。并且有关二者"应该合作"的研究,均是在"基于优势互补的能够合作"的既定假设下进行的,而少有探讨优势互补是否必然导致合作;第六,在互动合作的策略上,多主张政府的权力转移,却忽视了行业协会的职能承接力及其反竞争行为的消极作用等问题。这些遗憾给进一步的研究留出了空间,其中的绝大多数问题也是本书致力于解决的问题,将在后续的章节中予以解答。

第二章　理论构建：政府监管与行业自律互动合作的必要性及可能性

政府监管是政府对市场与社会施加的一种强制性行为，是市场治理的外在手段；行业自律则是企业的志愿组织对企业集体行为的控制，是市场治理的内在自觉，两者并列作为市场治理的重要形式。表面上，政府监管与行业自律遵循着不同的逻辑理路，运用着不同的手段与方式，但是从深层次分析，两者实施的目的、预期完成的目标以及作用的动因、对象、模式具有高度的耦合性，而且在逻辑理路与实施方式上互为补充，相补短板，因此，两者的互动合作具有必要性和可能性。

第一节　必要性：发端于行业自律之"有限自觉"

自由市场经济的发展不但优化了资源配置，而且激发了人们前所未有的创造性、积极性和能动性，进而推进了经济腾飞与社会进步，使人类摆脱了中世纪的蛮荒与匮乏，迈入现代社会的繁荣与丰裕。但是，自由的发展从来都是有限度的，如约翰·密尔所云："自由，作为一条原则来说，在人类还未达到能够借自由的和对等的讨论而获得改善的阶段以前的任何状态中，是无所适用的。"[①] 自由放任的市场经济在发展过程中出现了一系列问题，作为市场经济主体的企业开始在

---

① ［英］约翰·密尔：《论自由》，徐宝骙译，商务印书馆2012年版，第11—12页。

本行业内部通过协会进行自觉的自我修复与调整，行业自律在此背景下应运而生，这种督促企业自觉遵循行业道德规范、提升行业声誉、扩展市场空间的行业内部自我控制机制在一定程度上克服了市场失序带来的混乱与个体理性扩张引起的"公地悲剧"，为市场的有序运行提供了一定的保障。

然则，企业通过行业自律进行自我约束与调整从来都是有限度的，因为行业自律赖以维系的两个原则都是有限度的，即企业间形成的无形契约是有限度的，企业自我约束的自觉性也是有限度的。就企业间形成的契约而言，其基础更多的是行业道德、行业信任与行业信誉，目前鲜有明文规定与硬性规约，因而无法形成有效的外部救济与内部的长期自觉。就企业的自我约束之自觉而言，其或者凭借企业在权衡自身利益与整体利益、有形利益与无形利益后而形成的某种象征意义自我规范，或者出于企业在行业道德的大背景下而形成的某种舆论自觉，或者出于共同利益而做出的某种率先垂范，但其同样缺乏长期自觉的动力与外部约束的压力。由此可见，行业自律是有限度的，必须有权威性的外部监管作为必要的前提，政府监管的必要性正是源发于行业自律之"有限自觉"，其克服行业自律不足的手段是系列经济性规制办法，从而为市场经济的正常运转提供保障。

政府的经济性规制是克服行业自律虚化与弱化的"有形之手"。所谓经济性规制，是指政府的行政机构通过法律授权，制定法则规范、设定许可、监督检查、行政处罚和行政裁决等行政处理方式对企业在价格、产量、进入和退出等环节的决策进行限制。[1] 这种以强制性的国家手段对市场进行规制的目的是增进公共利益和合法的私人利益，并且避免或减少由个体经济决策与理性经济人单纯谋求私利对市场造成的损害。政府是规模最大的公共事务代理人，具有其他治理主体所不具备的权威、物质基础和执行能力。因此在合适的范围内强调政府经济职能对市场失灵的主导作用是恰当而必要的。一般而言，政

---

[1] 文学国：《政府规制：理论、政策与案例》，中国社会科学出版社2012年版，第97页。

府的经济职能是指在以市场机制为基础的经济体系下，以矫正和改善市场机制的内在问题为鹄的，政府干预市场经济主体——企业活动的行为，包括宏观调控职能、中观规制职能和微观管理职能。这些职能克服了行业自律中主体的弱化与虚化，监管手段缺乏严肃性和执行力，规制效果不佳等情况，为市场经济的正常运转提供了保障。

一　政府的价格规制是克服行业自律虚化与弱化的"有形之手"

行业自律的一个缺陷是缺乏监督的有效性和执行性，缺少相应的救济手段，这就难以克服市场失序与价格机制失灵的问题。然而，价格监管是政府经济性规制的核心内容，是对市场进行监督、有效执行价格政策、对市场失灵进行救济的重要行政性手段。所谓价格规制是政府价格监管部门采取不同形式对自然垄断企业产品或服务的价格水平、变化、价格结构和价格行为进行的规定或者限制。政府进行的价格规制不同于行业协会的价格引导功能。

第一，不同于行业自律的最重要方面是主体为具有权威性与强制性特征的政府，而不是松散的协会或契约性的企业联盟。这种价格监管的主体是享有价格规制权的政府部门，其中既有专业性部门，也有非专业性部门。第二，价格监管的方式是对价格水平进行行政性限制，其中包括对价格变化的幅度、价格结构、制定价格的制度和具体价格行为等。而行业协会进行价格监管的方式仅限于基于契约基础上的"协商价格"。第三，政府价格监管对象的范围也十分广泛，既有生产要素，也有产品和服务要素；既包括自然资源，也涵盖劳动产品；既有企业，也有政府单位、事业单位和其他营利性单位，而行业协会进行价格监管的范围仅限于同行业的企业之间。第四，政府价格监管采取的是强制性手段，这种强制性是带有"牙齿的"，政府对违背价格规则的经济体进行行政处罚，被规制的对象不得不接受政府的惩处，而行业协会对于价格的规制完全依靠企业的自觉和企业之间形成的某种契约，更多地依靠道德、信誉、声誉等软约束。第五，政府进行价格规制的直接目标是使实际的价格水平、价格变化、价格结构或者价格行为与政府监管机构的价格水平目标、价格变化目标、价格结构目标和价格行为规范相一致；政府价格监管的最终目标既可能是公共利益，也有可能是集团利益，而行业自律中的价格规制并不会过多地考虑社会的公共利益，其维护利益的范围相对狭小，上延线止步于行业本身的利益。

这里需要特别指出的是，政府进行价格监管源于市场经济运行过程中出现的一些问题，而政府价格监管恰恰弥合了行业自律在协调市场主体方面的短板。

第一，市场经济运行中容易出现垄断现象，而行业自律难以消除垄断对市场经济的破坏。具体而言：一是伴随企业市场份额的扩展，一些企业利用规模经济创造规模效益，规模效益源于扩大生产规模过程中一些企业对于成本的压缩，进而形成利用成本优势垄断市场，排斥竞争者。二是科技发展与技术创新过程中一些企业脱颖而出，形成技术型市场垄断现象。三是对商业信息的垄断，一些企业在信息采集过程中降低成本，在信息传播过程中提升效率，进而利用信息采集、传播、占有中形成的优势垄断信息资源，排斥竞争者。四是有些行业优势企业特别制定了一些垄断策略、实施专门的垄断手段，通过自身的综合性优势垄断市场价格，破坏价格机制，形成垄断优势。以上情况被认为是市场经济与企业发展过程中出现的自然现象，依靠契约方式形成的行业协会无权也没有必要进行干预，因此需要"政府"这样一个代表整个公共利益的部门对企业或行业进行规制，需要依靠政府的权威性、强制性，利用价格杠杆遏制垄断的蔓延，以保障社会公众的整体利益、保障市场的充分竞争。

第二，外部经济效应在生产与消费活动中是一种普遍情况，没有外部效应的干预，市场的价格则很难反映经济活动的外部成本或者外部收益，这些都是行业协会无法调节的。虽然力图解决外部效应的手段与方式花样翻新，但是依靠政府的价格规制却是一种重要的解决方式。例如对于一些公共资源，局部过度使用水、电等公共资源带来外部经济效应，政府价格监督部门可以利用价格结构进行有效规制，实行阶梯水价与阶梯电价，进而既保证了居民对公共资源的基本使用，又能有效地遏制居民对于公共资源的过分使用与占有，进而对公共资源实现有效利用，而行业协会对于公共产品的价格控制显得相对疲软。

第三，信息是一种资源，信息的故意遮蔽、掌握准确信息的有限性、人们知识的局限性都会造成"信息鸿沟"，即掌握信息的一方会利用自身的信息优势采取各种不正当的手段谋求自身利益的最大化。例如显失公平的交易、欺诈、诱骗等。实现信息的公平需要外部的强制措施进行规范，这些是行业自律难以做到的，而掌握强制性资源的政府是实现这个任务的最佳载体，其可以利用价格行为规制的办法解决信息不对称的问题。如通过消费者权益保护法对信息匮乏者进行法律与政策倾斜，而对占有优势信息的人进行一定程度的限制，并迫使他们尽量公开信息，由此缩小"信息鸿沟"，实现信息的公平享有。

第四，公共物品是满足公共生活的必需品，它不但要满足公众的基本生活需求，而且要做到相对公平。这样才能既解决民生必需，实现社会的稳定与秩序，依靠市场的方式自行调节和行会自律都难以保证公共物品的分配公平。因此，有必要付诸外部的、政府的力量，一方面对公共物品的价格及其变化进行管控，防止恶意囤积公共物品或哄抬物价；另一方面要依据消费者的需求层次结构、消费者的收入情况对公共物品的价格进行结构性的调节与控制，实现作为公平的正义。"正义是社会制度的首要价值，正像真理是思想体系的首要价值一样"[1]，因为只有实现基本的社会正义，市场经济与社会秩序才有基本的保障。

第五，市场投机是市场经济中难以避免的行为。一些企业利用各种手段操纵市场价格，在大幅度波动的市场价格中牟取利益，其结果使市场价格严重地偏离商品价值，价格支配资源分配的信号紊乱，这一方面造成经济资源的严重非生产性浪费，另一方面损害中小企业和消费者的利益。对于市场投机行为，行业自律变得软弱无力，必须依靠强制性手段对其进行监管才能遏止这种势头。只有政府采取相应的措施对市场价格进行管制，才能恢复市场的正常秩序。

---

[1] [美]约翰·罗尔斯：《正义论》，何怀宏、何包钢、廖申白译，中国社会科学出版社1988年版，第3页。

第六，市场经济是有瑕疵的，在其运行过程中会出现信息的失准、市场被操控、一些企业家知识有限且有时受情绪化冲动影响做出一些非理性的行为。如果非理性行为是单一的、相互割裂的，对市场的整体发展不会带来太大的影响，但是市场的相互关联性会产生"蝴蝶效应"，某个个体的非理性行为可能引发整个市场的无序或者单个个体的非理性行为，进而传染其他市场主体，造成整个市场的震动。这时就需要政府出面采取措施进行引导与调节，通过一系列的价格规制手段化解或减轻群体性的非理性行为。

第七，社会保障是市场经济的稳定器与安全阀，因为一方面市场经济受各种不确定因素影响对市场经济的主体可能带来预想不到的风险，另一方面一些基本公共产品的价格（如水、电、煤气）需要保持一个相对稳定的状态。这就需要政府承担起社会保障的责任，利用自身对市场价格的调节功能保障市场主体的安全以及公共产品的稳定供给。

第八，弥补市场配置资源的缺陷与不足。市场经济遵循价值规律对资源进行配置，经济主体的趋利性造成一些社会发展必需的公共部门投资严重不足，这就要求政府利用宏观调控的手段对某些公共领域采取补贴与定价制度，以弥合市场调节资源的不足。例如政府投资公立学校与医疗机构，并且对这些公共领域的收费进行政府核准、审批制度，以此保障公共生活的正常进行。上述各个方面依靠行业自律无法实现，从这个角度讲，监管是自律的必要前提。

二 政府的准入规制是克服行业自律结构性缺位的重要措施

行业自律的缺陷之一是结构性缺位，所谓结构性缺位是指已有的行业规定和程序往往由在位企业制定，在位企业在行业协会中占据主导地位，而新进企业在行业协会中无话语权，由此导致行业协会中在位企业与新进企业结构上的不平衡、不对称，造成行业自律在规范市场准入与退出机制时难以发挥作用，这也为在位企业的垄断打开了方便之门。这就需要政府出面制定相应的监管措施，克服行业自律结构性缺位的弊端。政府对自然垄断的监管方法主要是对市场准入的控制，即进入规制。

第二章　理论构建：政府监管与行业自律互动合作的必要性及可能性

一般而言，传统的进入规制是指"政府或规制机构根据自然垄断行业的特点，为防止潜在竞争者的威胁，对潜在竞争者进入市场的数量进行限制，保证在位企业的垄断地位，以实现规模经济、防止恶性竞争、提高资源配置效率"[①]。但是，随着可竞争市场理论的引入，市场进入规制的目标发生了变化，由过去进入的管控机制转变为充分发挥竞争机制的作用，提高自然垄断企业资源配置效率的"引入机制"。这样，进入规制越来越多地考虑到通过调整进入规制政策适度引进新竞争者，进而保障市场的充分竞争。由此我们可以看出，政府的市场进入规制职能正在发挥着行业自律难以发挥的作用，它以其权威性与强制性控制着市场主体的数量，进而为市场的充分、有序竞争提供了保障，是维护市场秩序的一道安全阀。

进入壁垒是影响市场充分竞争的重要障碍，其壁垒阻隔的是新进企业，保护的是在位企业，而行业协会往往由在位企业主导。因此，行业协会必然是进入壁垒的守卫者，而不是进入壁垒的拆除者，要求行业自律拆除进入壁垒等于与虎谋皮，由此必须诉诸代表公共利益的政府对其加以监管。这里，所谓进入壁垒是新加入的企业难以成功地在一个产业中立足，而在位企业能够持续地获得超额利润，并能使整个行业保持高集中度的因素。[②] 在市场经济条件下，存在着以下几种进入壁垒，这些壁垒都是行业自律难以协调的。

一是经济性进入壁垒，即在位企业利用经济优势使潜在企业难以进入某一领域。这些优势包括在位企业的绝对成本优势，即在位企业利用规模经济优势降低成本，或者利用其在某一领域长期形成的技术与管理优势形成成本优势，且这些在位企业在行业协会中拥有优势话语权；产品差异化的优势源于在位企业在某一领域对其产品的长期经营，形成消费者对于某一产品的某种偏好，培养一批忠实的消费者，由此形成在位企业在该行业中的主导地位，这就为新企业、新产品进

[①] 文学国：《政府规制：理论、政策与案例》，中国社会科学出版社 2012 年版，第 188—189 页。

[②] 杨公仆：《产业经济学》，复旦大学出版社 2005 年版，第 83—84 页。

入该领域设置了无形的障碍；规模经济也是在位企业形成的经济优势之一，一般而言，只有规模生产才能大幅度地降低成本，而新进企业筹备资金、创新技术、积累经验都需要一个过程，因此难以马上实现规模经济的规模效益，造成某种进入壁垒。由于这些都涉及在位企业与新进企业的自由竞争问题，因而行业本身难以作为协调者、监督者与仲裁者，必须诉诸第三方权威（政府权威）对之加以监管。

二是沉淀成本的进入壁垒，即沉淀在进入者而不是在位企业身上的成本，这些成本主要是不可重新使用的、用途特殊化的成本。这就要求新进入者要支付更高的风险费用，沉淀成本越高，新进企业的资本成本就越高，风险越大。由此，新企业面临着失败的危险，而高沉淀成本还意味着企业有比较多的前期与中期投入难以在退出时收回。这属于新进企业自身发展的问题，要求行业协会对新进企业加大扶持力度，而由在位企业主导的行业协会不可能扶植自己的竞争者，养虎为患，因此，只有以维护市场自由竞争为己任之一的政府才会发挥自身监管职能，扶持新进企业，以维护市场的平衡，保障市场的充分竞争。

三是策略性进入壁垒，这是一种在位企业在保持市场垄断地位时本能地利用自身优势，通过各种策略性行为为新企业设置障碍的行为。这种在位企业主观上为新进企业设置障碍的行为又被称为在位企业的排他性行为。这些行为包括：掠夺性定价，即在位企业将价格降低到成本之下，将新进企业排挤出去；差异化定价，在位企业对新进企业可能或已经进入的地区进行一次性降价，对其他地区不降价，进而排斥新进企业；在位的垂直型企业联合对新进企业实施多种"价格挤压"行为，即在位企业联合产品的上游与下游企业降低或抬高价格排斥新企业；非价格策略，在位企业通过专利垄断、技术垄断、广告产品差异化等非价格方式排斥新企业；行政手段，垄断企业利用政府的行政手段阻碍新企业进入市场。这些价格策略是在位企业发展过程中为了维护自身利益最大化而做出的策略调整，如前所述，在位企业在行业协会中占有主导权，新进企业在行业协会中无话语权，这种话语权的不平衡导致策略性进入壁垒无法通过行业自律得以修正，难以在行业内部通过协商解决，只能诉诸第三方——政府的经济性措施。

　　由于上述情况，作为第三方的政府需要运用可竞争市场理论对市场进入进行规制，目标是政府通过一系列进入规制措施弥补行业自律的结构性缺陷，进而建立一个可竞争市场，提升市场活力。可竞争市场有两个基本特征：一是在可竞争的市场上没有永远的超额利润，因为任何超额利润都会吸引潜在进入者以同样的成本与垄断企业分割市场份额与垄断利润；二是在可竞争的市场上不存在任何形式的低效率生产与低效率管理，因为生产和管理的低效率都会增加不必要的成本，而一些高效率的企业会进入市场，迫使低效率企业改善生产与管理，进而实现高效率的生产与管理。由此可以看出，只要市场是可竞争的，完全可以依靠潜在的竞争力量实现社会资源的优化配置与经济效率的最大化，并且避免垄断的产生。而政府的政策是不限制进入，不人为设置进入障碍限制，充分提升市场的可竞争性。这些都是由在位企业主导的行业协会无法完成的，也是行业自律难以克服的内在结构型短板。然而，在位企业与新进企业之间的巨大差距影响潜在企业的进入，影响市场的充分竞争与活力的发挥，具体表现为：一是相对于在位企业，潜在进入市场的企业在生产技术、产品质量和成本方面存在劣势，这影响了企业自由进入和退出市场；二是潜在进入市场的企业根据在位企业的价格水平评估其进入市场的赢利情况时往往发现价格被在位企业控制，潜在企业受在位企业价格的影响；三是潜在企业在退出市场时存在沉淀成本，存在退出市场的障碍，这些是潜在企业进入市场时不得不瞻前顾后的问题。

　　这就需要政府采取一系列不同于行业自律的市场进入规制措施，实现市场的出入自由。第一，政府应利用相关规制政策消除沉淀成本的不利影响。沉淀成本对于市场进入的影响是深远而严重的，潜在的竞争者因为在位企业的沉淀成本进入市场困难，进而使行业结构固化，难以形成有效的市场竞争。由此，负责规制的相关政府部门可以向潜在竞争者进行政策倾斜以鼓励其以合理的价格获得沉没设备，也可以将该行业自然垄断领域与竞争领域分开，进而降低沉淀成本，使潜在竞争者有更多进入该行业的机会，还可以用可替代或可共享技术替代专用技术，进而减少专用技术带来的沉淀成本，由此破除固化的行业结构，突破行业自律难以突破的结构性壁垒。

第二，政府应消除潜在企业进入市场的障碍，使得市场进出自由。对市场的进入与退出进行限制将影响市场的竞争，尤其是在位企业可能利用这种限制排斥潜在进入者，进而形成市场垄断。由此，政府必须肩负起行业自律无法完成的任务，即通过一系列行政措施消除或降低市场的进入壁垒，改变传统上对市场进入与退出进行限制的惯例。

第三，为了克服行业中结构性的不平衡，政府应该对在位企业与新进企业采取差别性的规制方式。因为在位企业在某一领域累积了一些优势，导致在位企业与新进企业在竞争中实质上是不平等的，并将损害新进企业的利益，因而需要政府在政策上对新进企业进行倾斜，通常使用强制互联互通、新进企业低价政策、新进企业暂不承担普遍服务义务、加强对在位企业的控制等措施，通过适当扶植新进企业、遏制在位企业，打破原有行业结构与行业协会中的话语地位，保障新进企业与在位企业能够在市场上进行充分竞争。这些政府对于潜在企业的鼓励措施是克服行业协会结构性不平衡的重要举措，政府的差别性监管措施也是行业自律无法实现的。

三 政府的激励性规制是改善行业自律动力不足的重要机制

行业自律的另一缺陷是激励不足，并且不断增加从业者的成本负担，造成经营者的经营困难，相对来说，政府采取的激励性规制不但能够克服行业自律中激励不足的缺陷，而且能够很大程度上解决政府传统规制中出现的一些问题。

激励性政策建立在激励性规制理论基础之上。20世纪70年代以来，信息经济学及其框架下的委托—代理理论、机制设计理论、激励理论和动态博弈理论等微观经济学中的新理论被吸收到政府规制研究中。传统规制理论关于信息对称的假设被修正，政府的规制被置于信息不对称条件下的委托—代理框架内，进而形成激励性规制理论。该理论在保持原有规制结构和信息对称的委托—代理框架下，设计激励方案，给予企业一定的自由裁量权，以诱导企业正确地利用信息优势，选择规制者所期望的行为，提高经营绩效，减少逆向选择、道德风险等信息问题，最终降低企业成本、扩大社会福利。由此，政府在设计激励性规制政策时需要把握四个基本问题：

第一，设计好规制环境的信息结构。由于规制者与企业之间的信息不对称，企业通常是信息的优势方，而规制机构是信息的劣势方，由此规制可以看作信息不对称条件下规制者与被规制者形成的委托—代理问题。在此种框架内，事前委托人（规制部门）无法知道代理人（企业）所拥有的成本或价值等私人信息，而企业为了追求利润最大化可能会隐瞒其实际成本，提高价格，从而出现逆向选择问题；事后委托人（规制部门）无法观察到代理人（企业）的行为及努力程度，出现道德风险问题。因此需要对前者设计信息甄别模型，对后者设计剩余索取权的激励模型，从而尽量避免由于信息不对称带来的逆向选择、道德风险和寻租行为。

第二，确保规制者与企业的目标尽量统一。在规制理论设定的"委托—代理"结构中有三个层次：最上层次是立法部门，目标是保障市场的充分竞争与公共利益的最大化；中间层是规制者，作为经济人追求自身收入与效用的最大化；最下层是企业，追求自身利益的最大化。这三个层次有两对委托—代理关系，立法者与规制者的委托—代理关系以及规制者与被规制者的委托—代理关系。在这样一个复杂的结构中整合三者的目标是困难的，进而导致了激励机制设计的复杂性。

第三，考虑好规制设计的约束条件。在规制设计中，要考虑企业接受激励合同得到的期望效用不低于不接受合同的道德最大期望效用，即企业的个体理性的约束；要考虑规制者在处于信息劣势的条件下，规制者提供的激励合同必须能够保证规制者所希望的企业付出的努力程度给企业带来的期望效用不低于企业任意付出的努力程度给其带来的期望效用；还要考虑规制者受《规制法》《行政法》的制约。

第四，做好激励强度和信息租金的权衡。从激励的强度而言，政府的激励性规制一般包括强激励型合同、中强度激励合同、弱激励型合同三种类型。强激励型合同是指企业承受较高比例的成本，企业利润的多少与企业成本的高低密切相关，成本越高，企业的净收益越低。弱激励型合同是指企业的利润不受成本变动影响，企业的成本将完全得到补偿，同时企业降低成本的收益不完全归企业，将部分地转移给政府和消费者。由此，在信息不对称的情况下，提高合同的激励强度，企业将降低成本，产生超额利润，这些利润被称为信息租金。如果通过分享等方式减少企业的信息租金，则必然要降低合同的激励强度，企业降低成本的动机也随之减弱。常用的"价格上限规制"就是一种高强度激励机制，该规制方法能够激励企业通过技术创新、优化要素组合等手段降低成本、提高效率。而"公平利润规制"是常见的低激励强度合同，这种规制下企业的成本得到补偿，企业不受影响。中强度激励合同主要采取规制者和企业分担成本或分享利润的方式。

由上述可知，政府通过巧妙的设计，采取多种激励性规制措施，能够突破行业自律的有限性，以第三方的身份对企业进行有效激励，进而履行监管职能。政府的激励性监管措施包括特许经营权投标制度、区域间标尺竞争、部分直接竞争替代政府规制、社会企业制度等，这些措施都是行业自律无法实施的。第一，特许经营权投标制必须有权威性机构的授权，契约性的行业协会无法实现这一授权。该制度是一种很有吸引力的规制方法，它要求在选择投资者或经营者的阶段就引入竞争机制，政府授权或通过公共事业投资公司授权，通过激励性合约来规范双方的权利和责任，约束双方签约后的行为。第二，区域间标尺竞争。在一些自然垄断领域会产生地区性企业垄断经营的现象，只有具有公权力的政府才能防止这些企业滥用垄断权力、保护消费者利益，政府通过对它们实行以成本为基础的价格规制，避免行业自律的软弱，维护市场自由竞争。这里需要说明的是，虽然规制机构和企业之间信息不对称、降低了规制的效率，但是政府可以通过比较技术环境相似的企业绩效来了解目标企业的技术参数，即区域间标尺竞争，进而实现有效规制。第三，只有政府才能推动直接竞争，而行业自律不得不受到垄断企业的掣肘。在自然垄断产业内引入直接竞争，可以降低消费者的支付价格，使消费者在市场上得到更好的服务质量（因为竞争性企业比垄断性企业更关心消费者利益）和更大的利益，由此需要政府区别对待自然垄断产业中不同性质的业务，采取不同程度的规制政策，确保市场的自由竞争。

第二节 可能性：源于政府监管之"强弩之末"

政府监管的目的是纠正市场失灵，但政府监管也存在许多缺陷，由于政府受各方面要素的影响与限制，它并不一定能够完全实现社会公共福利与经济利益的最大化目标。政府自身的缺陷导致政府监管的"强弩"也有到达不了的地方，即萨缪尔森所说的"政府失灵"（government failure）。"当国家行动不能改善经济效率或当政府把收入再分配给那些不恰当的人时，政府失灵就产生了。"[①] 面对政府监管的失灵，行业自律起到了很好的补充作用，因为就行业协会的性质而言，它兼具普遍私益性与复合公共性的二重属性，普遍的私益性能够使行业协会更好地代表行业会员的利益、制定符合会员意志的行会宗旨，进而更好地保护行业内部成员的私人利益。同时，行业协会还具有复合的公共性，包括普遍的公共性、特殊的公共性和直接的公共性。普遍的公共性意味着行业协会能够配合政府的监管职能，执行相应的公共福利政策，为全社会的普遍利益服务；特殊的公共性是指行业协会代表行业整体利益，为行业整体利益服务；直接的公共性是对消费者而言，行业协会通过监督与督促行业企业自律，最大限度地保护消费者的权益，实现消费者的公共利益。从行业协会的多重性质可以看出，行业自律能够实现政府监管难以实现的某些目标，克服政府监管过程中出现的一系列问题，进而成为政府监管的必要补充。

一 强弩之末：政府监管过程中出现的负面问题

监管是政府行政机构在市场机制的框架内，为矫正市场失灵，依

---

① Nordhaus Samuelson, *Economics*, New York: McGraw-Hill Book Company, 1989.

据相关法律、规章，通过裁决、许可、制定政策等行政手段对市场主体的经济活动以及伴随其经济活动而产生的社会问题进行微观控制与干预的活动。由于政府职能的有限性、政府权力的扩张性、政府工作人员作为经济人的私利性使政府在监管过程中出现一系列问题，不但严重影响政府监管的效果，而且不利于市场经济的有序运行。

第一，作为监管者的政府与被监管者的企业之间存在信息不对称问题，由此对制定和执行监管政策产生诸多不良影响。在实际监管过程中，政府必须整治两类垄断，产品供应的垄断与信息提供的垄断。其中信息资源的垄断对政府执行监管政策产生重大不良影响。伴随信息化时代的到来，大数据技术的发展，真实而准确的信息至关重要，然而被遮蔽的信息将严重影响政府刺激机制发挥作用，并且大大增加政府监管的难度。因为，政府监管部门只有掌握被监管者的产业情况和企业状况，才能制定相应的监管办法；监管者只有掌握足够充足的信息，才能按照社会最优化的目标，督促企业执行它所制定的监管计划。但事实上，作为被监管者的企业往往比政府部门掌握更多的信息，两者关于信息的博弈犹如"猫捉老鼠"的游戏，政府既难以观察更难以推断被监管者的诸多行为。

委托—代理理论是分析监管双方信息不对称问题的很好的模型。这一理论设定政府监管部门是所有者、被监管者企业是代理者，而监管制度是一种刺激机制。客观上，被监管者比监管者了解更多的生产经营信息，但是政府力图诱导企业在给定的现实成本状态下，按照公共利益标准制定价格、产量和投资等决策，而企业则想方设法逃脱政府的管制，追求自身利润的最大化。运用委托—代理理论探讨政府监管的问题时，往往假定被监管企业的经理完全代表所有者的利益，以利润最大化为追求目标，探讨政府监管者如何刺激企业按照公共利益采取行动。在其设计的刺激模型中，企业除了取得利润外还能获得由部分消费者剩余让渡而得的额外利益，因此，从分配效率的角度看，这种机制是不理想的。政府监管者希望价格低于单位成本，但它又不能观察成本水平。如果政府强制企业制定低价，则会存在企业或明或暗地拒绝向市场供应产品的情况。

为了避免这种局面出现,政府设计监管机制时只能采取折中态度,结果往往使价格超过单位成本,导致分配无效率。更确切地说,企业由于对信息的垄断,取得了超额利润。如果假定成本决定于企业的努力和特定的环境,并假定监管者能观察成本水平,但不了解企业为降低成本所做的努力,这样,政府就不知道较低的成本水平是企业努力的结果还是受到良好的企业环境的影响。这样企业内部效率和社会分配效率的替换关系就十分模糊。也就是说,价格等于单位成本,能对分配效率产生完全的刺激,但不存在降低成本的刺激;价格等于一个给定的常数,能对内部效率产生完全的刺激,但会降低分配效率。与最优状况相比较,政府采取折中刺激机制往往会导致较低的产出水平和较高的价格,缺乏对企业降低成本的足够刺激,这就难免存在内部效率低的问题。由此,我们可以看出企业从对信息的垄断中获得利益,而政府在信息不对称情况下处于劣势地位,其结果导致较低的经济效率。由此,在信息不对称的监管环境下,政府监管者难以取得有效的监管效果。

第二,政府监管会出现异化问题,这源于企业作为一种利益集团,对政府监管具有特殊的影响力。一方面,企业可以通过游说、利益输送、寻租等方式对监管机构施加压力,迫使监管政策向被监管者倾斜;另一方面,政府监管者是由一群理性的经济人组成,有着各种利益与动机,可能被被监管者俘虏,这样监管的设计与实施不但不符合公共利益,反而为被监管者的利益服务,监管者被被监管者俘虏,这种俘虏包括立法者被企业所俘虏和执法者被企业俘虏两种。乔治·斯蒂格勒(George Stigler)指出:"经济监管理论的主要内容是解释谁是监管的受害者或受益者,政府监管采取何种形式以及政府监管对资源分配的影响。"[①] 这一理论建立在三个假设基础之上:首先,监管者能理性地选择可使效用最大化的行动;其次,政府的基本资源是权力,利益集团能够说服政府运用其权力为本集团的利益服务;最后,

---

① George Stigler, "The Theory of Economic Regulation", *Bell Journal of Economics*, No. 2, 1971, pp. 3–21.

政府监管是为适应利益集团实现收入最大化而为利益集团所需要的产物。三个假设道出了政府监管本身的短板，即监管者的经济人理性能够被利益所腐蚀，监管的权力可以用金钱作为交换条件，由此政府监管能够被异化为被监管者的工具，被被监管者所俘虏。

芝加哥学派经济学家佩尔特兹曼（Peltzmann）的理论进一步解释了监管的异化：一是监管异化与市场失灵相关。因为有垄断就会产生垄断利润，在没有监管的情况下，垄断利润被垄断企业取得；在有监管的情况下，政府监管者被赋予法律上的"垄断权"，垄断利润的归属权归政府监管部门。由此，被监管者通过各种手段影响政府立法，并尽可能地建立起对本领域有利的监管制度。同理，被监管行业会尽最大努力来影响监管的执行者。由此，各种利益组织为各自利益相互竞争，影响立法者和执法者，因而在不同层次上都出现"政府监管市场"，各种利益组织通过向"政府监管市场""投资"最大化其利益，进而使政府监管沦为利益博弈的工具；二是政府监管者通常会被受监管者所俘虏。由于监管结果对于被监管企业的得失产生极大的影响，因此被监管企业往往使用各种手段与监管者分享其垄断利润。政府监管者的监管权对监管执行者本身并不会获得利益，但通过被监管者的寻租就会把垄断权力转化为私人利益。只要政府监管者分享的利益不超过其垄断利润，企业的这种"寻租投资"就会不断发生；三是对政府监管作出进一步预期，尽管存在政府监管俘虏的问题，政府监管在经济上还是有效的。无论监管者是否获得利益，被监管行业的产量和价格并没有太大差异，而差异较大的是利益在不同利益集团之间的分配。这就为不同被监管者对监管者进行俘虏提供了足够的动力。[1] 由此可见，政府监管本身有被异化、被俘虏的危险，这也在一定程度上暴露出政府监管的短板。

第三，监管还容易出现监管寻租，与上文的监管俘获不同，监管寻租是一种主动的行为，它所强调的是政府监管过程中，政府监管部

---

[1] Peltzmann S., "Towards a More General Theory of Regulation", *Journal of Law and Economics*, No. 19, 1976, pp. 211–240.

门利用监管的权威来谋取私人利益的现象,也有学者将之称为"政治俘获"。例如,席涛认为:在政治俘虏情况下,监管成为政府自利和统领精英的工具。① 由于个人利益的诱惑,执行监管的人员希望对企业进行监管,他们可以在监管过程中利用权力为自己提供寻租机会与腐败的可能性。如同高速公路上的收费站,不交费不能通过。这种现象被形象地称为"监管的过桥收费"。监管成为监管执行者牟利的手段,而企业成为被宰割的"羔羊",公权力转化为私人利益,而作为"公器"的监管机构成为个人逐利的"私器"。

麦克库宾斯认为:"监管为政治家、行政官员和产业集团都带来了好处,他们形成了一个操纵政府法规、政策倾向或政策偏好的稳定的'铁三角'联盟,即政治家、行政官员和靠政府得到好处的产业集团,三方联合纠缠在一起的联盟。"② 在这个"铁三角"关系中,立法部门的人员批准议案、规章和项目、行政监管部门执行议案、规章和项目,产业集团从监管中获得利润。巨额的利润将"铁三角"联系在一起成为稳固的联盟,这种关系在给企业带来丰厚利润的同时给立法部门和行政执行部门带来同样的利润,形成三家从监管中分肥的局面。尤其是那些立法与执行监督的"俘虏"在离开监管部门后,跨入了那些曾经被监管的企业,他们开始代表被监管者的观点,转向了他们从前工作过的领域,又将原来在监管部门一起工作过的同事作为新的俘虏对象,形成所谓的"旋转门"。沿着这一线索,监管由一个限制垄断、促进竞争的制度演化成为为少数人谋利益,进行政治权力与经济利益交换的无效制度。政府寻租现象暴露出政府监管本身的诸多弊端,需要其他制度对政府监管进行补充。

第四,政府实施监管并不是免费的午餐,而是有一定成本的。这里的成本不同于会计学中的成本,而是经济学中的机会成本。政府监管中的机会成本包括两个方面:一是可以直接反映在政府预算中的会

---

① 席涛:《美国管制:从命令—控制到成本—收益分析》,中国社会科学出版社 2006 年版。
② McCubbins, Mathew D., "Abdication or Delegation? Congress, the Bureaucracy, and the Delegation Dilemm – a", *Regulation*, Vol. 22, No. 2, 1999, pp. 30 – 37.

计成本，即实际支出成本；二是隐形成本，即由政府实施监管引致的但没有或难以反映在政府预算中的成本，这种隐形成本有直接隐形成本和间接隐形成本。隐形成本产生的范围远远超过了被监管者本身，需要考虑到诸如生产者、消费者、生产效率、资源转移等许多因素，从而造成对成本估算的结果差异较大。

隐形直接成本来自企业或消费者为遵守监管政策所支付的各种直接费用。隐形间接成本来自企业或消费者为满足监管要求将有限资源从其他用途中转移出来，即受监管者因遵循监管法令而付出的成本，称为监管的"服从成本"。政府监管的另一个隐形间接成本来源于"竞租活动"所产生的成本。因为政府监管为市场创造了超额的经济利润，因此引发不同在位或潜在企业竞相争夺，在相互竞争中一些企业不得不承担损失，产生政府隐形的监管成本，此种成本源自监管俘虏与监管寻租。而这些成本最终要转嫁到消费者身上。由此，社会公众成为监管者与被监管者之外的无辜第三方，他们不得不为监管与被监管中产生的成本埋单。

第五，政府监管是有风险的，它是政府监管失灵的一种表现。在自由市场竞争和没有监管的市场中从事商业活动是存在风险的，如供求关系的变化、经济周期的改变以及利润的变化。而不良的政府监管会使企业面临更大的风险挑战，因为如果政府的监管决策突然中断或改变，其必然造成企业的沉淀成本损失和未来发展的不确定性。因此，企业在预期未来风险很高时，投资意愿将会降低。这也将导致宏观国家经济能力的衰退。[1] 由此可见，不良的经济监管结构、腐败的监管机构，或朝令夕改、矛盾冲突的监管措施都有可能造成很高的监管风险[2]，并会降低企业的投资意愿，造成市场的无序状态。

上述所列为政府在执行监管过程中所存在的问题，这些问题有些是监管体制造成的，有些是政府自身难以解决的，因此，当国家的力

---

[1] Hahn R. W., "Policy Watch: Analysis of the Benefits and Costs of Regulation" *Journal of Economic Perspectives*, Vol. 12, No. 4, 1988, pp. 201–210.

[2] Levy B. Spiller P., *Regulations, Institutions and Connitment*, Cambridge: Cambridge University Press, 1996.

量出现短板时,就需要诉诸社会的力量;当强制性的公权力无法奏效的时候,就需要契约性的团体权力进行补充;当他律遭遇"强弩之末"时,需要自律的手段延长射程。这里,行业自律,作为社会力量、团体性权力联合、自律手段具有其他非政府手段无法比拟的优势。首先,行业自律的合法性基础是行业内部契约、习惯或共同利益的趋向,这为行业内企业共同遵守自律规范提供了重要基础。其次,行业协会作为行业自律的监督与实施主体最了解行业内部的发展状况与经验情况,既避免了由于信息不对称而引起的规范不严、自律不"律"等情况的发生,也更有利于协调各行业企业的利益,提升自律的效果。最后,行业自律是行业整体为行业发展自发产生的规范行为,是作为他律的政府监管和其他非官方规范性行为无法替代的,它是行业发展过程中的一种自我完善、自我调整、自我发展行为,内在的原生性动力决定其自律的有效性,因此,行业自律不但是政府监管的有益补充,而且两者合作能够起到一加一大于二的化学效应。

二 革故鼎新:行业协会弥补政府监管不足的优势所在

行业协会与政府在市场监管方面遵循着不同的发生机理。行业自律基于行业成员共同利益而形成的某种契约或准契约关系,其监管方式是行业成员的协作与自律。政府监管基于社会的公共利益,具有权威性、强制性。由此,我们可以通过行业协会的内在自觉性弥补政府监管的外在强制性,用行业协会的契约合作性弥补政府监管的权威管理性,用行业协会的软方法弥补政府监管的硬手段,进而补足政府监管的短板。

第一,行业协会可以有效弥补政府监管中监管者与被监管者的信息不对称问题。被监管者对信息的垄断源于对整个生产、经营过程的控制,而政府是生产与经营的"局外人",对整个行业的运行细节与内部信息了解有限,其有效监管不但受制于企业对于生产经营的公开程度,而且受制于监管人员是否能够长期亲临实际现场进行一系列深入调查。行业协会正好弥补了这一不足,协会成员大部分是行业企业的一员,有条件通过发挥自身的信息优势了解市场形势与企业情况,进而克服外部监管受信息不对称之束缚。此外,政府受官僚科层制度限制难以花费大量的时间、人力对行业发展的每一个细节都进行深入了解，因此出现监管者与被监管者信息的进一步不平衡，出现监管者被被监管者"蒙蔽双眼"的情况。而行业协会则不同，他们"既为曲中人，当知曲中意"，会员之间既是合作的"队友"，又是竞争的"对手"，彼此之间能够形成相互监督的关系。行业协会的这一组织结构特征一方面在客观上防止了信息资源的不对称与垄断现象的出现，另一方面也有利于使行业协会在内部成员间的制衡中保持相对中立的立场，确保协会维护整个行业的整体利益。为此，行业协会的另一个目标是为行业创造良好的营商环境，而某一企业垄断整个行业、扼杀其他企业的自由竞争是对行业经营环境的最大破坏，因此行业协会多数成员会通过共享信息防止某一企业对信息的垄断而带来的行业垄断与超额利润。

第二，行业协会的民主性、契约性克服监管的异化。政府监管的异化源于监管手段的外在强制性与监管实施过程中缺乏有效监督的矛盾，源自监管权力自身的层次性带来利益的差别性以及监管对象不明、范围不清或其他有利可图情况导致的监管权力僭越情形。这些情况造成利益倒错、目的手段颠倒、公仆变主人等监管异化现象的出现。而行业协会是行业成员的联盟，内部依靠契约连接而成，协会内部以民主协商为主要工作方法，各个协会的会员是协会的主人，自觉遵守民主产生的协会规范，会员之间依据民主原则相互监督，而不是外部强加的力量，是一种自觉的规范，由此有可能克服监管被异化的危险。

第三，行业自律的内在动力与行业内在监督机制有使政府免遭俘获的可能性。行业自律的内在动力源自于行业的共同利益，行业成员为了整体的、长远的共同利益制定行业规范，行业成员之间通过内在监督体系监督自觉遵守行业规范的情况，这可以在一定程度上避免政府成为主动寻租或被动寻租的对象。一般而言，掌握外部的硬手段能够使监督具有有效性、严肃性与可执行性，但是使被监督者自觉遵守相关规范，成为相关规范的主人是监督的最高境界，也是降低监督成本、完成监督任务的最为有效的方式。

第四，行业自律降低监督成本。政府监管是一项复杂而成本高昂的工作，其成本不但包括协调企业的成本、获取信息的成本而且包括官僚系统本身的成本，行业协会可以利用自身优势降低政府监管中的各种成本。就协调成本来说，行业协会是行业内企业的联合，彼此之间比较熟悉，业务常有往来，相互协调起来容易，相互对话与沟通方便，能够有效降低协调成本；就获取信息成本而言，行业协会是各个市场主体成员的联盟，熟悉行业信息，能够最大限度地避免信息失真以及企业对信息的垄断问题，也能够大幅度地节约获取与传递信息中的成本，而且"由于行业协会商会与其会员之间往往存在血缘、人缘、地缘关系，因此，能够有效地克服由于信息不对称导致的逆向选择和道德风险，从而减低交易与信息风险"[①]。此外，就官僚系统本身的成本而言，行业自律还能有效减低官僚成本，因为行业协会的组织形式为自愿式社团，而不是政府的科层式结构，能够有效消除科层结构由于"官僚主义""文牍主义"而产生的效率低下、成本增高的现象，并且能够减少因"认证""审批"等环节造成的成本激增现象，从而大幅度降低相关的行政成本。

第五，提高行业自觉是降低监管风险的有效途径。单一的政府监管将面临多重内在风险和外在风险。因此，仅仅依靠单一的政府监管手段难以完成对复杂的市场进行规范的任务，必须既重视外部的力量，也要发挥行业自律本身的优势，将硬的手段与软的手段，外在的压力与自身的动力，强制的遵守与自觉的履行结合起来，才能更好地营造一个良好的市场运行环境，克服政府失灵的危险，保证监管的有效性。总之，从以上几个方面讲，行业自律有弥补政府监管不足的可能性。

三 寻求可能：行业自律弥补政府监管盲区的可能空间

行业自律发端于政府监管之"强弩之末"，其"末"也是空间意义的"末"，即某些行业领域是政府监管的盲点或末端，而这些领域需要发挥行业协会的自律性作用以弥补政府监管的盲区。

---

① 郭薇：《政府监管与行业自律》，博士学位论文，南开大学，2010年。

（一）政府监管空间的盲区

政府对行业企业的监管必须依据相关职能和法律、法规，然而政府职能的相对有限性和法律、法规的相对滞后性难以同行业日新月异的发展以及经济运行过程中不断出现的新问题相适应，由此出现政府监管空间上的盲区。

首先，政府的监管权力源于相关部门的职权与职能。职权只能在相应"场域"内发挥职能，而其作用的场域受部门职能、岗位职责、授权范围等要素限制，这就将政府监管控制在固定的空间范围内。尤其在不同部门监管的"三角地带"，容易出现由于部门之间的推诿而造成的监管盲区。其次，政府监管作为一种行政权力，目标是通过贯彻执行国家法律、法令和各类政策来有效地实现国家意志。法律、法令和政策具有相对滞后性，其制定的程序比较复杂，从颁布到执行有一定的周期，法规制定的速度远远落后于经济社会发展的速度，这就在一定程度上制约了政府监管，导致一些行业中的新兴领域或行业间交叉领域在一段时间内出现监管空白。最后，行政监督由专门的部门和人员实施，其执行受人力、物力、财力和时间成本的限制，因而难以做到监管的全覆盖。行政部门自身的组织机制也会造成由于官僚科层体制的复杂，导致决策者与执行者的脱节，进而在执行监管过程中出现监管的盲区或盲点。这些原因导致政府监管在空间上的受限。

此外，行业发展变化的节奏逐步加快，发展变化的内容趋向多元化、丰富化、复杂化；诸多"新"事务层出不穷，如新技术、新经营方式、新行业、新财富、新需求等，带来了一系列新问题，而"政府监管有限，人事发展无穷"，这进一步激化了政府监管空间的有限性与行业发展空间的无限性之间的矛盾，需要行业协会发挥自身灵活性、自律性、延展性等优势，对政府监管加以弥合和补充。

（二）行业自律空间的延展

行业协会商会首先是一种组织形态，按照组织学原理，任何行业协会商会都有边界范围、层级范围与事项范围。所谓边界范围是行业协会商会与外部环境的外部边界以及行业的核心与外围之间的内部边界。行业的核心由会员组成，而行业的外围要延伸到整个行业中所有企业。行业协会商会的自身特点决定了其发展空间具有延展性，这种延展性也使自律范围不断扩展。

首先，行业自律的扩张空间有从行业的核心区域扩展到外围的泛边界的趋势。传统意义上，行业自律只规范那些自愿加入行业协会商会的会员，而对非会员不具有约束力。然而，企业的发展壮大需要同其他企业进行合作，行业协会商会既是行业自律组织，同时也是企业合作的平台。这样，新兴企业随着业务的发展有不断加入行业协会商会的冲动，进而扩展了行业协会的自律范围。这不但提升了行业自律的有效性，而且为行业自律弥补政府监管空间的受限提供了条件，为替代政府监管提供了可能。

其次，行业自律会自觉提升规制层次，提升行业自律的公共性。一般而言，对市场的引导与规制有三个层次，宏观层次的政府干预、微观层次的企业自律和中观层次的行业自律。行业自律是介于政府监管与企业自律之间的中观规制形式，其在监管空间上具有极大的伸缩性与延展性。由于行业协会商会充当中观层次协调人的角色，它在行业自律过程中更容易做到收放自如，引导而不干预、协调而不强制、调节而不干涉，进而扮演好企业协调者和政府助手的职能，搭建企业与政府之间的桥梁与纽带，这成为行业自律能够成为政府监管的有益补充的另一种可能。

最后，行业自律在事项方面能够突破微观的市场行为治理的局限，提升宏观的市场结构治理的层级。所谓市场行为规制是行业协会商会针对企业在市场中的具体经营行为进行的管理与规范；而市场结构治理包括企业的准入、退出机制以及对企业资质审查的规范等。与市场行为相比，市场结构更具宏观性与整体性，对市场结构的治理是行业协会商会提升事项空间，进而能够弥补政府治理弊端，是与政府开展合作的重要基础性条件。针对目前我国行业协会商会主要发挥市场行为治理作用的现状，应考虑将行业协会商会的自律式规制提升到恰当的市场结构治理层面，以此弥补政府监管的不足。

总之，在一般意义上，拓展行业协会商会的自律空间不但是其自我发展的应然趋势，也为行业协会商会与政府走向合作奠定了基础。

第三节 可行性：实现于基础的构建与限制的突破

政府监管源发于行业自律的"有限自觉"，行业自律发端于政府监管之"强弩之末"，两者互为补充、互补短板、相互配合，共同成为市场秩序的"守护人"。现代市场经济的发展尤其需要外部监管与内部自律协调合作，运用两种思维、使用两种手段对市场进行共同治理。然而，政府监管与行业自律相互合作机制的建立需要共同的基础并借助一定的条件，其具体实施也需要适当的互动模式和相应的可能性路径。

一 利益与挑战：政府监管与行业自律互动合作的本质基础

政府监管与行业自律互动合作的实现需要依托于政府与行业协会商会两种组织形态，而这二者合作体系的建立需要以一定的内部条件和外部条件为基础：共同利益构成两者合作的内部条件，共同挑战构成两者合作的外部条件。

（一）二者合作建立在共同的利益基础之上

政府与行业协会商会的合作建立在共同的利益基础上。这种共同利益由共同的社会效益、共同的绩效收益以及共同的声誉收益组成。

首先，政府监管与行业自律互动合作能够带来巨大的社会收益。这种社会收益来自规范的市场秩序带来的经济繁荣与社会稳定。经济繁荣会使整个社会受益，包括政府部门或成员因经济繁荣带来丰厚的税收收入，保障政府的运作以及公职人员的福利待遇。行业协会商会的宗旨也是维护市场秩序，进而其成员能够从经济繁荣中获得更多的利益。从职能角度来说，使社会获得更大的收益是政府与行业协会商会的基本宗旨，政府的职能之一是保障社会秩序并且使社会成员获得更大的福祉，而行业协会商会的宗旨也是使本行业的成员能够获得更大的经济收益。两者所要追求的社会收益的范围虽然不同，但是存在巨大的交集，这种交集构成两者合作的共同利益基础，也为政府监管与行业自律互动合作提供了动力。

其次,政府监管与行业自律互动合作能够为政府和行业协会商会带来共同的绩效收益。从政府角度来说,政府通过对企业市场行为进行监管,维护了市场秩序,提升了自身权威,进而获得企业的支持,增加了政府税收,获得了相应的绩效利益;从行业协会商会角度来说,企业通过行业自律体系的建立降低了交易成本,为企业间提供了达成契约的机会,另外,企业还可以利用行业协会商会的平台推广产品、寻求商业合作,获得绩效收益。总之,政府依托行业协会商会减少行政成本,行业协会商会则依托政府提升执行能力与权威性,两者的有效配合共同获得更大的绩效收益。这种绩效收益为二者合作奠定了利益基础。

最后,政府监管与行业自律互动合作建立在获得声誉收益的基础之上。对于政府而言,对市场的有效规范能够为政府赢得良好的行政声誉和社会声誉,进而获得上级政府的青睐和下层百姓的支持;而行业协会商会通过成员的自律行为则能够博得良好的行业声誉,从而赢得政府的支持以及消费者的信任。最主要的是,无论是通过民主原则组成的现代政府还是通过契约关系组成的行业协会商会,都需要公众的支持。两者只有维持并不断提升自身声誉,才能够更好地获得支持,获得合法性来源。因此,正是政府与行业协会商会对于声誉收益的共同追求,才使两者能够互动合作,实现共赢。

(二)二者合作建立在共同的挑战基础之上

政府与行业协会商会外部面临着共同的挑战,即市场失灵的威胁、克服公地悲剧的共同需要以及规避风险的共同自觉,这些成为两者互动合作的共同外部动因。

第一,市场失灵不但给微观经济体造成损失,而且对宏观经济环境影响巨大,需要政府与行业协会商会共同应对市场失灵的挑战,因为政府是维护整个国家经济安全的守护人,而行业协会商会是本行业有序进行经济活动的保卫者,两者担负着共同的责任与使命。从某种意义上讲,行业自律的起源就是某种形式的市场失灵,特别是市场的外部性、信息的不对称性和法律的不健全,而行业协会商会通过对本行业进行有效规制实现行业共同体成员的共同利益。① 另外，对整个宏观经济的掌控也是现代政府的一项重要经济职能，20世纪二三十年代的经济危机不但重创了自由资本主义经济，而且重创了以斯密为代表的自由主义经济学和以密尔为代表的自由主义政治学，经济学家凯恩斯举起政府干预的大旗，罗斯福践行了对宏观经济失灵进行管控的思想，由此，政府与行业协会商会开始携手应对市场失灵对经济秩序的破坏，两者殊途同归。

第二，行业协会商会和政府不得不面对奥斯特罗姆提出的"公共池塘"问题，即如何实现企业对公共资源提取与节制的平衡、利用与共享的协调、私人利益与公共利益的权衡、短期利益与长远利益的协同。这是因为"公共池塘资源的特性是排除潜在的资源提取者对现有使用者的资源获取权进行限制不是件容易的事情（但也并非不可能），而且资源系统的产出在消费上具有竞争性"②。这就需要行业内部的自律与政府外部的监管共同进行调节与规制。行业内部本身需要调节现有各个企业之间的利益平衡、调节长远利益与短期利益的矛盾、协调在位企业与潜在企业的竞争，而且要预防和化解某一企业竭泽而渔带来整个"池塘资源"枯竭的问题。而政府由于代表整个社会的利益，不但要对行业企业之间的利益冲突进行调节，对个别企业损害整个公共资源的行为进行规制，而且还要为全体社会成员的利益以及社会未来发展负责，因此对每一个在"公共池塘"的获益者都要进行有效监管。由此可见，行业协会商会与政府之间实际上维护的是共同的利益，它们的出发点都是维护"公共池塘资源"的长期有效供给。

第三，规避风险也是行业协会商会与政府互动合作的共同动机。市场经济的运行本身便与风险同行，有源自企业自身经营的风险、有源自国内国外市场环境的风险，也有源自行业发展的风险。行业协会商会是企业合作的自愿性组织，企业间合作的基础便是共同规避与抵

---

① Anthony Ogus, "Rethinking Self–regulation", *Oxford Journal of Legal Studies*, Vol. 15, No. 1, 1995, pp. 97–108.

② ［美］埃莉诺·奥斯特罗姆、罗伊·加德纳、詹姆斯·沃克：《规则、博弈与公共池塘资源》，王巧玲、任睿译，陕西人民出版社2011年版，第3页。

御风险；而政府也要履行其市场经济"守夜人"的职能，通过一系列监管与规范措施帮助企业抵御风险、维护行业发展、维系市场环境的良性循环。尤其是现代政府已经告别了斯密的传统自由主义经济学和密尔的传统自由主义政治学的束缚，开启了以凯恩斯新经济学和罗斯福新政为纲领的现代责任政府，政府负担起更多的维护市场秩序、为纳税企业服务、帮助企业规避风险的责任。由此，规避风险、保障市场秩序成为行业协会商会和政府之间共同的责任与义务，也是它们之间能够合作的共同动因。

二 民主与治理：政府监管与行业自律互动合作的制度载体

政府与行业协会商会相互合作建立在共同的内部条件与外部环境相互作用的基础之上，并在这些基础上负载着一定的制度载体，进而达成合作的可能。政府监管与行业自律分别源自国家的力量与社会的力量对于市场的有效规制，两者能够共生共长、相互合作需要一定的制度基石。这种制度性要素既是两者合作的共同载体，也是两者能够实现合作的必要黏合剂。

（一）民主政治

民主政治是两者实现合作的首要制度载体。就本质而言，"民主是一种社会管理体制，在该体制中社会成员大体上能直接或间接地参与或参与影响全体成员的决策"[1]。然而，公民作为个体参与政治是软弱无力的，原子性社会不但不能生出成功的民主体制，也不能有效表达公民的意愿。公民只有联合起来，组成自愿协作的组织，以分子方式参与民主政治，民主才是良性的民主，而不至于坠入民粹主义的泥潭。因为公民参与网络增加了人们在任何单独交易中进行欺骗的潜在成本；培育了强大的互惠规范；促进了交往，促进了有关个人品行的信息之交流。[2] 行业协会商会便是企业组成的自治型社会组织，有利于公民参与网络的形成，它把单个的企业联合成一个整体，在其内部

---

[1] ［美］科恩：《论民主》，聂崇信、朱秀贤译，商务印书馆2004年版，第10页。
[2] 参见［美］罗伯特·D. 帕特南：《使民主运转起来——现代意大利公民传统》，王列、赖海榕译，中国人民大学出版社2015年版，第224页。

践行自治原则与民主机制。

这样行业协会商会在民主政治中起到了重要作用。其一，行业协会商会是企业与政府相互沟通的桥梁，一方面增加了作为单个企业的力量，另一方面有效地协助政府同相关企业进行协商合作；其二，行业协会商会是训练民主、培养公民的学校，通过行业自律，企业家学会了民主技巧、养成了自治习惯、培养了公民精神、学会了自我规范与自我约束，进而成为支撑基层民主的重要支点；其三，行业协会商会也是政府听取民意、对企业进行宣传、贯彻政府政策、获得社会支持的重要堡垒，通过行业协会商会的中介作用，民主政治才能真正生根、才能有效运作。

当然，行业协会商会发挥自律职能也离不开民主政治的基础。如果没有民主政治的有效支撑，企业将没有自由结社的制度环境、不能发挥连接企业与政府的桥梁纽带作用，也不能实现自我治理与自我约束的功能。民主政治是行业自律成为可能的制度基础，行业协会商会是民主政治在市场经济中的重要实现载体。行业协会商会自律功能的发挥依靠民主政治的运行状况，一定意义上，行业自律是民主运行优劣的晴雨表，两者相互促进。但是从终极意义上讲，民主政治的发展程度决定了行业协会商会是否能够生存以及健康运行。由此可见，民主政治是政府监管与行业自律的制度基础，通过民主政治，实现政府对行业的上情下达，完成了行业对政府的下情上达，由此实现民主政治的完成过程。

（二）现代国家治理体系

现代国家治理体系是政府监管和行业自律协作发挥作用的又一个制度载体。

首先，现代国家治理不同于管理，其主体是多元的，要求国家、社会、非政府组织、企业、个体共同参与治理。因为，传统意义上代表国家的政府在国家治理中发挥的作用受到了一系列挑战，如燕继荣所言："现代化的发展挑战了以国家为单位的治理秩序，至少有三个方面的特性需要认真对待：第一，流动性挑战了传统的属地化管理；第二，复杂性挑战了科层制管理，需要建构扁平化的管理结构；第三，民主化挑战传统家长制统治型管理，需要打造开放、协商的、包容的政治体系和社会管理体系。"①由此，国家治理需要构建包括行业协会商会在内的跨地域性、扁平化、民主化的治理体系，需要政府治理与社会治理相融合。这里，政府代表国家参与治理、行业协会商会代表社会融入治理，两者的合作是在现代国家治理体系的制度背景下展开的。现代国家治理主体间的关系是平等的，它不同于管理的上下关系、隶属关系，而是多元主体基于同一目标进行的平等协商合作关系，这就为政府与行业协会商会的合作奠定了制度性基础。因为只有平等主体间才能产生互动合作的可能，不平等主体之间是命令与隶属关系，谈不上合作。

其次，现代国家治理的领域也是多元的，政治、经济、文化、社会、生态等等，政府不可能包办每一个领域的事务，这就要求行业协会商会参与治理，同政府进行紧密合作，实现合作共赢。

最后，现代国家治理体系还要体现自治的理念，要求调动社会与个体的积极性、主动性，而不是被动地接受管理的承受者。这种制度设计为行业自律提供了广阔的空间，因为行业自律就是要发挥行业协会商会——这一企业联合性组织的主动性与创造性，发挥行业协会对企业的自律功能，而现代国家治理体系贯彻的自治理念也要求政府简政放权，由高高在上的社会、市场的管理者变为社会与市场的治理者，这就要求政府要允许行业协会商会参与治理，并且同行业协会商会通力合作。由此可见，现代国家治理体系为政府与行业协会商会的合作提供了制度基础。

三 一般情况下：政府监管与行业自律互动合作的内生障碍及外部限制

政府与行业协会商会的互动合作虽然基于内部共同的利益诉求和外部的类似挑战，但是两者毕竟分属不同系统、拥有不同的权力来源、使用不同手段、汇聚不同资源，因而遵循着不同的逻辑，由此两

---

① 燕继荣：《社会变迁与社会治理》，《北京大学学报》（哲学社会科学版）2017年第5期。

者的互动合作必然生发出内生的障碍并受外部条件所限定。

（一）两者互动合作的内生障碍

政府隶属公共管理领域，行业协会商会存于社会自治领域，两者作用于企业和市场遵循的是不同的逻辑。

首先，就权力性质而言，现代政府的管理权限来源于人民的同意，受制于宪法与法律的赋予，管理权的属性带有强烈的公共性，但是，由于权力自身因事项范围的扩展、权力执行者的私心以及权力自身的张力而出现无限扩展的可能性。行业协会商会之自律式监管的权力来源于企业的契约与让与，权力的范围没有明文的规定，权力的执行也没有强制力的保障，因此，自律权力执行时受制于企业的合作以及自觉，自律权力带有天然的软弱性与收缩性。这样，当政府管理权与行业协会商会自律权进行合作的时候，政府管理权限的无限扩展属性与行业协会商会自律权力天然的软弱性与收缩性相碰撞时，必然导致政府管理权压制行业协会商会自律权，由此产生两者的抵牾。

其次，就规制的不同手段而言，政府管理国家有强制力作为后盾，能够有效运用行政、法律、军队、警察等手段对管理者进行监督与控制。而行业协会商会凭借企业间的合作与自觉，没有有效的执行手段，仅是凭借企业之间的信誉与声誉等软手段制约企业的市场行为。这样，当两者合作时，行业协会商会为了实现自身的价值、体现自身的能力会不自觉地投靠政府，进而成为政府的附庸，两者的互动合作关系很容易异化为依附与被依附的关系。

再次，两者动员和依靠的社会资源迥然不同，由此不同程度地呈现出某些问题：政府进行管理时会使各种政治资源交织在一起，行业协会商会实现自律时则需要社会资本进行支撑。进一步说，政府管理涉及诸多具体部门，不同部门对某一事项都拥有管理权限，这些不同的政治资源混合在一起容易出现职权交叉、管理范围重叠、管理层次错位等问题，这些都会为政府管理带来相当大的障碍。如果某一事项会带来好处，那么这种交叉与重叠会酿成权力、权限的争夺或重复管理的矛盾，加大企业与市场的成本。如果某一事项只能给管理者带来麻烦而无丝毫好处，那么就会出现政府部门的推诿与管理权的缺位。

而行业协会商会的自律则完全不同,由于这种自律是自觉完成的,因此它需要强大的社会资本作为支撑,所谓社会资本是指:"社会上个人之间的相互联系——社会关系网络和由此产生的互利互惠和相互信赖的规范。"① 社会关系网络的培育以及由此产生的互惠与信任关系是行业协会商会能够有效实施自律的基础。由此可见,两种治理模式在依靠与动员资源时存在着云泥之别,由此,在合作过程中会出现各种管理部门挤压行业协会商会,并且可能利用社会资本短缺而造成行业自律效果相对较差的现实来僭越或干涉行业协会商会的自律规范。

最后,政府与行业协会商会遵循不同的运行逻辑,政府通过国家机器对企业与市场施加外部影响,甚至可以直接干涉企业与市场的活动,而行业协会商会只能凭借企业间的有效自觉,采取间接的方式来督促其自觉做出适当调整。因此,当两者互动合作时,由于运行逻辑不同,因此难免出现抵牾或矛盾,由此成为两者互动合作的内生障碍。

(二) 两者互动合作的外部限制

制约政府与行业协会商会互动合作的外部条件包括思想观念方面、经济社会条件方面、体制机制方面和政策法规方面等。

首先,在我国,由于长期受计划经济影响,社会经济生活中呈现"大政府、小社会"的局面。相当一部分行业协会商会的前身都是由政府主办,或直接纳入政府序列,或成为政府的辅助部门,长期难以独立自主地发挥作用。在政府的观念中,把行业协会商会看作自己的派出机构,而行业协会商会也把政府作为自己的"娘家"。这种"政府办社会"的计划经济思维长期存在于人们的头脑中,严重制约行业协会商会的发展,也严重影响行业自律作用的发挥。同时,在政府内部官本位思想盛行,把一切社会生活都纳入行政序列的思想在许多人头脑中仍有市场。这种政府高高在上、行业协会商会自我矮化的思想严重影响政府与行业协会商会的互动合作。

---

① [美] 罗伯特·帕特南:《独自打保龄:美国社区的衰落与复兴》,刘波等译,北京大学出版社2011年版,第7页。

其次，社会主义市场经济的不完善以及市民社会的不发达严重制约了行业协会商会的发展，也严重制约了行业自律功能的发挥。成熟的市场经济是培育企业独立精神、契约精神和自治精神的摇篮，而市民社会的发达是培养自愿合作精神，提升社会资本和培育公民独立人格的学校，这些都是企业通过行业协会商会成功实现自律的必备条件，如果这些外在条件缺乏，那么行业自律难以实现，政府与行业协会商会的合作则只能沦为所谓的"脱钩不脱管""明脱钩、暗受制""大政府、小协会"的局面。

再次，由于政府机构改革尚在进行时，与计划经济相适应的政府体制机制仍然在起作用，而这种体制机制难以为行业自律的有效实施提供保障，更难以为政府监管与行业自律的互动合作提供有效载体，因此在目前情况下，政府与行业协会商会在合作过程中出现各自为政、互相推诿，互无担当、互不信任等状况，这些都成为二者互动合作的外部限制。

最后，政府监管与行业自律的互动合作仍然停留在探索层面，虽然2015年开始我国陆续出台《行业协会商会与行政机关脱钩总体方案》、相关配套文件以及脱钩后政府对行业协会商会可持续发展的各项支持性政策，但是一方面这些政策尚未完全落地，实施需要一定时间；另一方面二者互动合作最重要的法律保障——《行业协会商会法》尚未出台，由此成为制约两者合作顺利进行的关键障碍。

四 后脱钩时代：政府监管与行业自律互动合作的困境、条件及路径

（一）脱钩改革后二者合作面临的困境

自2015年，我国开始加快推进政府与行业协会商会脱钩改革进程，这既是政府机构自我改革的一部分，也是推进国家治理体系和治理能力现代化的重要举措。脱钩改革的目的是政府简政放权，厘清政府与社会的关系，让政府的事务归政府，社会的事务归社会，进而实现良好的政社互动与治理现代化。然而，由于脱钩改革尚在实践过程中，政府对自身定位的调适与行业协会商会独立地位的塑造均需要一定的时间与过程，因此，在脱钩后相当长的磨合期内，政府与行业协

会商会的合作难免出现一些困境，再加上部分脱钩改革措施影响了某些行业协会商会的积极性，这也为二者互动合作埋下了隐患。比如行业协会商会资产被归类为国有资产进行管理所产生的矛盾、由于历史遗留问题导致的公务员编制和事业编制清理困难、脱钩后缺乏业务主管单位业务指导导致的政社关系松散、支持性政策落实不力导致的行业协会商会发展外部动力不足等，这些问题都严重影响二者合作的质量。概括而言，上述困境突出地表现在以下三个方面：一是脱钩后行业协会商会很大程度上不再受制于政府的资源支持，有异化为完全的行业利益代理人的危险，发展为利益集团与政府对抗而非合作，当然这是一种极端特殊的情况；二是脱钩后由于缺乏业务主管单位的监管和业务指导，在综合监管体制尚未完全建立起来的前提下，相当长的一段时间内某些领域的监管空白将长期存在，与此同时，行业协会商会在没有发展为独立的市场主体，尚未完全成熟的时候被抛向了市场，其生存与发展受到了严重考验，从而使其在与政府合作的过程中难以摆正自身位置，容易返回到过去依附政府的角色上去，进而使"脱钩"改革出现倒退的现象；三是"脱钩"改革之后相关支持性政策落实不力，如政府购买服务不透明、不公正，甚至还有地方政府将原本的购买服务项目收回等现象的出现挫伤了行业协会商会的自信心，影响了行业协会商会对政府的信任。另外，由于行业协会商会与政府同属公共组织，二者在市场控制权、会员控制权等领域又存在竞争，政府对行业协会商会也存在某种程度上的不信任，这种互不信任导致政府与行业协会商会的有效合作困难重重，难以实现。上述困境都是脱钩改革之后行业协会商会与政府互动合作的主要困境，值得注意。

此外，由于历史的原因和计划经济的影响，"强国家弱社会"的状况始终是制约我国社会主义市场经济发展以及现代国家治理体系建构的难题。尤其是在脱钩改革刚刚起步的背景下，政府与行业协会商会的关系形态多种并存，因此，找到二者互动合作的适当模式并不容易，必须考虑到一定的前提条件，同时也必须持续探索各种可行路径。

（二）脱钩改革后两者关系形态的变迁

建构政府监管和行业自律互动合作模式的基础首先是要厘清政府与行业协会商会的关系形态。脱钩改革改变了以往行业协会商会依附、挂靠于政府的传统模式，行业协会商会开始转变为真正独立的市场主体，其与政府的关系也开始重新磨合并洗牌，呈现出多种可能的关系形态，具体表现为：竞争关系、合作关系、以竞争为基础的竞争—合作关系、以合作为基础的竞争—合作关系、契约关系等。

第一，竞争关系。脱钩改革后，行业协会商会成为市场的独立主体，其将进一步作为代表成员利益、反映成员诉求、为成员谋求利益最大化的自治组织而存在，这势必与同属公共组织的政府形成某种竞争关系。二者相互竞争的领域可能表现在以下几个方面：首先，行业协会商会可能作为企业利益的代表者同政府进行谈判，为行业利益对政府进行游说、抵制甚至对抗；其次，行业协会商会因管理范围与政府重叠、交叉，可能会为管理权限而与政府竞争；最后，政府负责对行业协会商会进行监管与引导，两者也会因此而产生一些竞争性行为。由此，两者的对抗与竞争关系将伴随脱钩改革的进一步深入而逐步常态化。这既反映了公权力与私权力在市场经济中的张力，也源于两种依据不同逻辑而运行的监管者共同管理同一领域、同一主体而自然形成的竞争关系形态。

第二，合作关系。党的十八届三中全会提出国家治理体系与治理能力现代化目标，这为政府与行业协会商会进行有效合作提供了政策保障。政府与行业协会商会之间利益的相通性、困难的共生性决定了两者合作的可能性与必要性。这种合作关系不同于"脱钩"改革前行业协会商会依附于政府的附庸关系、挂靠关系、隶属关系，而是两个独立主体之间的平等合作关系。随着中国特色社会主义市场经济的完善和发展，政府监管与行业自律互动合作将进一步推动市场秩序的规范、社会治理的完善、社会安定的达成、经济繁荣的持续。政府与行业协会商会的合作也将有效地融合政治资本与社会资本，有效协调政府、企业、个体之间的相互关系，进而有效搭建互利共赢的政社合作平台。

第三，以"竞争"为基础的"竞争—合作"关系和以"合作"为基础的"竞争—合作"关系是竞争与合作关系的两种复合体，只不过各自偏重不同。由于市场经济风云变幻，市场治理复杂多变，因而政府与行业协会商会的关系不可能是非此即彼的一元模式，而是竞争中有合作、合作中有竞争的复合模式。合作是大趋势、大方向，而竞争则作为一种常态存在。这种合作与竞争关系既不可分割，在具体情形下又各有侧重。如在一些特许经营、专营领域，行业协会商会谋求更大的自治权，因而政府与行业协会商会形成竞争基础上的"竞争—合作"关系；在一些两者范围交叉并且面临共同挑战的领域，则更多地强调合作基础上的"竞争—合作"。这两种关系模态将伴随着市场的变化以及现实的需要随之不断变化调整。

第四，契约关系。伴随行政体制改革的深入，政府购买公共服务逐步成为政府向社会提供公共资源与公共服务的重要形式。政府与行业协会商会签订相关合同，两者通过契约进行合作，两者的关系也由此表现为契约关系。这种关系形态的特点是：地位的平等性、意志的自由性、权利与义务的对等性、利益的交换性、沟通的协商性等。契约关系是政府与行业协会商会理想化的关系形态之一，因为两者呈现出的平等关系是"上帝的归上帝，恺撒的归恺撒"式的国家与社会分治的重要标志；双方的意志自由充分体现了现代文明精神实质，只有意志的自由才能激发双方的活力、创造力；权利与义务的对等性能够对双方都产生约束力，进而规范两者的关系；利益的交换性使政府与行业协会商会之间互利共赢成为可能；而沟通的协商性则能使政府与行业协会商会形成一套有效的运行机制，更好地互动合作。总之，上述关系形态构成脱钩改革之后政府与行业协会商会几种可能的基本关系形态，为具体探索两者的合作模式提供基础。

（三）"脱钩"改革后二者合作所需的条件

政府监管与行业自律互动合作需要一定的条件，如任何酵母只有在内外条件适合的情况下才能发酵一样，两者的合作需要各种条件的成熟。

第一，"一主多元"式治理结构的形成。"所谓'一主多元'就是形成以政府为主导，私营部门和第三部门广泛参与的多种方式并存的公共服务供给格局。最终构建一个由政府部门、私营部门和第三部门组成的公共服务多元主体协同供给模式，从而一方面最大限度地满足公民的多样化需求，另一方面有效地整合资源，提高服务效率、质量并降低服务成本。"① 这里的"一主多元"的"一主"与"多元"之间是平等关系、独立关系，各自都有意志自由，这样才能保证各元素之间以独立的姿态参与合作，发挥各自的主动性与创造性。

第二，各个领域要界限分明，人们之间拥有高质量的社会资本，法律体系完善，社会自治发达。如奥斯特罗姆指出的："当资源有一个清晰的边界，社区有高水平的人际信任或社会资本，存在解决冲突的诉讼程序，以及社会有足够的建立、监督和执行规则的决策自治权，并能排除外部人进入时，激励的作用可以避免'公地悲剧'的发生。"② 行业领域的界限分明能够减少行业协会商会管理权限不清以及各会员企业之间的扯皮。高度社会信任、社会网络以及互惠精神组成的社会资本使行业自律更具效率，完善的诉讼程序为行业自律提供保障，而充分的自治权则可以为行业自律提供社会土壤。由此构成两者互动合作的政治、法律、社会基础。

第三，有效的合作机制与制度载体是政府与行业协会商会实现互动合作的重要支撑。现代民主制度、现代国家治理体制、现代社会自治制度等都是两者合作的必要基础。现代民主制度不但为两者合作提供了合法性源泉，而且提供了具体的合作渠道。现代国家治理体制将各种主体平等地纳入国家治理的大范畴之内，为各主体互动合作提供体制保障。现代社会治理机制最大限度地发挥社会自治的职能，尽量避免国家公权力对社会自治领域的干涉，进而为行业自律提供更加广阔的空间。

---

① 王树文：《公共服务市场化改革与政府监管创新》，人民出版社2013年版，第31页。
② [美]埃莉诺·奥斯特罗姆：《公共资源的未来：超越市场失灵和政府监管》，郭冠清译，中国人民大学出版社2015年版，第6页。

（四）脱钩改革后两者合作模式的探索

监管与自律借助政府与行业协会商会进行的互动合作是国家治理未来发展的一种趋向。"如何互动，怎样合作"尚无定势，仍处于磨合与探索之中。

第一，宏观政府管理，微观协会管理模式。这是两者的一种基本合作模式。行业协会商会负责采用行业手段对行业内部的事务进行协调，如价格引导、垄断限制、信息公开等内容进行调控，尤其是对行业企业的一些损害公共利益、不符合行业自律公约的行为进行规范与管理，而政府则主要对行业的未来发展规划、行业协会商会与企业之间的矛盾、行业协会商会之间的关系进行规制。政府应使用市场经济的、法律的手段进行调控，而不是使用行政命令、处罚等手段进行规范。同时，行业协会商会依靠行业内部的准则规范以及行业成员的自觉进行规范。这种模式的优点是充分发挥了行业协会商会的主动性和创造性，缺点是政府与行业协会商会在管理范围方面往往界限不明，遇到棘手问题可能会相互扯皮。

第二，各管一块，相互分工模式。这是按照"条块"原则对相关行业领域进行更加细致分工的一种合作模式。政府负责一些涉及国计民生的重要领域，而行业协会商会则负责一般性领域。这种分工合作的优点是两者界限分明，可以减少因管理领域交叉重叠而使两者产生冲突，也可以避免政府过分干预行业协会商会导致其无自主权。缺点是在条块分割格局下容易形成"诸侯式"管理的模式，两者有分工、无合作，有界限、无互动，各自为政，缺乏配合。

第三，先行业自律，后政府监管模式。这是行业协会商会将政府作为依托和后盾的模式，也是理想状态下，二者互动合作的一种应然状态。行业协会商会首先对行业会员进行自我协调、自我规制，在无法实现自律的条件下再请求政府利用行政或法律手段进行干涉，最终实现规制的目的。这种模式的优点是行业协会商会与政府具有高度的互动性，行业协会商会成为真正的行业治理人，得到充分的自治权，但矛盾在于行业协会商会往往由于其自治权的相对软弱性而无法真正发挥作用，也容易与会员沆瀣一气，出现各种反竞争行为，需要政府监管与社会监督作为外部威胁才可以实现。

　　第四，相互配合，相互依托模式。这种模式表面上是一种理想的互动合作模式，但是必须具备一些条件才能使表面的理想模式转化为实质的理想模式。这些条件是两者的界限分明、相互独立、地位平等、相互信任，有良好的沟通渠道与合作机制作为依托。如果缺乏上述条件，这种模式很可能异化为协会表面自治，政府实际操作的模式。

　　值得一提的是，政府监管与行业自律互动合作模式仍在持续探索中，其成熟既需要实践中的创造性智慧，也需要理论上的理性思考与精心设计。在新时代，中国特色社会主义市场经济的发展需要政府监管与行业自律双管齐下，互动合作，进而实现市场的有序运行与经济的可持续增长。

第三章 数据支撑：脱钩后政府监管与行业自律互动合作的变化与挑战

本章结合脱钩改革的最新动态，采用面对面访谈与问卷调查两种研究方法，以及词频分析、描述统计和交叉统计的分析方式，对改革之前和改革之后行业协会商会的使命定位、职能诉求、困难与挑战等问题进行分析，试图以数据对前文的理论建构进行作证并发现和了解脱钩实践中呈现出的一系列新问题。最后，在实证研究的基础上，对本书的核心研究问题进行回溯以承上启下。

第一节 词频分析：脱钩前行业协会商会的角色认知及职能诉求

词频统计分析是文献计量学和情报科学常用的研究方法和分析方式，也是文本研究的一个重要内容。当前，由于数字化文本的普及应用和相关工具的逐步成熟，对文本内容的进一步定量分析研究已经成为当前的热门并变得日益科学、便捷。词频统计分析利用词的频率预测学科、行业、新技术的发展趋势，判断各主题词汇之间的关联度，发现科学研究的规律和背后隐藏的深层次问题，在通过数据挖掘寻求一般定性分析难以发现的问题方面具有一定优势。本部分主要采用访谈和词频统计两类研究方法。

一 数据、方法及评估模式

首先对来自各类行业协会商会的 25 位领导进行了半结构式访谈（访谈总时长 1955 分钟，得到文字稿 18.8 万字）。在此基础上，对访谈所得的文本资料进行了词频统计，得到 45 个高频词汇（见表 3 - 1），并对这些高频词汇进行了进一步的词频分析、共现分析及主题分析，试图通过各主题词汇出现的频率及彼此之间的关联度，发现科学研究的规律和背后隐藏的深层次问题。[①]

表 3 - 1　　　　　　　　访谈资料高频词汇

序号	词汇	频次（次）	序号	词汇	频次（次）	序号	词汇	频次（次）
1	协会	2121	16	规范	136	31	处罚	65
2	政府	1076	17	政策	132	32	违规	63
3	企业	1032	18	代表	108	33	能力	62
4	自律	586	19	人员	105	34	监管	62
5	管理	335	20	业务	95	35	委员会	61
6	国家	289	21	关系	94	36	沟通	60
7	市场	282	22	会费	91	37	检查	59
8	作用	265	23	经济	89	38	领导	59
9	权力	251	24	公约	88	39	控制	58
10	利益	221	25	法律	86	40	维护	57
11	标准	201	26	经营	80	41	约束	55
12	服务	191	27	竞争	71	42	资源	54
13	职能	190	28	执行	66	43	协调	53
14	会长	188	29	制度	66	44	信用	53
15	社会	148	30	培训	65	45	认可	51

注：因统计软件无四个字的词汇，"协会商会"在表中用"协会"表示。下同。

---

① 本研究利用武汉大学开发的内容挖掘软件 ROST5.8.0.603 版本对访谈文字稿进行了初步词频统计，选取频次排名在前 500 位的名词作为蓝本，剔除了无意义的词语，如"比如说""就是""怎么样""然后""实际""能够""咱们""也好""哪些"等；手动修正了自动分词的错误，如将"委员　会"修改为"委员会"等；将近义词进行合并，如将"惩罚"与"处罚"合并为"处罚"；首轮词频统计得到 500 个核心词汇，剔除、整理后剩余 348 个，在此基础上利用 ROST 软件提取了 97 个高频词，经过两轮数据清洗、整理之后共得到 45 个词汇。全文数据部分的分析将以这 45 个词汇为基础进行。

二 基本词频分析

由于篇幅有限，本部分仅分析排名在前四位的其中三个高频词汇（为了与本书的研究精准对应，刨除了对"企业"这一词汇的详细分析）：

（一）"协会"：发展困境为最热关注点

根据高频词统计可知，访谈资料中提及频次最多的高频词为"协会"，共出现2121次。对这一高频词进行进一步归纳发现，关于这一主题词最被关注的内容主要集中在以下三个方面：

关于行业协会商会的发展困境问题既是受访者关注的焦点，也是难点。针对这一问题，大多数受访者表示行业协会商会之所以发展缓慢从客观的角度讲，主要是由于行业协会商会权力不足（协会无执法权、无处罚权、无人事权等），同时，政府的过多控制也影响了行业协会商会的发展。受访者指出行业协会商会对本行业会员企业并无管理上的措施和手段，针对违规企业也没有处罚权，只能商讨违规标准、处罚标准，对情节不严重的进行媒体曝光（主要是通过社会舆论对企业施压），对情节严重的则上报上级行政机关处理。多数行业协会商会的存在对于企业来说就是负责沟通协调，维护市场秩序，没有太多价值；而行业协会商会之所以发展缓慢从主观的角度讲则是由于协会自身的问题（如自身发展不成熟、组织管理混乱、缺少人才等）。

表3-2　　　　"协会"一词所涉及的具体内容

协会的特性	协会的困境	协会的职能
协会工作公益性、协会服从政府、协会代表行业利益、协会为中介组织、协会为政府与企业的桥梁纽带	权力不足、不具有强制性、自身发展不成熟、缺乏创新意识、经济实力不强、缺乏法律机制、无执法权、无处罚权、无人事权、缺少人才、协会不规范、协会依赖政府、协会职能范围界定不确切、协会组织管理混乱、协会服务水平较低	协会传达政府政策、协会服务企业、协会反映企业诉求、协会管理会员企业、协会维护市场秩序、协会协调纠纷、协会制定自律公约

（二）"政府"："隐形控制"为最被诟病的问题

高频词汇中排在第二位的是"政府"，出现的频次为1076次，涉及的内容主要集中于政府选择与协会商会合作的原因、政府对行业协会商会的限制以及政府的相关改革措施三个方面。

表3-3　　　　　　　"政府"一词所涉及的具体内容

政府与协会商会合作的原因	政府对行业协会商会的限制	政府相关改革措施
政府不了解行业情况、政府人员不够、政府管理企业缺乏专业性、政府管理有限、出于政府的需要	政府不重视、政府不放权、政府失信、政府与协会争权、政府政策多变、政府职能界限不明确、政府控制严、政府经费少	政府权力规范使用；改变政府思维方式、管理思路、管理手段；政府职能转变

其中，关于政府与协会商会合作的原因，受访者认为政府选择与协会商会合作最重要的因素是政府人员不足、管理有限，成立行业协会商会有利于为政府分担工作；而关于政府对协会商会的限制问题，则主要体现在隐形控制严重，不放权，导致协会商会权力有限。受访者认为政府不放权的原因首先是自身职能需要，因为职能是一个部门存在的基础，没有职能就丧失了存在的根基；其次，由于《行业协会商会法》尚未出台，有些权力并无法律规定是协会商会的，政府缺乏放权的依据，一旦出问题了，负责任的还是政府，所以政府必须亲力亲为；再次则可能是由于政府认为协会商会的实力不强、能力不足，不放心放权；最后，出现政府对协会商会的"隐形控制"要归结于我国政治体制的问题，是由政府的主导地位决定的。关于政府的相关改革措施，受访者提出希望政府改变管理方式，规范权力使用，简化政府组织，提高工作效率，掌握宏观大局，适当放权。

(三)"自律"：自律职能有限为提及最多的话题

高频词汇中排在第四位的是"自律"（出现586次），也是本书研究的关键问题，主要涉及以下内容。

1. 自律的内容及措施

由表3-4可见，不同的自律主体自律内容和促进自律的方式各不相同，如企业自律包括质量自律、行规自律、生产自律、环保自律、纳税自律等。关于促进自律的方法，从协会商会的角度讲，一般包括制定行业自律公约，进行企业信用评价，举办自律评比活动，成立自律委员会及自律小组监督行业自律情况，以及缴纳自律保证金等几种方法。其中实践中比较行之有效的是记录企业信用信息，进行企业信用评价，建立企业信用信息库，并将企业的失信情况向社会公开，从而以这种方式让一些不检点的企业行为有所约束。比如，国资委发起的央企社会责任，通过企业发布社会责任报告，实际上就是倡导央企对客户、对员工、对交易发生方、对银行、对社会、对国家履行信用承诺，其实质是以信用建设为抓手促进自律。总之，行业自律的核心特点是"自我约束"和"道德约束"，协会商会只能通过行业行规、自律公约、章程管理规定等规范行业行为，其所起的作用主要是引导、倡导、宣传示范，并无强制性。

表3-4 "自律"一词所涉及的具体内容

自律内容	自律措施
行业主体自律、企业自律、个体自律、个人自律、质量自律、行规自律、生产自律、环保自律、纳税自律、行贿自律、协会商会与企业间自律、企业之间自律	自律管理制度、自律性管理约束机制、自律规章、自律公约、自律机构、自律评比、自律检查组、自律委员会、自律保证金

2. 自律职能有限的原因

（1）协会商会：从行业协会商会的角度看，首先，协会商会自身发展不成熟，协会商会工作人员素质低，且协会商会法律地位不明确，缺乏法律支持；其次，协会商会的经济来源主要是会员会费、政府拨款（脱钩前）以及为会员企业提供一些营利性服务，协会商会财力有限、经济实力不强，而促进自律属于"投资大、收益小"的项目，所以大部分协会商会并没有将工作重心放在行业自律上；再次，出于利益的考虑，有些协会商会不敢得罪会员企业，从而使行业自律无从谈起；最后，最重要的是权力不足阻碍了协会商会对行业自律的推动作用。

表 3 – 5　　　　　　　　"协会"相关词汇提及频次

权力（251 次）	无强制性权力、无制定标准权力、无执法权、无干预权、无人事权
自身（37 次）	协会商会自身发展不成熟、不规范、协会商会自身职能范围界定不确切、发展困难
处罚（65 次）	无资格处罚、无能力处罚、无处罚细则、无行政处罚措施、无处罚手段
法律（86 次）	无行业协会商会法、缺乏法律机制、无法律基础、无法律支持、无明确法律地位、协会商会处罚无法律效力
人员（105 次）	人员少、人员素质低、人员流动大、人员管理能力低下

访谈发现，行业协会商会几乎没什么权力，连本行业行业标准的制定都不能起决定作用。实现行业自律虽然是行业协会商会的主要职能之一，但是协会商会在推动行业自律的过程中并没有权威性，对违反自律规范的企业最多只是通报批评，并没有强制性处罚权力，由此，行业自律发挥作用的空间自然而然就小了。

（2）政府：从政府的角度看，主要是政府人员有限，管理事务太多，但又不放权，且对协会商会不重视，拨款少，因而不利于协会商会自律职能的发挥。

（3）企业：企业都有自己的利益，其随着市场的变化来运作，而且容易受到地方保护主义政策的引导，当企业的利益受损时，行业自律对其约束作用也就难以顾及了。

三　具体研究发现

（一）"内部人"对行业协会商会的角色定位："桥梁纽带"偏"政府帮手"

本部分主要采用共现分析的研究方式。所谓"共现（co - occurrence）"是指在一个文本语料库中，两个术语超出正常频率的同时发生、存在或出现。文献计量学认为，共同出现的特征项之间一定具有某种隐含的寓意，并存在着一定的内容关联，关联程度可以用共现频次来测度。

表 3-6　　　　　　　　高频词汇共现矩阵　　　　　　　单位：次

	协会	政府	企业	自律	管理	国家	市场	作用	权力	利益	会长	职能	标准	服务	社会
协会		362	297	136	151	121	85	159	113	101	57	102	65	81	63
政府	362		202	65	86	83	50	90	79	71		71		61	52
企业	597	202		92	77	82	51	81		67				52	
自律	136	65	92				58	55							
管理	151	86	77												
国家	121	83	82	58											
市场	85	50	51	55											
作用	159	90	81												
权力	113	79													
利益	101	71	67												
会长	57														
职能	102	71													
标准	65														
服务	81	61	52												
社会	63														

根据对高频词汇的共现分析发现：与"协会商会"共现的高频词汇个数最多，高达30余个，总共现频次3223次（由于版面有限，仅展示前15个）。其中，"政府"与"协会商会"共现的频次最高，提示受访者认为政府与协会商会的生存发展有着密不可分的关系，政府自身存在的问题、管理方式、政策导向等都对协会商会有着不可忽略的影响；而在职能与权力的部分（暂不考虑其他可并入此类的词汇），与二者共现的词汇均为政府和协会商会，表明受访者主要从政府和协会商会两个视角考虑彼此的职能与权力问题，也从一个侧面反映出受访者认为行业协会商会的职权范围、限度、大小主要受到政府的影响与限制。

另一个有趣的发现在于："企业、协会商会、政府"这三大主体交叉出现的频次最多，政府与协会商会的共现频次（362次）高于政府与企业的共现频次（202次），企业与协会商会共现的频次（597

次）高于企业与政府共现的频次（202次）。由此可见，政府与协会商会的联系大于政府与企业的联系，企业与协会商会的联系大于企业与政府的联系。上述内容可以用以下公式简化表示：

政府＋协会＞政府＋企业

企业＋协会＞企业＋政府

可见，大部分受访者将协会商会看成政府与企业之间的中间变量，即将其角色定位为政府与企业之间的中介组织——向企业传达政府政策信息，同时，代表行业利益向政府传递企业诉求。但是以协会商会为主体观察三者共现的规律可见，协会商会与政府的共现频次（362次）大于协会与企业的共现频次（297次），可见尽管多数受访的"内部人"认为行业协会商会是政府与企业之间的"桥梁纽带"，但其角色定位还是更倾向于"政府帮手"。这种"桥梁纽带"偏"政府帮手"的角色定位使行业协会商会内部人对其自身的职权认知也与学者们认为的"应然"状态不同。

（二）"内部人"的职能认知：自律式监管而非服务

根据表3-1，从语义网络的属性联系上看，受访者提及频次最多的依次是：利益、经济、会费（共401次）、权力（251次）、职能（190次）三项。说明行业协会商会"内部人"最为关注行业协会商会的实际利益（包括经济利益）以及其所属的职能与权力问题，其中，职能与权力问题（总频次441次）被置于与其实际利益等同的地位，甚至超越的地位，关注度远超行业协会商会的自身业务（95次）及其社会网络关系（94次）。

从行业协会商会的职能定位上看，受访者的关注热点主要集中于"服务、规范、协调"三大类（见表3-7）。①其中，"规范类"职能

---

① 从字面含义看，"职能"一词涵盖了服务、约束、协调等其他词汇，但从本书的具体研究资料看，笔者对访谈资料中出现的"职能"一词（190次）进行了逐个检索，发现这一词汇主要是以"协会职能"或"政府职能"这样的笼统概念出现，仅有5处涉及协会商会的具体职能，如自律职能、服务职能、行业信息统计职能、国际交流职能等。因此，在对行业协会商会具体职能的分析中，仅将这一高频词汇中所涉及的这5处职能列入统计，其余185次所谓"职能"不做重复计算。对其他词汇的处理等同。

的提及次数（1046次）是其他两类职能的2.5—4倍。可见，在受访者的认知中还是更多地把行业协会商会置于行业管理者的地位上（尽管多数人认为这种管理是一种缺乏"权力"后盾的自律式管理），相对忽略了可持续维持协会商会与企业关系的核心职能——服务。传统文献一般认为行业协会商会的职能定位更多应集中在服务上，这与行业协会商会"内部人"的潜意识有很大差异。这也从一个侧面印证了行业协会商会"内部人"对自身"桥梁纽带"偏"政府帮手"的角色判定。

表3-7　"内部人"对行业协会职能定位的潜意识

服务类职能（256次）	服务（191），培训（65）
规范类职能（1046次）	规范（136），自律（586），公约（88），维护（57），约束（55），检查（59），处罚（65）
协调类职能（221次）	协调（53），代表（108），沟通（60）

对三大类职能进一步解析发现，就服务类职能而言（见表3-8），行业协会商会"内部人"提及的"服务"范围集中在咨询服务、中介服务、信息服务、认证认可等几个方面。其中，提及最多的还是"培训类"服务，说明帮助企业进行各类"培训"是协会商会的主要

表3-8　服务类职能的具体内容

服务（191次）	为企业服务、为政府服务、为人民服务、为社会服务、咨询服务、中介服务、信息服务（行业信息统计）、支持公共服务、认证认可服务
培训（65次）	人员培训、教育培训、职业技能培训、生产许可前期培训、日常培训、参观培训

注：具体职能的统计只考虑45个高频词汇。

服务项目，也是其主要收入来源。另外，从行业协会商会"内部人"认可的服务对象来看，"为政府、为企业、为社会、为人民"服务的

理念体现了行业协会商会在性质上的三重特性——为政府服务的"部分的公共性"、为企业服务的"普遍的私益性"以及为社会、为人民服务的"直接的公共性"。正是这种对自身性质的"混合定位"导致了行业协会商会"内部人"在角色扮演上的冲突以及在职能诉求上的多样。

从规范类职能来看（见表3-9），行业协会商会的作用主要是对行业发展、会员行为、市场秩序、自身建设等进行规范管理。只是这种规范管理是以行业公约（自律公约）为蓝本的一种道德约束，其属于行业的自我监督、自我约束，因而又被称为"自律式监管"，缺乏强制性是这种监管的主要特征之一。访谈资料中尽管也有寥寥几处提到"检查""处罚"职能，但也只是行业协会商会作为政府帮手进行的辅助检查，或者对行业成员所进行的声誉处罚。与政府行政处罚相比，这种自律式规范的优势在于其"软性"特征，其实施效果以会员的"认可"为前提，属于一种基于契约的集体行动。但这种集体行动常常由于会员的"搭便车"行为而告终，因而，自律式规范的实施效果往往差强人意，这也是访谈过程中受访者常常抱怨的方面，希望能够在一定程度上获得相对更具执行力的行业治理职能。尽管如此，不可否认的是"自律式监管"仍然是行业协会商会最重要的"规范"职能（自律的提及次数高达586次），也是其与政府合作进行行业治理的最大优势。

表3-9　　　　　　　　规范类职能的具体内容

规范（136次）	行业规范、（规范市场秩序/规范市场竞争）、规范会员行为、规范自身建设、规范企业运作、规范行业与协会商会发展、制度规范、道德规范、规范章程、规范机制、规范管理
自律（586次）	自律制度、自律约束机制、企业自律（个体自律、行业主体自律）、协会商会与企业之间自律、行业行规自律、安全生产自律、质量自律、环保自律、纳税自律、行贿自律、自律检查、自律保证金、自律评比

续表

公约（88次）	行业公约（自律公约）、制定公约、执行公约（落实公约）、遵守公约
维护（57次）	维护行业秩序、维护部门职能、维护现有权力、维护企业利益、维护客户利益、维护大企业利益、维护与会员的关系、维护政府大政方针、维护公理、维护公平竞争的市场环境
约束（55次）	自我约束、道德约束、监督约束、行业行规约束（公约约束）、自律性管理约束机制、市场自身约束、约束会员、约束办法（手段）
检查（3次）	协助检查
处罚（1次）	声誉处罚

注：本表中的"检查"一词在原始资料中主要指政府的行政检查，原始资料中共出现59次"检查"，仅有3次是指行业协会商会的协助检查。类似地，"处罚"一词在文本资料中共出现65次，但主要指政府的行政处罚，仅有1次指协会商会的声誉处罚；"管理"主要是指政府的行政管理，故不计入统计。

访谈资料中共提到"处罚"一词65次，但均是谈到"没有处罚、缺乏处罚"等，仅有一次提到具体处罚权。

从协调类职能来看，根据访谈资料，行业协会商会的协调职能集中表现为"两个代表"，即：一面代表政府，另一面代表会员企业。在行业外，代表政府向企业传递政策，代表企业向政府表达诉求（见表3-10）。在行业内，促进行业内成员之间的沟通，最主要的是就各类信息进行的沟通，如价格信息，经济信息，人才信息，技术知识、技术成果信息等。同时，代表本行业内企业与其他行业进行沟通，如业务沟通、交易沟通、债务沟通等。以此来协调行业之间、企业之间、企业与政府之间、企业与客户之间、企业与消费者之间的关系，发挥"润滑剂"的作用。这与学界以往的研究基本一致，但问题仍然在于行业协会商会职能定位的交叉可能引起的功能作用的错乱。

（三）"内部人"的权力诉求："标准"大于一切

根据访谈内容可知，大部分受访者认为协会商会最迫切需要、最基础的权力就是制定行业标准权，协会商会是最了解行业的，由行业协会商会制定行业标准是最符合行业实际的（见表3-11）。有受访者认为政府应该管理宏观，具体的行业管理应由协会商会进行，政府管理行业组织，行业组织去管理企业；还有像信息统计的工作、协会商会人事权等也应该由行业协会商会来掌握，协会商会应享有自主引进人才的权力，促进协会商会的发展；协会商会也应该享有对行业优秀人才进行评优、评先的权力，等等。

表 3-10　　　　　　　　协调类职能的具体内容

协调（53次）	协调会员关系（协调会员矛盾，协调行业纠纷），协调企业与政府的关系，协调企业与客户的关系，协调企业与消费者的关系
代表（108次）	代表政府传递政府意图（政策）、代表会员企业意图、代表企业诉求、代表会员企业利益、代表行业向政府要政策
沟通（60次）	与会员沟通（与企业沟通），与政府沟通（如政策沟通），与其他行业沟通（包括与非会员沟通），信息沟通，沟通渠道、国际交流

表 3-11　　　　　　　　权力因素内容

权力（251次）	制定行业标准权、信息统计权、市场准入权、参与国家行业方针政策制定权、职称评定权、人才引进权、奖励权、前置审批权、监管行业约束权、行业执法权、管理行业权、参与行业法律法规制定权
标准（201次）	企业标准、协会标准、行业标准、地方标准、国家标准、国际标准、技术发展标准、产品标准、工艺标准、违规标准、处罚标准、信用评价标准、行业自律标准、会费标准、卫生标准、消费标准、标准化法

注：企业标准、协会标准、行业标准、地方标准、国家标准、国际标准均指质量标准。

四　小结

在词频分析的部分，根据高频词汇的统计，对"协会""政府"和"自律"三个主题词进行了分析。对"协会"的讨论主要包括协会的性质、行业协会的困境、协会的职能三个方面的内容；对"政府"的探讨主要包括政府支持行业协会存在的原因、政府对行业协会管理的问题以及受访者认为政府应有的改革措施等；对"自律"的讨论主要涉及自律的具体内容，行业协会商会与政府脱钩前各行业协会为实现行业自律所采用的方法，以及行业协会难以发挥自律职能的原因。研究发现：行业协会商会的发展困境、政府对行业协会商会的隐形控制、行业协会自律职能的有限性是受访者最为关注的三大关键问题。

在共现分析的部分，政府、企业、自律等这些词汇往往与"协会"一词相伴相生，揭示出协会作为政府与企业联系的纽带发挥着不可替代的作用。"企业、协会、政府"这三个主体交叉出现的频次最多，政府与协会的共现频次高于政府与企业的共现频次，企业与协会共现的频次高于企业与政府共现的频次，证实了协会的中介作用。共现分析明显提示：当前推动行业自律实现的核心问题是协会自身的努力程度以及政府的让权程度。

通过以上分析进一步得到以下结论：行业协会商会的"内部人"将自身的角色定位于"桥梁纽带"，但在一个谱系的两极更偏向"政府帮手"，提示脱钩改革之前部分行业协会商会与政府贴得更近，更多作为"二政府""红顶中介"的身份存在。关于行业协会商会的职能，受访者认为其职能定位是监管而非服务，只是这种监管的表现形式为"自律式监管""自我监管""自我管理"，这是将行业协会商会纳为行业成员中的一部分所形成的认知，其实质是将自身定位于行业管理者的地位，也进一步佐证了其对自身"桥梁纽带"偏"政府帮手"的角色定位。关于行业自律，多数受访者认为行业自律属于行业协会商会的职能范围，其实现需要协会、政府、社会三者共同作用。单就协会而言，其可以通过行业标准、行业规范、信用评价等方式对会员的不自律行为进行约束，但由于协会对会员企业没有管理上的强制性权力，只能通过制定诸如行业规范、自律公约的形式，以道德约束规范市场秩序，因而收效甚微。在"内部人"的权力诉求方面：受访者认为行业协会商会权力严重不足，甚至可以说几乎没什么权力，多数人认为类似行业标准制定权、职称评定权、信息统计权等均应归属行业协会商会所有，其中行业协会商会这一受访群体对行业标准的制定权诉求最大。

　　总之，词频分析得出的初步结论与本书的理论设想能够相互印证，两者基本一致。但需要说明的是，由于受访对象在数量和层级上的有限性，加上定量研究和统计方法本身的局限，书中的结论可能存在一定的偏颇，同时，结论主要是基于协会与政府管理部门领导阶层的访谈资料得出，没有涉及协会普通工作人员，在代表性上存在不足，存在进一步改进的空间。

第二节　问卷调查：脱钩后行业协会商会的发展挑战与认知变化

　　2015年7月，国务院办公厅发布《行业协会商会与行政机关脱钩总体方案》，正式从国家层面全方位、稳步推进行业协会商会治理变革，并公布148家全国性行业协会商会脱钩试点单位。2016年6月22日，第二批试点单位也正式公布，脱钩工作逐步深入开展。2017年2月，民政部又下发《关于做好第三批全国性行业协会商会与行政机关脱钩试点工作的通知》，要求第三批共计146家全国性行业协会商会脱钩试点于2018年2月28日前完成。2019年6月17日，《关于全面推进行业协会商会与行政机关脱钩改革的实施意见》正式发布，要求按照去行政化和"应脱应尽"原则落实脱钩改革。至此，共422家全国性行业协会商会和5318家省级行业协会商会实现与行政机关脱钩，并有373家全国性行业协会商会被纳入拟脱钩改革行列。随后，民政部下发了《关于做好全面推开全国性行业协会商会与行政机关脱钩改革工作的通知》和《关于做好全面推开地方行业协会商会与行政机关脱钩改革工作的通知》，脱钩改革正式开始由试点先行走向全面推行，全国性与地方性脱钩改革时间点、路线图和责任方得到进一步的明确。除上述文件外，我国对社会组织整体的发展战略也进行了重新部署和规划，2019年10月，民政部下发《社会组织登记管理条例》，提出要加大对社会组织的扶持引导，进一步推进政社分开，建立健全行业协会商会党建工作管理体制，不断加强对行业协会商会的综合监管，确保全面推开行业协会商会脱钩工作的完成。

从政策目标上看，行业协会商会与行政机关脱钩是为了加快形成政社分开、权责明确、依法自治的现代社会组织体制，这实际上是规范"政府—市场—社会"关系，创新社会治理的重要手段和途径，是国家治理现代化向前迈进的重要一步。从长远看，行业协会商会与行政机关脱钩是使行业协会商会回归社会本位的好事，但由于我国部分行业协会商会长期以来对行政机关的资源依赖，脱钩反而成为其短期内的巨大挑战。其中最为明显的则表现为长期依赖行政资源的行业协会商会一旦被"断奶"，为了自谋生路很可能将资源依赖的渠道向企业倾斜，从行政依附变成企业依附，进而被企业控制，成为价格联盟、集体抵制、市场分割的共谋主体，造成各种市场乱象。例如，脱钩后在市场经济较为发达的地区，一些行业协会商会纷纷开展变相的营利活动，甚至设立私有企业将不合理收入合法化。温州地区还发生了多起行业协会商会伙同会员集体涨价的市场失范事件。再加上长期以来部分行业协会商会自身存在的诸如强制入会、乱收费以及行业会员的各种行业潜规则等不自律行为相互交织在一起，错综复杂，加大了行业规范的难度。总之，在行业协会商会自身发展尚且受到诸多挑战的背景下，其与政府之间的互动合作更是面临巨大考验。

鉴于此，脱钩后行业协会商会自身发展的新情况、新问题就成为研究其与政府互动合作的一个绕不过去的"坎儿"，因此下文将从脱钩后行业协会商会自身发展入手谈起，再引出其与政府合作治理在新政策环境下的新变化。

一 成长的烦恼：脱钩后行业协会商会的两难困境和发展挑战

（一）问卷调查：基本数据情况

本部分采用问卷调查的研究方法，数据采集途径为网络采集和手机移动客户端采集。问卷历时两个月在全国共被浏览3151次，最终回收1000份，完成率32%，符合问卷调查回收率的一般规律。调查数据涵盖除西藏、青海、甘肃、宁夏、海南、台湾、香港之外的全部其他27个省、自治区、直辖市，基本数据来源如图3-1所示。其中，数据回收主要集中于京津地区（29%）、江浙沪地区（36%）、东北三省（9%，以辽宁为主）、山西地区（7%）和两广地区（4%）。

主要调查对象包括各级党政部门工作人员（包括党委、政府、人大、政协）、行业协会商会（商会、促进会）工作人员、高校科研机构等事业单位工作人员、企业界人士等。其中，来自各级党政部门的工作人员共295人，占29%；行业协会商会（商会、促进会）的工作人员207人，占21%；高校科研机构工作人员177人，占18%；企业界人士120人，占12%（见图3-1）。

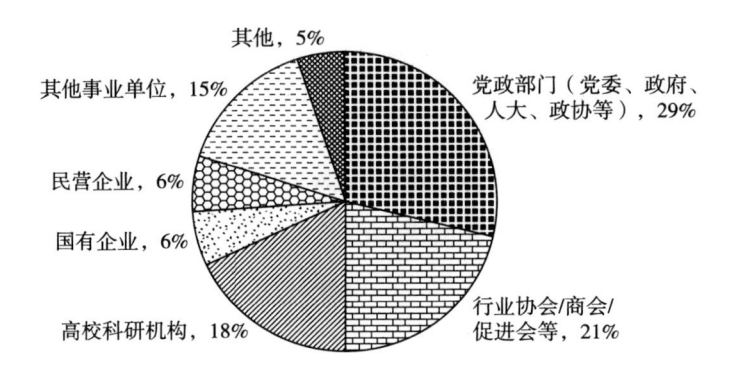

图3-1 被调查对象工作单位类型

其中，207位行业协会商会的被调查者中约有27%来自官办行业协会商会，15%来自半官办协会，49%来自民办协会，可见，这部分调查数据中来自民办协会商会的被调查者占据半壁江山（见图3-2）。从所在行业协会商会的规模来看，多数被调查者所在行业协会商会规模较小，会员单位一般约在500家以下（约占80%），在拥有1000家以上会员单位的行业协会商会工作人员的仅约占7%（见图3-3）。

（二）两难的选择：放松监管的痛苦

对政府来说，监管还是放松监管一直是政府治理中的两难选择，而对部分行业协会商会来说，主动脱钩还是被动脱钩也让其在本次改

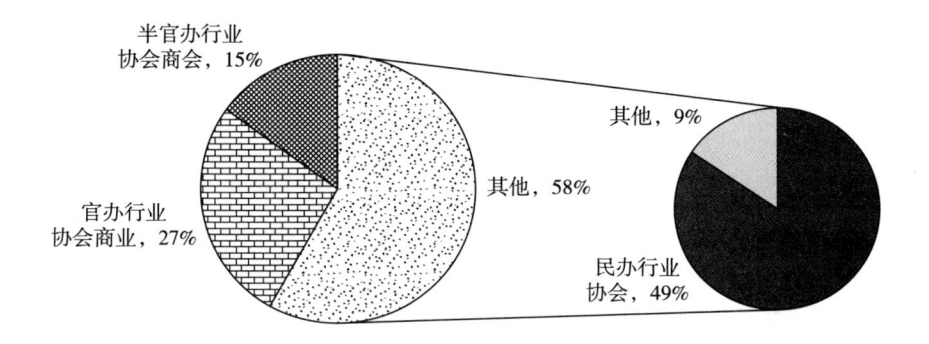

第三章 数据支撑：脱钩后政府监管与行业自律互动合作的变化与挑战

图 3-2 被调查对象所在行业协会商会成立方式

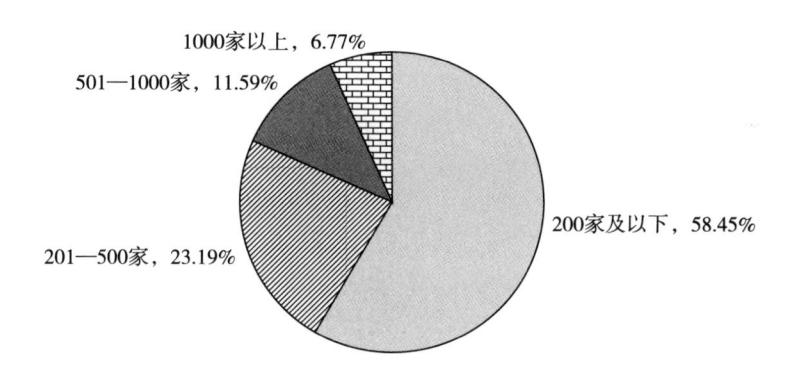

图 3-3 被调查对象所在行业协会商会规模

革中进退维谷。在过去，虽然有双重管理体制的制度约束，但这主要是一种事前监管，而对行业协会商会的事中事后监管始终是政府治理的薄弱环节。脱钩改革之后，这种情况愈发严重，本以为没了"婆婆"的行业协会商会却又变成了"烫手的山芋"，少有部门愿意接管，一时间行业协会商会何去何从成为让其非常"挠头"的问题，更有部分行业协会商会不愿意接受脱钩的现实，试图通过各种手段拖延脱钩、抵制脱钩或者假脱钩。

1. 行业协会商会的脱钩意愿：愿意脱钩与其他态度各占一半

根据调查显示，207 位来自行业协会商会的工作人员中有近半数人员表示愿意脱钩，有 31% 的人表示脱不脱钩无所谓，还有约 15% 的人表示不愿意脱钩（见图 3-4）。有趣的是行业协会商会的脱钩意愿与其各自的生发方式有一定联系，从统计分析可见，表示不愿意脱钩的协会的确较多分布在带有官办色彩的行业协会商会中（约占20%），这部分协会商会的脱钩意愿整体上小于民办协会商会。对于民办协会商会来说，表示愿意脱钩和持无所谓态度的人大约各占40%，令人意外的是民办协会商会中竟然也有一部分人表示不愿意脱钩（8.8%），而半官办协会商会中则有大约36%的人表示其与政府本来就没有什么关系。遗憾的是，由于问卷篇幅有限，没有对这两个现象进一步追踪，因此无法获知民办协会商会不愿意脱钩或者半官办协会商会认为与政府没关系的具体原因。

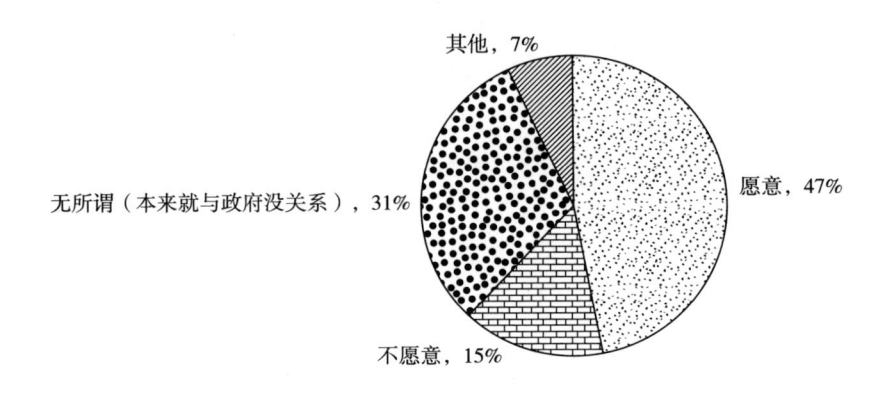

图 3-4　行业协会商会的脱钩意愿

（愿意，47%；不愿意，15%；无所谓（本来就与政府没关系），31%；其他，7%）

2. 脱钩后行业协会商会的被监管和指导状态：脱钩不脱管并未实现

调查显示（见图 3-5），过去五年行业协会商会接受检查的形式主要是集中年检、网上年检，约占近 54%，其次是被要求进行第三方评估或者开展信用评价，约占 21%。而较具威慑力的监管方式被履行的则相对较少，并且主要以实地抽查（约占 15%）和行政约谈或行政告诫为主（仅占 2%），包括行政处罚甚至撤销协会在内的更为严厉的监管方式则几乎不可见（其他所有监管方式加总所占比例为7%）。可见，脱钩改革之前或者之后政府对行业协会商会的监管手段变化不大，仍然主要体现在每年一次的年检、审查考核上。

表3-12　　　不同生发方式行业协会商会的脱钩意愿　　　　单位：人

脱钩意愿 生发方式	Q5：愿意	Q5：不愿意	Q5：无所谓（本来就与政府没关系）	Q5：其他	受访总人数
官办行业协会商会	29（52.73%）	11（20.0%）	10（18.18%）	5（9.09%）	55
半官办行业协会商会	13（41.94%）	6（19.35%）	11（35.48%）	1（3.23%）	31
民办行业协会商会	46（45.1%）	9（8.82%）	42（41.18%）	5（4.9%）	102
其他	10（52.63%）	4（21.05%）	2（10.53%）	3（15.79%）	19
受访总人数	98	30	65	14	1000

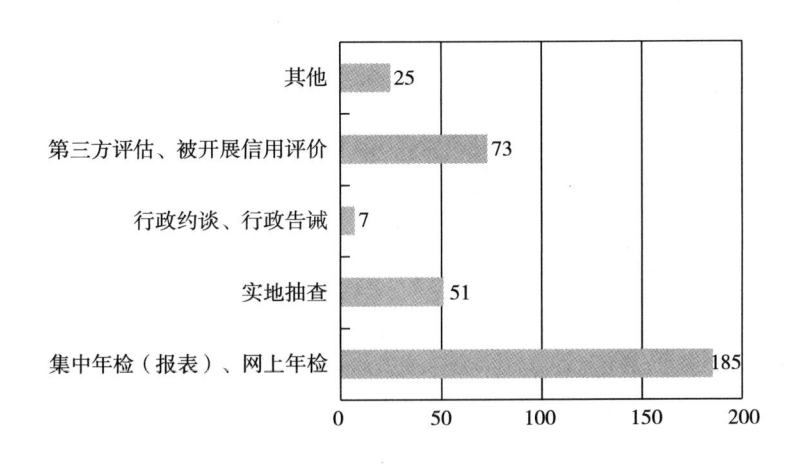

图3-5　过去五年行业协会商会接受检查的形式

- 其他：25
- 第三方评估、被开展信用评价：73
- 行政约谈、行政告诫：7
- 实地抽查：51
- 集中年检（报表）、网上年检：185

根据中央文件精神，脱钩后原业务指导部门应继续给予行业协会商会一定的政策支持，及时研究和解决行业协会商会发展过程中的困难和问题，尤其是在简政放权的大环境下，应加快推进政府职能转变，尽快制定职能移交清单，还权社会商会。同时，以政府购买服务为抓手，构建新型政社关系，促进行业协会商会脱钩后可持续发展。但我们看到实际上进行这项工作的业务指导部门非常有限，调查显示，脱钩后原业务主管部门仍对协会商会进行政策和业务指导的仅占三分之一左右；制定了职能移交清单的约占10%；已经将部分职能移交给行业协会商会的约占13%；向协会进行了公共服务购买的约占

14%，也就是说都不足五分之一。可见，脱钩后保障行业协会商会顺利发展的两个重要抓手——放权和购买服务目前做得还不尽如人意（见图3-6）。

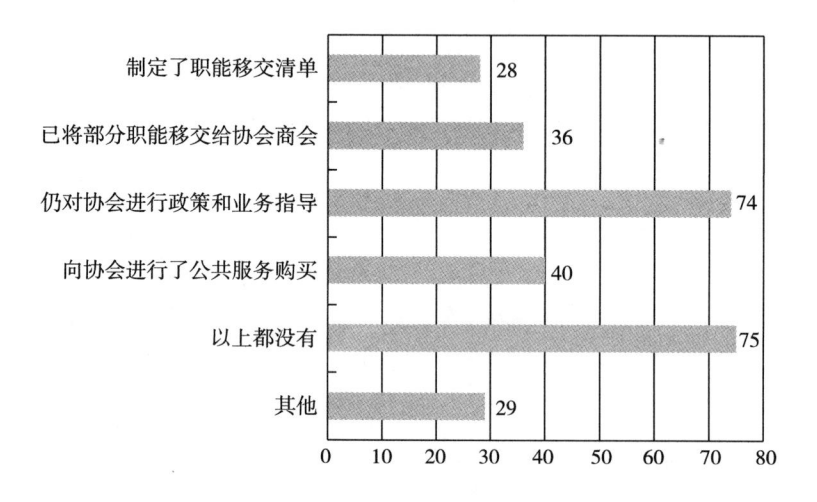

项目	数值
制定了职能移交清单	28
已将部分职能移交给协会商会	36
仍对协会进行政策和业务指导	74
向协会进行了公共服务购买	40
以上都没有	75
其他	29

图3-6 脱钩后原业务指导部门所进行的工作

同时，我们看到还有三分之一强的原业务指导部门脱钩脱得特别"干脆"和极端，在脱钩后无论是政策指导、职能转移还是购买服务都几乎没有进行，开启了"零监管""零指导""零合作"模式。除了彻底撒手不管，消极对待脱钩改革的现象之外，也存在由于改革不连贯、衔接不到位引起的不知道该谁管、该怎么管的状况。如某位在民政部门从事社会组织管理工作十余年的领导干部在接受访谈时表示"不是不想管，而是不知道该不该管、该由谁管、该怎么管，最简单的例子：脱钩之后中央下达的文件现在应该发往哪里，由谁接收都不知道"。

然而，即便政府部门存在各种主动、被动的状况，但对于多数行业协会商会来说其认为自身的监管主体仍然是民政部门和原业务指导部门，也就是说部分行业协会商会尚未认清改革的现实，对原监管部门存在制度惯性下的依赖心理，想继续寻求这些部门的支持，但是矛盾在于这些机关本身或者不愿意监管，或者受政策限制不能监管，从而出现了监管者和被监管者在心态上的不匹配，导致管理上的错位和真空地带。还有一部分行业协会商会比较迷茫，处在改革的边缘不知道何去何从，这一现象同样对改革不利。调研数据给这些问题进行了很好的佐证，在被问到"脱钩后一旦发生纠纷去哪里解决"时，约35%的人仍然选择去登记审查机关或者原业务指导部门解决，约9%的人选择去监督管理机关和执法检查部门解决，约12%的人则表示不知道去哪里解决。此外，调研中还了解到在某些地区存在一定程度的改革倒退现象，有的部门非但没有加大购买服务的力度，竟然在改革之际还收回了对行业协会商会的原有购买服务。总之，在部分地区、部分行业存在一定程度的改革偏差和脱钩脱缰现象，这些现象造成了政府管理的困难、加大了改革的难度，也引起了行业协会商会对政府的误解和对自身未来发展的担忧，值得注意。

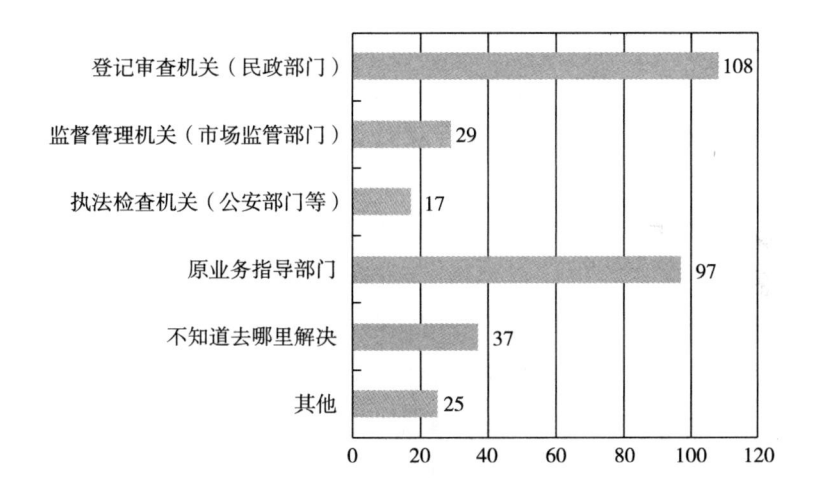

机关	数量
登记审查机关（民政部门）	108
监督管理机关（市场监管部门）	29
执法检查机关（公安部门等）	17
原业务指导部门	97
不知道去哪里解决	37
其他	25

图3-7　发生矛盾后寻求解决的机关

3. 棘手的党建问题：党建真空现象亟须关注

脱钩后，更令人感到担心的是会不会失序、会不会失范的问题。由于我国行业协会商会基数大、分布广（全国有近7万家），加上其本身属于偏经济性的"俱乐部"组织，具有利益集团倾向，天然与政府具有竞争。因此，脱钩后在保障行业协会商会自主发展的同时，必须做好对其的领导工作，防止行业协会商会因其自身隐蔽的经济性演变为偏向会员的利益集团，或是因其民间性被敌对势力利用。脱钩之后的党建工作就是对行业协会商会进行领导的重要抓手，也是"坚持党对一切工作的领导"不容遗弃的领域。

然而目前，由于我国正处于脱钩改革的过渡期和全国机构改革的敏感期，这个时间段党建工作非常容易被边缘化。调研发现随着脱钩改革的进行，行业协会商会党建工作与原主办、主管、联系和挂靠单位脱钩，党建归口工作进展缓慢，甚至在某些领域存在滞后和没有进展的情况，部分行业协会商会尚未建立党支部，普遍存在严重缺乏专职党务工作者、较少搞党建活动或不搞党建活动等问题，行业协会商会正在成为党建工作的"飞地"。

（1）党组织建设较难达到要求

党支部是党在行业协会商会中的战斗堡垒。党组织工作开展得怎么样，直接影响到党在行业协会商会的凝聚力、影响力和战斗力的发挥。调查显示：已建立党支部、党总支的行业协会商会约占60%，建立联合党支部的约占10%，建立临时党支部的约占11%，暂未成立党支部的约占14%。临时党支部和暂未建立党支部的比例加总达到约25%，占四分之一，可见脱钩后部分行业协会商会的党建工作存在相对散漫和被忽视的情况，这一结果不得不让人深思。究其原因，一方面固然是由于行业协会商会本身属于经济类社会组织，对党建工作重视程度不够，另一方面也是由于脱钩改革后，很多监管措施滞后，从而导致党组织建设虚幻、弱化、真空化。

（2）党组织活动开展较难达到要求

党组织活动是党建工作的生命线，是党组织充满生机与活力的表现。但令人意外的是，调查显示：6.28%的被调查者表示所在行业协会商会一周进行一次支部活动，46.38%的人回答"一个月一次"，13.04%的人回答"一年一次"，更有甚者，还有约18%的被调查者回答"暂时没有条件组织党建活动"。总结来看，超过一个月开展一次党建活动或者根本不开展党建活动的行业协会商会所占比例高达约30%，这一现象表明，行业协会商会中有相当一部分党组织正在"僵

第三章 数据支撑：脱钩后政府监管与行业自律互动合作的变化与挑战

尸化""空壳化"。此外，尽管有46.38%的人回答"一个月一次"活动，但在笔者在进一步的座谈走访中发现，很多党支部活动徒有其表，大家在一起聊聊天、喝喝茶、念念文件，走走过场，并没有深入开展党的思想教育与宣传工作。

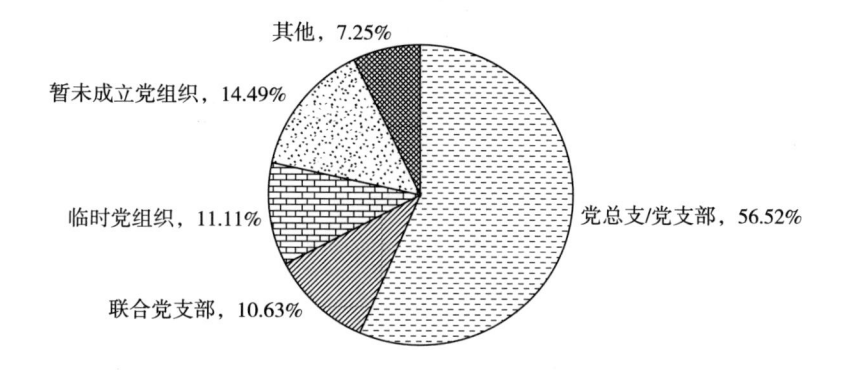

图3-8 所在行业协会商会党组织形式

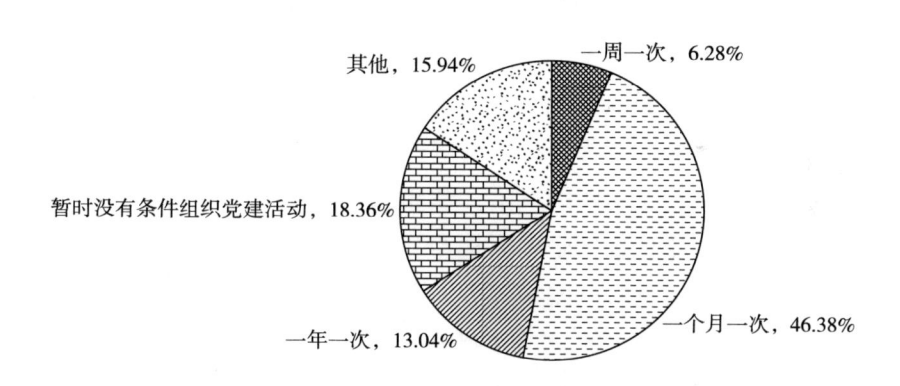

其他，7.25%
暂未成立党组织，14.49%
临时党组织，11.11%
联合党支部，10.63%
党总支/党支部，56.52%

图3-9 所在行业协会商会党建活动情况

其他，15.94%
一周一次，6.28%
暂时没有条件组织党建活动，18.36%
一年一次，13.04%
一个月一次，46.38%

（3）力量配备较难达到要求

党建工作"无人抓、无专职人员抓"是困扰行业协会商会党建工作的难题。目前，全国多数行业协会商会党务工作者数量不足。调查显示（见图3-10）：22.71%的人回答所在行业协会商会"无任何形式"的专职党务工作者，34.78%的人回答"仅配备了1名专职党务工作者"，回答"配备了2名专职党务工作者"和"配备了3名及以上专职党务工作者"的均占12.56%。由此可见，行业协会商会党建专职人员配备较难达到工作要求，难以有效开展工作，这已成为困扰行业协会商会党建工作的重要问题。

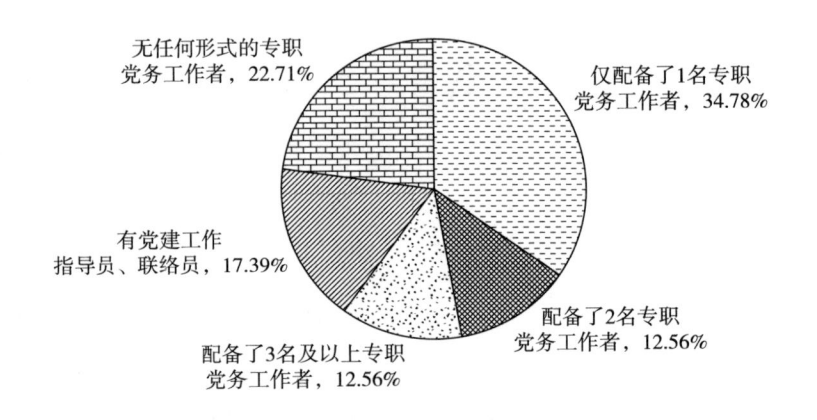

图3-10 所在行业协会商会党务工作者配备情况

（4）制度执行较难达到要求

脱钩改革之后，随着自主性的增强，行业协会商会更加松散，并有进一步异化为利益集团的风险，党建工作的相关制度在行业协会商会的执行过程中受到各种暗中阻挠与冷落，重视程度、人员配比、场地提供、资金保障、时间安排等方面受到各种束缚，由于缺乏相关硬性规定，进一步加剧了党建工作制度的执行效果，这正在成为制约行业协会商会党建工作的根本问题。

总之，脱钩改革之后，行业协会商会党建工作的问题不断涌现，这不但需要上级党组织加强对行业协会商会党建工作的领导，也需要行业协会商会自身提高对党建工作的认识、健全组织体系、科学构建工作制度、创新工作方法，以保障党建工作真正成为脱钩后的"重中之重"。

（三）问题的延续：自律仍未实现

脱钩改革的总体要求和政策目标是促进行业协会商会成为依法设

立、自主办会、服务为本、治理规范、行为自律的社会组织。但我们看到无论是在脱钩之前还是脱钩之后,"自律"都成为行业协会商会发展的焦点问题,尤其是脱钩以后行业协会商会如何自律、健康、可持续发展成为各界关心的重要问题。自律的实现需要依托载体、规章和惩戒的三者合力,但我们看到目前中国行业协会商会的自律建设在上述三个方面均不达标。

从自律的载体上看,为了取得更好的自律效果需要依托行业协会商会内部的、专门的自律机构,也即所谓的"组织建设",其可以是由行业协会商会的专职工作人员构成或者由会员代表企业轮值的单一结构,也可以是由协会工作人员、会员代表企业、消费者等各利益相关方共同构成的复杂结构。但根据调查显示,目前拥有常设的行业自律机构的行业协会商会仅占约60%,还有大概半壁江山的行业协会商会没有建立常设的自律组织,这成为中国行业协会商会自律建设在组织上的"瘸腿之处"。

从自律的规章上看,"无规矩不成方圆",自律规章是行业协会商会为了维护行业共有资源用于规范其会员行为的内部规范,一般以"行业公约""行业公规""自律公约""行业规范"等形式存在,由于"行业公约"在实质上属于一种"道德契约",因此其有效的前提往往要依靠会员对规章的"认同"。尽管"行业公约"是无强制性的非法律约束,甚至被某些会员认为只是徒有虚表的"形式规范",但有无公约也仍然是区分行业协会商会规范性和衡量自律效果的一条红线。调研数据显示约62%的被调查者表示所在行业协会商会已制定正式的"自律公约",而其余约38%的则表示没有制定。可见,没有制定自律公约的行业协会商会其规范会员行为的能力和效果堪忧,行业自律的实现更是无从谈起(见图3-11)。

从自律惩戒上看,没有有效惩戒措施的自律公约相当于自律的"乌托邦",只是形式上的摆设,无法真正发挥作用。一般来讲,行业协会商会处理会员违规行为的措施主要包括罚款(不讨论其合法性)、业内通报、限期整改、行业集体制裁、开除会籍、失信信息披露、媒体曝光、上报监管部门等。这些惩戒措施按照惩戒的严厉程度可以被

否，41.06%　是，58.94%

是否拥有常设的自律机构

否，37.68%　是，62.32%

是否拥有正式的自律公约

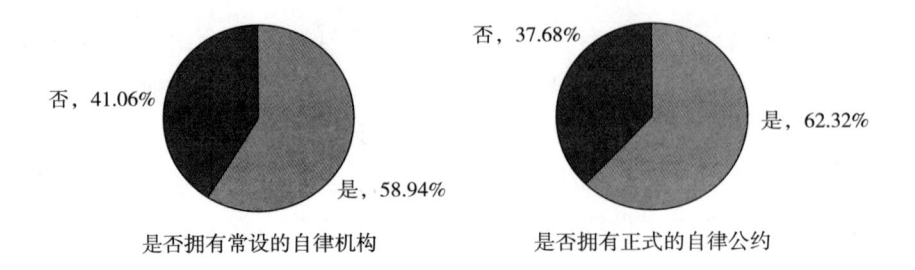

图 3-11　是否拥有常设的自律机构和正式的自律公约

分为三个层级：初级惩戒、限制级惩戒、终极惩戒。根据调研结果可见，当前我国行业自律公约中的惩戒条款主要停留在初级惩戒上，即：罚款（占 8.53%）、业内通报（占 60.47%）、限期整改（占 39.53%），加总比例超过 100%，其中"业内通报"又是最主要的惩戒方式，这种惩戒方式本质上属于一种声誉惩戒，一般来讲，这种声誉惩戒的效果还是不错的，尤其是对渴望长期发展的企业来说，但由于这种惩戒属于"圈内惩戒"，不扩展到消费者群体，因此其有效性有待进一步探究；其次是限制级惩戒：失信信息披露（占 22.48%）、行业集体制裁（占 6.20%）、开除会籍（占 39.53%），加总比例约为 70%。尽管限制级惩戒的加总比例也比较高，但实际上这里面真正有威慑力的惩戒措施——"行业集体制裁"仅占了 6.20%，"失信信息披露"也只占了 22.48%，看似最为严厉的"开除会籍"所占比例最高，达到约 39.53%，但实际上由于我国多数行业协会商会的业内公信力不强，是否退出协会对会员影响不大，因而这种惩戒措施对许多会员企业来讲是无关痛痒的事情；最后是终极惩戒：媒体曝光（占 10.85%）、上报监管部门（占 13.95%），加总比例约为 25%。这两种惩戒手段严格意义讲不能算是行业协会商会的内部惩戒措施，而是其"借助外力"的结果，但由于这种外力的有效性较高因而往往被列为行业自律公约中的一个惩戒条款。通过数据可见，这两种有效性较高的惩戒措施在行业协会商会的自律公约中规定得也比较少，均为 10% 左右。通过这组数据可见，目前我国行业协会商会的具体惩戒措施主要是业内通报、限期整改和开除会籍三种，效果有限。

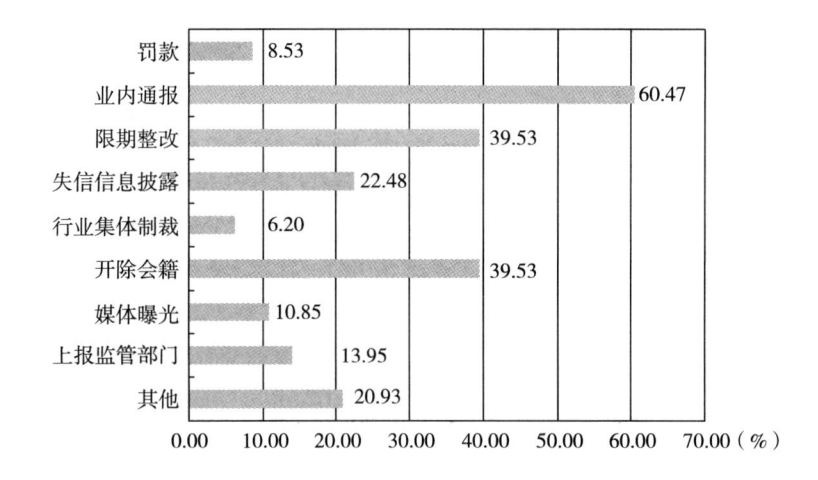

图 3-12 自律公约中涵盖的惩罚条款

惩罚条款	百分比
罚款	8.53
业内通报	60.47
限期整改	39.53
失信信息披露	22.48
行业集体制裁	6.20
开除会籍	39.53
媒体曝光	10.85
上报监管部门	13.95
其他	20.93

综上，从载体、规章和惩戒三方面来看，我国行业协会商会的自律建设尚不完善，自律"疲软"更使得多数行业自律公约都成为"纸老虎"，无法真正发挥作用。总之，根据调研可见，行业自律成为一个历史遗留问题被延续到脱钩改革之后，并成为未来相当长一段时间亟须解决的重要问题。

（四）问题的发展：脱钩带来的新挑战

脱钩后的发展瓶颈和脱钩后的发展顾虑是影响当前行业协会商会对脱钩改革态度的两个关键问题，也成为破解行业协会商会可持续发展困境的"解语花"。

1. 脱钩后的发展瓶颈：人、钱与资源从哪里来？

无论是在脱钩之前还是脱钩之后，人、钱与资源的问题都是影响行业协会商会发展的三个至关重要的现实问题，只是脱钩之后这些问题尤为突显和迫切。根据调研结果，从大类上看，被调查者认为脱钩后影响所在行业协会商会发展的首要问题按照先后次序分别是：人的问题（60.39%）、钱的问题（45.89%）、资源的问题（45.41%）、权力的问题（31.88%）、结构的问题（15.94%）、监管的问题（14.97%）、法律的问题（14%）和设施的问题（12.08%）；从具体问题上看，会费收取问题、政府资源支持问题和行业治理权力问题是三个最被关注的问题。

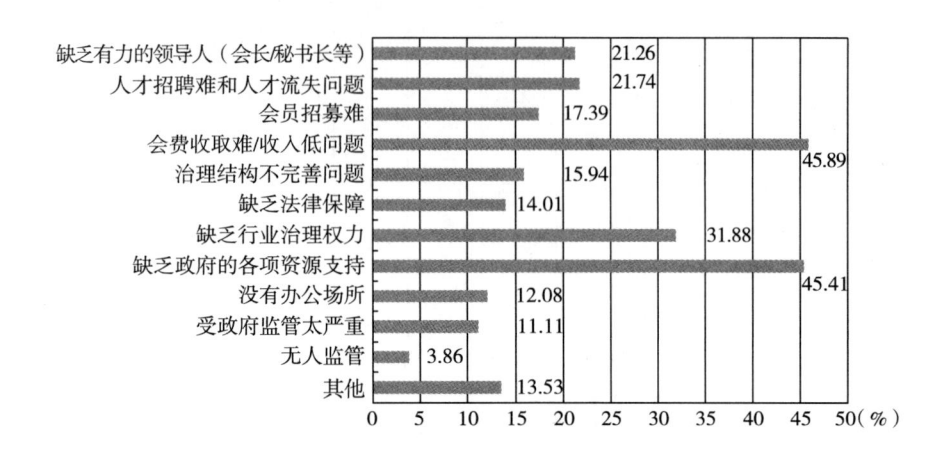

图 3-13 脱钩后影响发展的主要问题

问题	比例(%)
缺乏有力的领导人（会长/秘书长等）	21.26
人才招聘难和人才流失问题	21.74
会员招募难	17.39
会费收取难/收入低问题	45.89
治理结构不完善问题	15.94
缺乏法律保障	14.01
缺乏行业治理权力	31.88
缺乏政府的各项资源支持	45.41
没有办公场所	12.08
受政府监管太严重	11.11
无人监管	3.86
其他	13.53

关于"人"的问题主要集中在领导人招贤、人才招聘和会员招募三个方面，这三个问题比例基本均衡，不过对于行业协会商会来说，缺乏有力的领导人和人才流失问题是更令行业协会商会为难的问题；关于"钱"的问题是老生常谈，即会费收取困难的问题；关于资源的问题则剑指政府，认为脱钩后的一个挑战在于缺乏政府的资源支持，这也是行业协会商会人心中所认为的脱钩带来的新问题；关于"权力"的问题也是一个长期以来一直存在的问题，脱钩之后行业协会商会人仍旧非常关心行业治理权力的还权、移交、委托等问题；其余四项：治理结构、政府监管、法律规约、办公设施所占比例差别不大，没有更多仔细区分的意义。不过可以看出，治理结构问题没有被认为是脱钩后影响行业协会商会发展的至关重要的瓶颈问题，这说明当前和未来相当长一段时间内我国行业协会商会将仍旧依赖精英治理。另外，在所有列举的发展瓶颈中被调查者最不关心的是办公设施问题。有意思的是，关于监管的问题，有11%的人认为即便是在脱钩之后政府的监管仍旧是最掣肘行业协会商会发展的首要问题，而另外还有约4%的人则担心脱钩后行业协会商会无人监管怎么办的问题，反映出各地对改革政策的理解和执行不同，造成某些地方的行业协会商会仍

被"管得过死",而另外一些地方的行业协会商会则被"放得过宽",这种情况还需要相关部门在全国进行深度调研,使政策执行的力度、幅度等在全国范围内达到均衡,以保证改革的顺利、均等推进。

2. 脱钩后的发展顾虑:服务能力提升与利益集团防治

当被问到脱钩后有何发展顾虑时,"如何转型,提高服务能力"排在首位,这与脱钩之前的调研结果大相径庭(根据前文的词频分析,脱钩前行业协会商会更加关注自律式监管,而不是服务),说明行业协会商会工作人员对政府和会员所持态度与情感倾向有较大转变,对自身未来发展路径的考虑与设计也开始出现根本转向;排在第二位的有三个选项(三者所占比例几乎相同,细微差别忽略不计):"依靠政府获得的体制内资源减少""如何运用好从行政部门下放的权力""行业协会商会被会员俘获,发展为利益集团"。担心脱钩之后"承揽政府交给的业务所得的经济效益减少"和"政府权力被弱化,难以控制协会商会"的人所占比例也几乎相当,二者仅差一个百分点,分别为9.88%和8.72%。

经过交叉分析的进一步研究发现,不管是来自行业协会商会,还是党政部门、科研机构、事业单位及各类企业的被调查者均指出"如何转型、提高服务能力"是脱钩后其所担心的首要问题,可见以"服务"为抓手促进行业协会商会可持续健康发展已成为各界的共识。另外一个共识则在于担心"行业协会商会被会员俘获,发展成利益集团",数据显示,不同单位类别的被调查者中平均有约43%的人对这一问题有顾虑:来自党政部门的被调查者(47.12%)、来自高校科研机构的被调查者(41.24%)、来自国有企业的被调查者(45.61%)、来自民营企业的被调查者(39.68%)、来自其他事业单位的被调查者(43.79%)。

除了上述两个问题之外,来自各方的其他意见就比较散见了,而且其倾向性基本与其所在单位的性质有关,例如,与其他群体比较而言,来自行业协会商会的被调查者较少认为或担心自身会发展为利益集团(15.94%),而来自党政部门的被调查者对这一问题的担忧则高达行业协会商会被调查者的约3倍之多。又如,在来自党政部门(45.08%)

118 | 行业协会商会脱钩改革:"后脱钩时代"监管与自律互动合作如何实现

```
依靠政府获得的体制内资源减少         17.66
承揽政府交给的业务所获得的经济利益将减少  9.88
如何转型、提高服务能力              27.67
如何运用好行政部门下放的权力          17.03
行业协会商会被会员俘获,发展为利益集团    17.03
政府权力被弱化,难以控制协会           8.72
其他                          8.01
```

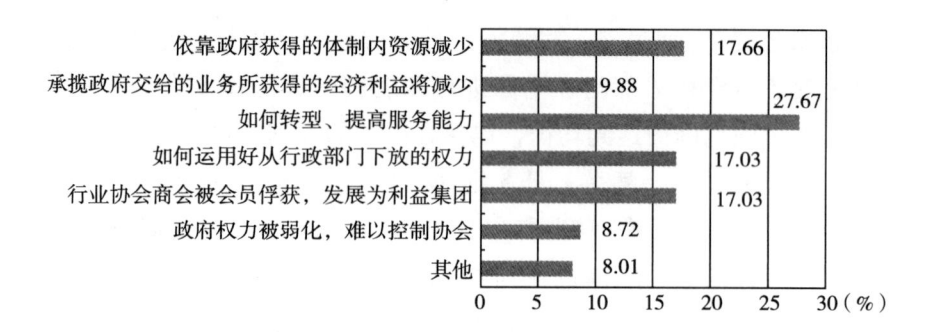

图 3-14 脱钩后最担心的问题

和除高校科研机构之外的其他事业单位（50.98%）的被调查者中，有约一半的人担心被政府下放的权力无法得到较好的运用，而行业协会商会自身担心这一问题的人仅约占五分之一，两者相差约 2.5 倍。再如，在关于"政府权力被弱化，难以控制协会"这一问题上，来自党政部门（24.75%）和其他事业单位（27.45%）的被调查者的担心明显高于行业协会商会自身，相差高达约 3.5 倍以上，这在一定程度上解释了为何长久以来政府难以大范围下放权力的原因。除了最直接的利益相关方，从第三方的角度来看，在较为中立的、来自高校科研机构的被调查者（19.21%）和较倾向于协会商会的来自民营企业的被调查者（19.05%）中，对这一问题持肯定意见的也不在少数，均占五分之一，而行业协会商会自身认为脱钩后将不受政府控制的仅占 7.25%。这些数据呈现出的统计结果与定性分析的结论基本一致。

表 3-13　单位类别与脱钩后的顾虑之交叉分析表

脱钩顾虑 单位类别	依靠政府获得的体制内资源减少	承揽政府业务获得的经济效益减少	如何转型、提高服务能力	如何运用好从行政部门下放的权力	行业协会商会发展为利益集团	政府难以控制协会	其他	受访人数
行业协会商会	38.65%	21.74%	63.29%	20.77%	15.94%	7.25%	13.53%	207
党政部门	33.56%	19.32%	65.42%	45.08%	47.12%	24.75%	1.69%	295

续表

单位类别\脱钩顾虑	依靠政府获得的体制内资源减少	承揽政府业务获得的经济效益减少	如何转型、提高服务能力	如何运用好从行政部门下放的权力	行业协会商会发展为利益集团	政府难以控制协会	其他	受访人数
高校科研机构	42.37%	22.6%	58.76%	38.98%	41.24%	19.21%	2.26%	177
国有企业	43.86%	12.28%	64.91%	29.82%	45.61%	10.53%	0.0%	57
民营企业	30.16%	22.22%	60.32%	39.68%	39.68%	19.05%	3.17%	63
其他事业单位	49.02%	29.41%	58.17%	50.98%	43.79%	27.45%	2.61%	153
其他	45.83%	27.08%	56.25%	33.33%	37.5%	27.08%	4.17%	48

二 颠覆性位移：脱钩后行业协会商会的角色认知及职能诉求

脱钩后资源汲取方式和来源的转变引起了行业协会商会与政府及会员企业之间关系的变迁，行业协会商会对自身的角色定位和政策诉求随之发生明显转变。数据分析结果对这一结论的支持如下：

（一）脱钩后的角色定位：服务而不是管理

脱钩之前多数行业协会商会将自身定位于"自律式管理"，行业管理的角色大于行业服务的角色，脱钩之后这一情况发生明显转变。从基本的角色定位上来看，数据调查结果显示，认为行业协会商会是联系政府与企业纽带的被调查者（90.82%）和认为其是会员利益代表者的被调查者（82.13%）所占比例几乎相当，仅差不到八个百分点。尽管仍有部分被调查者认为自身是行业事务的管理者（44.44%），但并不影响行业协会商会中介性质和服务性质的大局，不过，这也说明当前部分行业协会商会角色转变不彻底，与脱钩改革的政策目标不匹配。此外，被调查者中仅有约三分之一的人表示行业协会商会应该是社会利益的维护人，从这一数据可知当前中国行业协会商会的社会性不足，其行为和活动更多还是体现了传统的俱乐部性质，缺少社会责任感，从根本上再次体现了其在私益性上的普遍性和在公共性上的有限性特征。从积极的方面看，令人欣慰的是仅有极少数的被调查者将自身定位为政府利益的代理人（6.76%），说明大多数行业协会商会对其与政府之间的关系有合理的认识，但从另一方面讲，也要看到即便脱钩之后，仍旧有一部分行业协会商会对这一问题的认知存在局限性，或者也可以在某种程度上说明仍旧有一小部分行业协会商会认为自身受政府限制太多，抱怨其只是以政府利益代言人的身份存在而已。

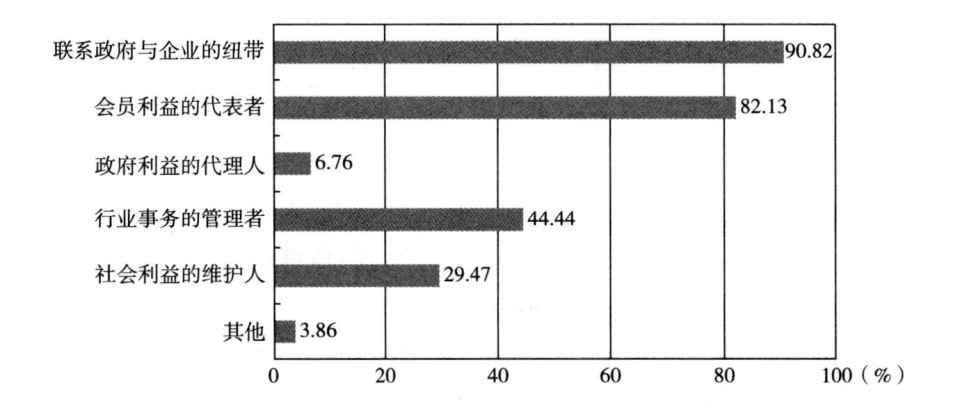

角色	比例(%)
联系政府与企业的纽带	90.82
会员利益的代表者	82.13
政府利益的代理人	6.76
行业事务的管理者	44.44
社会利益的维护人	29.47
其他	3.86

图 3-15 脱钩后行业协会商会角色定位

从职能内容上来看，数据统计结果也能够对上述结论起到支撑，当被问到"脱钩后行业协会商会首先应提升什么能力"的时候，"服务"这一关键词得到了最多的关注，而且"服务"的内容进一步被扩展为两个方面：一个方面是向企业提供服务的能力（占比接近90%），另一个方面是承接政府购买服务的能力（约55%）。说明脱钩以后，行业协会商会人对"服务"的认识有进一步的升华，政府购买服务作为一种新型政社合作模式正在逐渐被更大范围的行业协会商会所接受。另外，调研数据显示仅有约30%的被调查者表示脱钩后应首先提高的能力是"向社会树立良好声誉的能力"，这在说明大多数行业协会商会抓住了核心职能的同时，也反映出其缺乏远见卓识，忽略了只有提高公信力，才能保障消费者的认可、信任和追随，从而以一种类似"曲线救国"的方式从外部提高自己在行业内的权威性和话语权，进而发挥行业治理作用和效力的可能。

调研中关于"脱钩后行业协会商会首先应提升什么能力"这一问题还设置了两个选项:"帮助企业吸纳资金的能力"和"与政府谈判沟通的能力",这两个选项被选中的比例分别约为6%和18%,说明尽管前文分析脱钩后行业协会商会有异化为利益集团的风险,但就目前的情况看多数行业协会商会并未被会员俘获或将其自身与政府对立起来,成为会员企业的吸金工具或谈判工具。

通过以上分析可见,脱钩后多数行业协会商会对自身的角色定位有了颠覆性的转变,即:更多将自身看作行业事务的服务者而不是管理者,显示出与脱钩改革政策目标相匹配的积极信号。

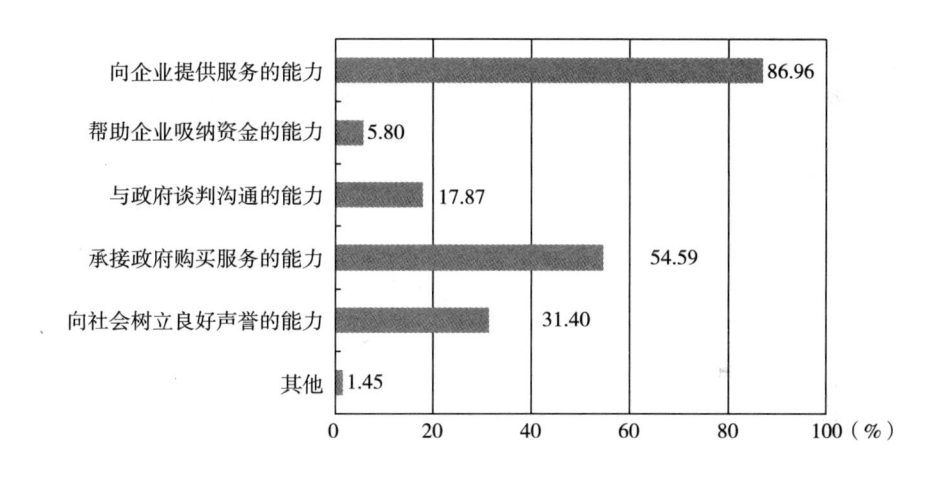

能力	比例(%)
向企业提供服务的能力	86.96
帮助企业吸纳资金的能力	5.80
与政府谈判沟通的能力	17.87
承接政府购买服务的能力	54.59
向社会树立良好声誉的能力	31.40
其他	1.45

图3-16 脱钩后行业协会商会首先应提升的能力

(二) 脱钩后的职能诉求:"政策"压倒一切

前文的词频分析显示,脱钩之前行业协会商会最大的职能诉求是寻求制定"标准"的权力,脱钩之后根据数据调查结果,这一职能诉求已经转变为对政府各项政策支持的诉求(73.43%),如税收的大幅度优惠、政府购买服务的大范围开展等,而包括促进行业标准制定、参与行业相关各项政策制定等在内的参政议政诉求则退居第二位(62.80%)。可见,脱钩之后,行业协会商会对"政策"的需求大于一切,希望政府以政策形式扶持协会发展。同时,可以看到脱钩之后的行业协会商会现代民主意识崛起,参政议政诉求强烈。

令人意外的是,即便脱钩之后,在所调研的范围内,仍有一半以上的行业协会商会希望得到政府直接的资金支持(54.59%),而对法律支持的需求仅排在第四位(41.55%),这是单纯依靠理论分析所无法得到的结论,这两个数据一方面反映出"钱"仍然是影响行业协会商会发展的重要因素,另一方面也反映出目前相当一部分行业协会商会仍旧存在依赖心理,"等、靠、要"思想严重,并且法律意识淡薄,"依法治会"远未实现。另外,对"权力支持"的诉求几乎排在最后一位(38.16%),说明即便政府大量下放"权力",这也并非是能解脱钩之后行业协会商会燃眉之急的首要资源,当然这并不是说行业协商会不重视权力建设,而是与其他几个选项所列的诉求相比(政策、参政议政、资金、法律),短期内权力支持相对更不被重视,这也是与脱钩之前的调研所显示的结果有偏差的地方。

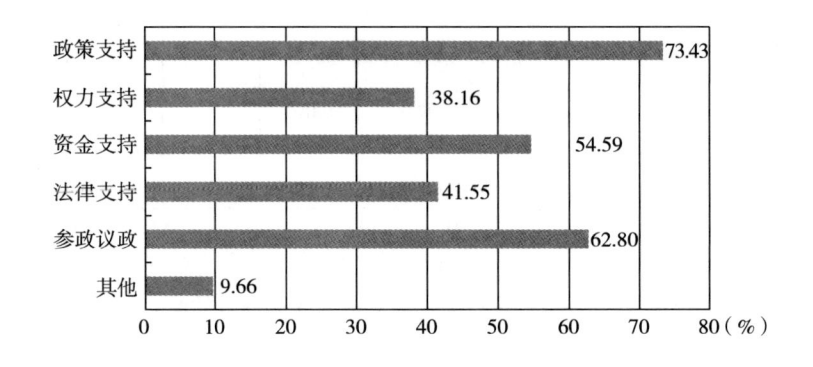

支持类型	百分比
政策支持	73.43
权力支持	38.16
资金支持	54.59
法律支持	41.55
参政议政	62.80
其他	9.66

图 3-17 脱钩后行业协会商会最需要政府给予的支持

三 脱钩不脱缰:脱钩后行业协会商会与政府合作治理的实现

脱钩后行业协会商会与政府合作治理的实现需要从三个方面着手:强化行业协会商会的合作意愿,破解行业协会商会的合作障碍,构筑行业协会商会的合作条件,三者缺一不可。

(一)360度防卫:强化行业协会商会的合作意愿

由于会员个体理性与协会集体理性的冲突,部分会员的违规行为可能会对整个行业的声誉、收益、发展带来破坏性的影响，如多年前的"三鹿奶粉事件"给国内奶制品行业带来重创，至今婴幼儿奶粉市场仍被进口奶粉垄断。再如，一再发生的各种"疫苗事件"（山西高温疫苗、山东非法疫苗、长生无效疫苗等）影响了国产疫苗行业的声誉和销量，国人纷纷开始自掏腰包接种进口疫苗。因此，从这个角度看，为了维护整个行业的"共有租金"，行业协会商会有对会员进行市场规范的意愿和动力。但从另一方面看，由于协会集体理性与社会公共利益之间又存在冲突，为了保障会员或行业的集体利益，行业协会商会在与政府合作进行市场治理时往往意愿不足。增强行业协会商会的合作意愿需要构筑"360度无死角"的闭环监督系统，以保障"脱钩不脱管""脱钩不脱缰"。这就需要法律建设、政府监管、治理结构、信息披露、责任追究、退出机制、第三方监督的共同作用。

根据调研结果，多数被调查者认为增强行业协会商会的合作意愿，保障其"脱钩不脱缰"最重要的两条举措是加强法律法规等制度建设（62.40%），如尽快出台行业协会商会法，以及完善政府综合监管体系（61.40%）；其次是完善行业协会商会信息体系和信息公开制度（57.60%）以及加强第三方监督评估（52.00%）；排在第三层级的是建立健全行业协会商会法人治理结构（49.90%）；最后是建立行业协会商会领导者过错责任追究机制（39.00%）和建立健全行业协会商会退出机制（35.40%）。可见多数被调查者认为增强行业协会商会与政府合作的意愿，防止其与会员合作出现反政府、反社会、反竞争等行为的主要措施还是"以外治内"，法治、监管、信息披露、第三方监督，这些举措的本质都是通过外部力量提升内部治理。另外，也可以看到有约60%和65%左右的被调查者对建立领导者责任追究机制和协会退出机制不置可否。当然，这一统计数据呈现出的结果或许是因为行业协会商会从自身利益出发的主观因素所导致的。

（二）多管齐下：破解行业协会商会的合作障碍

根据前文的理论分析，脱钩之后政府与行业协会商会之间可能呈现出多种关系形态——基础关系及其变形。其中，基础关系形态表现为以下三种：行业协会商会作为一级独立社会组织与政府之间存在的

124 | 行业协会商会脱钩改革:"后脱钩时代"监管与自律互动合作如何实现

举措	百分比
加强法律法规等制度建设	62.40
完善政府综合监管体系	61.40
完善行业协会商会信息体系和信息公开制度	57.60
建立健全行业协会商会法人治理结构	49.90
建立行业协会商会领导者过错责任追究机制	39.00
建立健全行业协会商会退出机制	35.40
加强第三方监督评估	52.00
其他	3.90

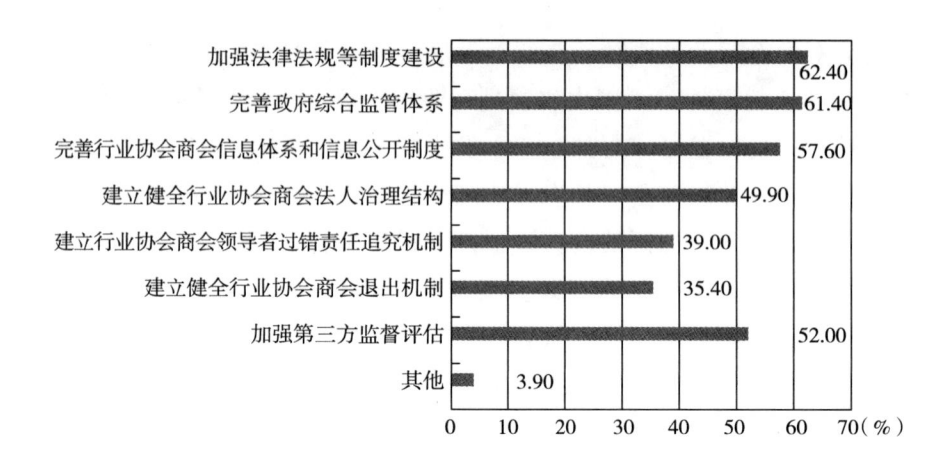

图 3-18 脱钩不脱管的有效举措

"竞争关系",全球多元治理背景下二者之间形成的"合作关系",以及市场经济本质要求下,以政府购买服务为核心的"契约关系"。两种关系仍围绕"竞争""合作"两个关键词,但表现为一种混合状态,同时侧重点也有所不同。即可能呈现出以"竞争"为基础的"竞争—合作"关系,也可能呈现出以"合作"为基础的"竞争—合作"关系。

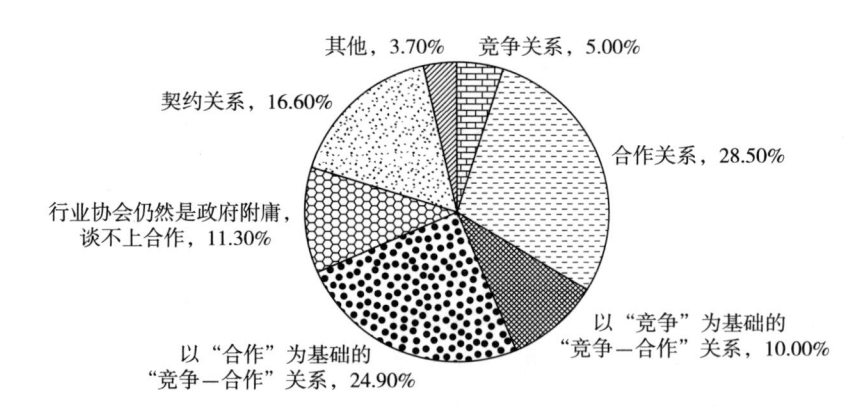

关系形态	百分比
其他	3.70%
竞争关系	5.00%
契约关系	16.60%
合作关系	28.50%
行业协会仍然是政府附庸,谈不上合作	11.30%
以"合作"为基础的"竞争—合作"关系	24.90%
以"竞争"为基础的"竞争—合作"关系	10.00%

图 3-19 脱钩后行业协会商会与政府的关系形态

从调研结果来看,有约35%的人认为脱钩之后行业协会商会与政府之间呈现出"竞争—合作"的关系形态,也就是说二者之间既有合作又有竞争,其中以"合作"为基础的"竞争—合作"关系占多数(约25%);28.50%的人认为二者之间将主要是合作关系;16.60%

的人认为二者之间将主要是契约关系；认为脱钩后二者之间将表现为纯粹竞争关系的仅占5.00%。从调研数据可见，几种观点分布比较平均，没有任何一种观点占据绝对主导地位，但综合考虑，多数被调查者仍将"合作关系"或者"以'合作'为基础的'竞争—合作'关系"作为脱钩后政府与行业协会商会之间的主流关系形态（约占50%）。也有极端观点认为脱钩后行业协会商会仍然是政府的附庸，谈不上合作，而且持这种观点的人不在少数（约11%）。此外，对"契约关系"也要两面看，从积极的角度出发，契约关系表明了各方更加尊重规约、合同、契约等在不同治理主体中的重要作用，是市场经济逐渐成熟和完善的标志。但从消极的角度出发，"契约关系"也反映出部分行业协会商会人对与政府合作（或其与政府的关系）态度冰冷，缺乏热情。由此，破解行业协会商会与政府合作障碍的第一步是要破除行业协会商会的认知障碍，宣传和树立平等、协商、友爱的合作理念与原则，培养其对"合作"的信心，从而筑牢二者合作的人心根基。

除了心理因素外，行业协会商会与政府合作治理市场还存在诸多现实困境。从行业协会商会自身来说，最大的困境在于其权威性不够（60.40%），难以利用自身威望对会员企业施加影响，促使其遵守市场规范，符合政府的监管预期，从而实现与政府的合作治理。其次在于缺乏法律支持（46.20%），使行业协会商会对会员的自律式监管师出无名，更谈不上与政府合作。再次是由于行业协会商会的能力（40.70%）、权力（40.50%）、财力（36.20%）有限使其对与政府合作进行市场治理心有余而力不足。最后，还在于行业协会商会本身具有与会员"共谋"的风险（30.10%），有时其非但不会合作，甚至还会被会员俘获与政府进行对抗。

可见，在加快推进《行业协会商会法》出台，保障协会活动有法可依的前提下，破解行业协会商会的合作障碍需要以公信力为抓手增强其自身的权威性和行业话语权，并从能力建设、权力建设、财力建设三个角度入手破解二者合作的难题。同时，严格限制行业协会商会自身的行为，防止其因与会员"共谋"失信于政府和社会，丧失与政府合作进行会员治理的权力和机会。

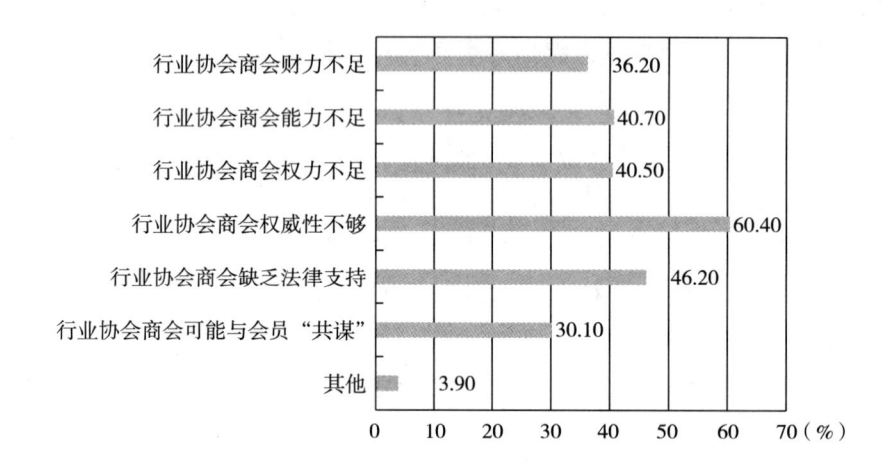

障碍	百分比
行业协会商会财力不足	36.20
行业协会商会能力不足	40.70
行业协会商会权力不足	40.50
行业协会商会权威性不够	60.40
行业协会商会缺乏法律支持	46.20
行业协会商会可能与会员"共谋"	30.10
其他	3.90

图 3-20 利用行业协会商会进行行业治理的障碍

（三）突破万难：构筑行业协会商会的合作条件

除了增强意愿、破解障碍之外，行业协会商会与政府合作治理的实现还需要依赖内外两类条件：内部条件主要包括行业成员的共同利益和内部契约、行业协会商会的内部治理结构和行业声誉；外部条件主要包括完善的法律保障，政府监管和制裁的威胁以及来自社会舆论的压力。从调研数据来看，66.40%的被调查者认为完善的法律保障是行业协会商会与政府合作的首要条件，其次二者合作需要行业协会商会建立良好的内部治理结构（56.50%），行业成员的共同利益排在第三位（52.20%），之后依次为行业成员的内部契约（40.30%）、行业协会商会的行业声誉（41.00%），最后是政府监管威慑（26.90%）和社会舆论的压力（21.20%）。总体来看，排在前面的几乎都是内部条件，也就是说在保障行业协会商会与政府合作的问题上，多数被调查者认为内部条件构建要优于外部条件建设，因此，应以维护行业成员的共同利益为标的，以共识性的内部契约为规章，着力建设科学、现代的治理结构，从各个方面增强行业协会的行业声誉，同时，辅之以政府监管和社会舆论的外部监督，从而增加其对会员的约束力,以实现与政府合作治理的目的。

```
行业成员的共同利益    52.20
行业成员的内部契约    40.30
行业协会的行业声誉    41.00
完善的法律保障       66.40
行业协会良好的内部治理结构 56.50
政府监管和制裁的威慑   26.90
社会舆论的压力       21.20
其他              3.10
```

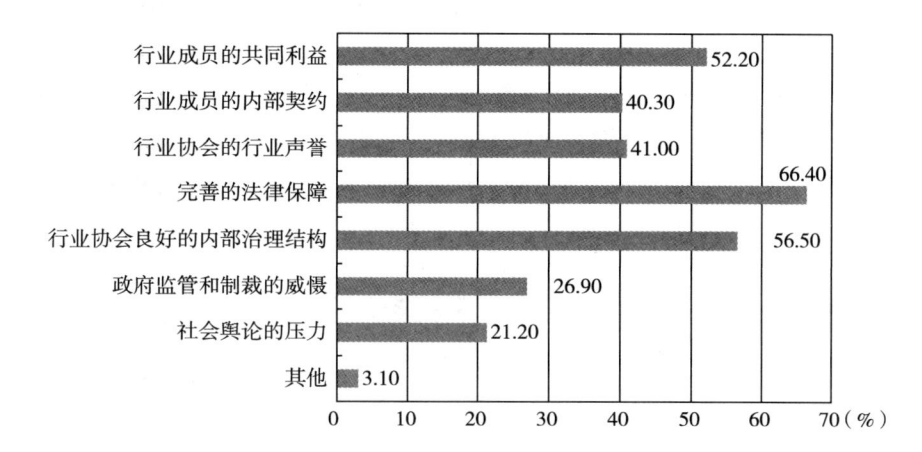

图3-21 行业协会商会与政府合作治理的条件

```
协会表面自治、政府实际操作  6.90
各管一块、相互分工        13.30
相互配合、相互依托        47.70
宏观政府管、微观协会管     52.30
先行业自律,后政府监管      55.30
```

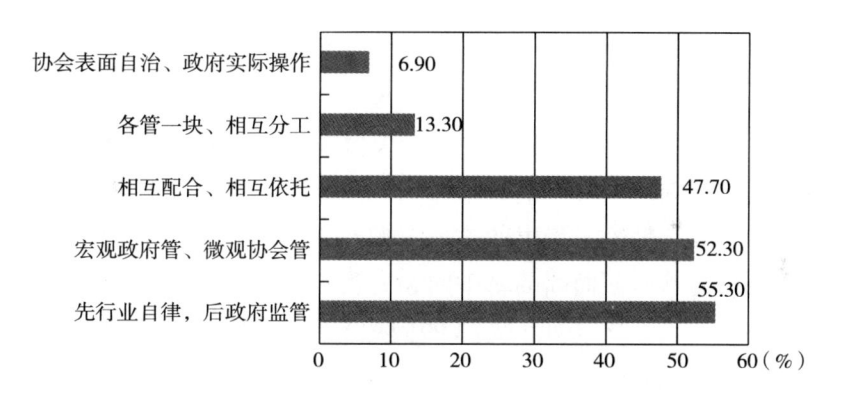

图3-22 脱钩后政府与行业协会商会应采取哪种合作形式

在增强意愿、破除障碍、构筑条件之后,为保障"脱钩不脱缰"还应考虑合作形式的问题,第二章的理论分析中已经对此做了解析,在本部分实证数据的进一步印证中可见,"先行业自律,后政府监管"(55.30%)是最被调查者认可的合作形式;其次是"宏观政府管,微观协会管"(52.30%);再次,被调查者认为二者之间应该形成一种"相互配合、相互依托"(47.70%)的合作关系,"各管一块,相互分工"(13.30%),或者"协会表面自治,政府实际操作"(6.90%)

的模式均不可取。从被调查者的选择中可见，多数被调查者对行业协会商会与政府的合作形式问题有比较成熟的见解，说明实践的需求与理论界的探讨基本可以达成一致。另外，从统计数据可见，前三种合作形式所占比例相差不大，旗鼓相当，它们既是当下正致力于的模式，也是政策导向下未来的首选模式。但需要注意的是，这三种模式不应单一运用、相互排斥，而应混合、同步运用才可达到最佳效果。

第三节　问题回溯：理论分析与数据统计基础上的问题再造

脱钩改革之后，行业协会商会由行政依附转为社会依附，由政府依赖转为会员依赖，不再倚仗政府行政资源的行业协会商会与市场主体同盟的天性被释放和进一步激发，行业自律问题由此更加复杂、更难破解。经过脱钩前后的数据对比可见，脱钩前后最大的转变在于行业协会商会对自身使命定位的重塑——由原来的行业管理者倾向转变为会员服务者倾向，这种亲会员的改变之直接影响在于：给行业协会商会与政府合作带来了更大的挑战。抛开这一点，对多数行业协会商会来说，脱钩前后其面临的基本问题并没有太大变化，只是原来的显性问题被进一步深化（如人与钱的问题），原来的隐性问题得到显现而已（如协会商会的反竞争行为问题）。从这个角度来看，目前的改革成效只是做到了"分开"（不讨论是否分得彻底），离促进行业协会商会自治、自律发展，建立新型政会关系的改革目标还有距离。

鉴于本书的"合作"是从自动遵守的层面来谈的，假若通过行业协会商会对行业的治理实现了行业自律，即可以看成其与政府的互动合作达成。因此，研究行业协会商会与政府的互动合作如何实现需要首先解决行业自律本身如何实现的问题，这就回到了问题的本源：行业自律本身的效用、动力、路径。这可以被进一步分解为三个关键点：第一，行业自律本身是否有效？第二，在有效的前提下，行业自律的载体——行业协会商会为什么要与政府合作？其意愿何在？第三，在有意愿的基础上，行业自律与政府的良性互动如何实现？再次进行理论探讨之后，最后一章将从实践层面提出解答方案。

一　行业自律的效用：学术界的三种论断

首先，行业自律究竟是不是一种约束企业行为的有效方式？一直以来都是一个被国内外理论界争论不休的问题。正方观点认为，行业自律是有效的社会控制方式，它可以解决市场失灵、避免官僚拖延、鼓励技术创新并导致更高的社会福利；反方观点则认为，由于权力滥用、寻租、反竞争行为等固有的弊端，使行业自律最终无效。因此，寻求政府监管是唯一的解决途径；还有一种中庸的观点则认为二者均能发挥一定作用。

这些观点可以被进一步概括为三种论述：第一，替代论。其认为在一定的条件下，行业自律可起到政府监管的作用，行业自律是对政府监管的替代，这种替代更能够提高社会效率[1]；第二，互补论。其认为行业自律是非市场规则的选择形式，是政府监管的有效补充[2]，自律有利于政府规制功能的延伸与发挥，而政府规制则可以为自律提供制度与动力保障[3]，二者之间不是严格的两分法，而是一个包含不同程度的立法限制、规则制定和执行的公众参与、外部控制和责任的光谱[4]，政府规制与自律之间的关系并不是替代关系，而是不可或缺的相互补充、相互促进的关系[5]；第三，调和论。该理论认为自律可

---

[1] John Braithwaite, "Responsive Regulation and Developing Economies", *World Development*, Vol. 34, No. 5, 2006.

[2] Anil K. Gupta, Lawrence J. Lad, "Industry Self-regulation: An Economic, Organizational, and Political Analysis", *Academy of Management Review*, Vol. 8, No. 3, 1983: 416-425.

[3] Linda Senden, "Soft law, Self-regulation and Con-regulation in European Law: Where do they Meet?". *Electronic Journal of Comparative Law*, Vol. 9, No. 1, 2005: 20-28.

[4] Anthony Ogus, "Rethinking Self-regulation", *Oxford Journal of Legal Studies*, Vol. 15, No. 1, 1995: 97-108.

[5] John C Ruhnka, Heidi Boerstler, "Governmental Incentives for Corporate Self-regulation", *Journal of Business Ethics*, No. 17, 1998: 309-326.

以被看作所谓的指令—控制管制模式之外的另一种选择①，在二者之间应该保持一种均衡，它们并不存在谁替代谁的问题，二者只是管制权的授权和集中的不同表现而已。②

本书认为，行业自律与政府监管互为补充，绝对地否定行业自律的作用和效果，或无条件地肯定行业自律的有效性，都是片面的。行业自律的作用是有条件、有限度的。因此，讨论行业自律的作用，关键是要分析行业自律发挥作用的条件，以及现实条件为行业自律发挥作用所设定的限度。这些条件和限度要以行业成员的共同利益为前提，同时又受到政府监管和制裁的威胁以及来自社会的压力的限制。

二 行业自律的动力：克服三个"天然性"

关于行业自律的载体——行业协会为何要与政府合作进行市场治理？众所周知，行业协会受"天然的反竞争基因"的作用、"天然的姻亲关系"的影响以及"天然的协调能力"的变异，更容易被企业所俘获，并由此成为行业成员限制竞争、谋取超额利润的共谋活动的天然议事场所。由此，克服行业协会的这三个"天然性"，控制其反竞争行为，加强其与政府合作进行市场治理的意愿就显得尤为重要，也似乎是一个"不可能完成的任务"。但实际上，事情并没有如此悲观，在更深的层面，行业协会完全有动力与政府合作进行市场治理。这一点可以从国际学术界的五种解释中找到答案：

其一，行业协会与政府进行合作治理的动力来自其对成本的控制需求，可以被归纳为"成本收益说"。该学说认为行业自律的预期收益与付出成本的比率决定着行业成员要求自律的动机，并最终影响着

---

① Philip Eijlander, "Possibilities and Constraints in the Use of Self – regulation and Co – regulation in Legislative Policy: Experiences in the Netherlands – lessons to be Learned for the EU", *Electronic Journal of Comparative Law*, Vol. 9, No. 1, 2005: 102 – 114.

② Peter Grajzl, Peter Murrell, "Allocating Lawmaking Powers: Self – regulation vs Government Regulation", *Journal of Comparative Economics*, Vol. 35, No. 3, 2007: 520 – 545.

与政府合作共治的成功与否①②；其二，行业协会与政府进行合作治理的动力来自其对风险的预防需求，可以被归纳为"风险规避说"。该学说将这种消除反对派的努力看成一种补充直接游说的间接寻租③，认为行业协会与政府合作共治的动力在于期望抢在政府实施规制之前实行自我规制④，防止产生消极的行业形象⑤，减轻规制压力⑥；其三，行业协会与政府进行合作治理的动力来自其对行业公共资源的保护需求，可以被归纳为"保护公地说"。该学说认为现代行业中的企业共享一种"无形公地"（Intangible Commons），保护这种"无形公地"，限制可能会损害全行业整体利益的个别企业的行动，这种需要促使行业协会与政府间的合作共治⑦⑧；其四，行业协会与政府进行合作治理的动力受到行业协会这一组织制度的驱动，可以被归纳为"制度驱动说"。该学说认为行业自律与政府合作共治的目的是维护这种制度的运行，从而获得行业协会的合法性⑨⑩；最后，还有"市场失灵说"。该学说认为行业协会有动力促进行业自律与政府监管配合

---

① Thomas R. Wotruba, "Industry Self-Regulation: A Review and Extension to a Global Setting", *Journal of Public Policy & Marketing*, Vol. 16, No. 1, 1997: 38-54.

② Michael J. Lenox, "The Role of Private Decentralized Institutions in Sustaining Industry Self-regulation", *Organization Science*, Vol. 17, No. 6, 2006: 677-690.

③ Michael P. Leidy, "Rent Dissipation through Self-Regulation: The Social Cost of Monopoly under Threat of Reform", *Public Choice*, Vol. 80, No. 1/2, 1994: 105-128.

④ Renée de Nevers, "(self) Regulating War? Voluntary Regulation and the Private Security Industry", *Security Studies*, Vol. 18, No. 3, 2009: 479-516.

⑤ Lawrence J. Lad, "Industry Self-Regulation as Inter-firm and Multi-sector Collaboration: The Case of the Direct Selling Industry", *Research in Corporate Social Performance and Policy*, No. 12, 1991: 78-155.

⑥ Madhu Khanna, Patricia Koss, Cody Jones, "Motivations for Voluntary Environmental Management", *The Policy Studies Journal*, Vol. 35, No. 4, 2007: 751-772.

⑦ Michael L. Barnett, Andrew A., "King. Good fences Make Good Neighbors: A Longitudinal Analysis of an Industry Self-regulation Institution", *Academy of Management Journal*, Vol. 51, No. 6, 2008: 1150-1170.

⑧ Michael J. Lenox, "The Role of Private Decentralized Institutions in Sustaining Industry Self-regulation", *Organization Science*, Vol. 17, No. 6, 2006: 677-690.

⑨ Seong-gin Moon, "Corporate Environmental Behaviors in Voluntary Programs: Does Timing Matter". *Social Science Quarterly*, Vol. 89, No. 5, 2008: 1102-1120.

⑩ Michael J. Lenox, "The Role of Private Decentralized Institutions in Sustaining Industry Self-regulation", *Organization Science*, Vol. 17, No. 6, 2006: 677-690.

进行市场治理的原因在于弥补市场的外部性、信息不对称或私法的不健全。①

三 行业自律的实现：非法律约束如何被"自动遵守"？

行业自律的实现主要有赖于行业自律公约，这种公约是与强制性的法律规制相对应的一种非强制性的约束，其依靠的是行业成员的自动遵守。由此，行业自律的实现问题可以被归结为非法律约束的"自动遵守"问题，也就是说没有强制力作为威胁的行业自律如何能够被会员自动、自觉地遵守？这一问题的答案需要从会员、协会、社会、政府等多个层面入手去寻找。从会员层面来讲，这需要会员企业具有高度的道德规范，维护行业声誉与共有资源的意识，对协会的治理能力、各种行业内部规范的认同等；从行业协会商会的层面来讲，需要其具有广泛的公信力、科学的治理结构和有力的治理手段；从社会层面来讲，需要具有较为发达的社会组织（类似消费者协会一类的组织）和公众及媒体监督，以对行业自律形成外部压力；从政府层面来讲，政府还需要保留对行业治理和制裁的终极权威，为行业自律的实现进行"兜底"。总之，行业自律的实现是多种因素共同作用的结果，这种非法律性质的约束极容易遭到行业成员"搭便车"行为的破坏，因此，必须构筑全方位、立体式的网格治理结构才有助于其被"自动遵守"。

最后，需要指明的是实现行业自律的终极目的是提升行业协会商会与政府合作的意识、意愿和能力，实现行业自律与政府监管两种治理模式间的良性互动。而要达到这一目标还必须处理好二者的优先排序、权责架构、边界划分等问题，并要考虑不同类型行业协会的职能承接力。另外，要处理好行业协会之置换权力的合法监督。下一章将对这些问题进行进一步阐述。

---

① Anthony Ogus, "Rethinking Self-regulation", *Oxford Journal of Legal Studies*, Vol. 15, No. 1, 1995: 97-108.

第四章　资政建议：政府监管与行业自律互动合作的机制建设

本章的逻辑理路在于：机制建设是促进政府监管与行业自律互动合作的根本建设。由于行业自律的实施载体——行业协会商会本身具有三个"先天不足"（协调能力的天然变异、天然的反竞争基因、天然的姻亲关系），因此政府必须从外部对其实施监管威慑，以防止行业协会商会"有奶便是娘"，与会员共谋扰乱市场秩序，破坏二者的合作关系。从这个角度讲，机制建设的首选是政府的监管机制，这是政府在互动合作中的主动行为；其次是行业协会商会以行业自律的形式对政府实现的反哺，即尽管行业协会商会进行行业治理的初始本意不是为了与政府合作，但其加强行业治理，促进行业自律的行为在客观上配合了政府的规制目标，因此这也是合作的一种，可以看成行业协会商会的被动合作；再次，在多元治理的时代背景下，行业协会商会与政府互动合作的实现还需要依靠社会监督机制的多点控制。以上三大机制构成政府监管与行业自律互动合作的"外圈"。最后，在政府监管或行业自律单独的建制基础上，还需要建立促进二者合作的具体互动机制，包括载体激励机制、权力配置机制、边界划分机制、职能承接机制、失灵控制机制等，这些"圈内"机制构成政府监管与行业自律互动合作的"内圈"。通过圈内、圈外的配合，形成促进政府监管与行业自律互动合作"内循环—外循环"的双向流动系统。此外，除了理论上的探讨之外，为了使研究更加落地，本章在最后一节论述了当前行业协会商会亟须关注的十大问题并针对这些问题提出了未来应努力的方向。

第一节　政府的主动互动：政府的监管机制

随着脱钩改革的深入，行业协会商会终将与业务主管部门完全脱离关系，而登记部门对其的监管仅停留在成立之初，这表明主要监管部门将要缺失，易造成脱钩后的行业协会商会因代表会员企业的利益而日渐与政府展开博弈，甚至形成对抗。但是，需要明确的是，脱钩并非"脱缰""脱管"，恰恰相反，脱钩后更要加强对其引导与监管，以促使其更好履行职责，健康有序发展。其实，现阶段相关政府部门对行业协会商会的监管还处于摸索阶段，尚未形成完善的监管体系与制度。其目前主要的监管法规政策有《社会团体登记管理条例》（以下简称《条例》）、2016年12月由国家发改委、民政部、中组部、中直机关工委、中央国家机关工委、外交部、财政部、人社部、国资委、国管局10部委联合印发的《行业协会商会综合监管办法（试行）》（以下简称《办法》）以及2017年8月由工信部根据上述《条例》和《办法》颁发的《关于规范行业协会商会和部门直属单位合规性审查工作的通知》（以下简称《通知》）。《条例》虽规定了登记机构和业务主管单位的监管职责，对其资产、经费和财务管理也作出了一些要求，但这些规定或要求过于原则化和程序性，为其监管留下巨大"可发挥"空间。而《办法》则是首次在国家层面建立和完善了针对行业协会商会的新型综合监管制度。它在政策与制度层面，虽然对于加强脱钩后行业协会商会综合监管，维护行业协会商会发展良好秩序等都具有重要意义，但在实践中，这一综合监管办法还尚未完全落地，仍处于试点与探索阶段。《通知》是对行业协会商会和直属部门开展脱钩工作的合法性和合规性进行约束，其中将行业协会商会不得从事的行为进行了详细的规定，并提出政府在向符合条件的行业协会商会购买服务时，有关部门应对行业协会商会承接相关事项的活动进行合规性审查。①《通知》虽然对行业协会商会的行为起到一定的约束作用，但只是在大体上做出了有关规定，并没有考虑行业协会商会在具体的工作过程中可能产生的具体违法行为。对于政府向行业协会商会购买服务，国家已于2013年出台了《关于政府向社会力量购买服务的指导意见》（以下简称《意见》）。《意见》指出了政府向社会力量购买公共服务对于完善我国公共服务体系和加快建设服务型政府的重要性，并详细规定了购买内容、购买机制以及责任归属。②然而，并没有出台相应法律法规用于提供政府向行业协会商会购买服务的法律保障，因此，无法对购买行为进行更为有力的监督。由此可知，在行业协会商会监管方面，现有的法律法规尚不健全，特别是缺少针对行业协会商会的单一性专门法律法规。而既有相关的监管条例政策等也大多是原则性、程序性的规定，对其业务活动、内部治理、运作机制及制度规范等都难以发挥实质性作用③，即使近年新出台的《办法》也是如此。某种程度上，现有法律法规政策难以有效保障行业协会商会的监督效能，亟须出台相关专业性的行业协会商会监管法律法规。

一 中国监管的现状

（一）现阶段我国行业协会商会的监管模式

目前理论界对行业协会商会监管的研究，主要集中在对自律性监管、法治化监管、合规性监管、嵌入型监管、综合监管等不同模式的探究层面，尚未探索出一套行之有效的实践解决方案。结合中国实际，现阶段中国政府对行业协会的监管模式大致有以下五种：

第一，传统"二元"管理体制，也称传统双重管理体制。即业务

---

① 《关于规范行业协会商会和部直属单位合规性审查工作的通知》，中华人民共和国工业和信息化部网站，http：//www.miit.gov.cn/n1146295/n1652858/n1652930/n4509650/c5771819/content.html，2017年8月30日。

② 《关于政府向社会力量购买服务的指导意见》，中央政府门户网站，http：//www.gov.cn/zwgk/2013-09/30/content_2498186.htm，2013年9月30日。

③ 郁建兴等：《从双重管理到合规性监管——全面深化改革时代行业协会商会监管体制的重构》，《浙江大学学报》（人文社会科学版）2014年第6期。

主管单位和民政登记部门双重管理①，这也是长期以来我国绝大多数行业协会商会采取的主流管理体制和运行模式。虽然《行业协会商会与行政机关脱钩总体方案》与《行业协会商会综合监管办法（试行）》已出台，但目前尚处于试点阶段，还未出现实质性的改观。

第二，"新二元"管理体制，也称新双重管理体制。即在取消传统业务主管单位的基础上，寻找新单位作为行业协会商会的过渡性主管单位。如浙江、河北、辽宁鞍山市等探索将工业经济联合会（简称"工经联"）或工商业联合会（简称"工商联"）作为其业务主管单位。②但是，本质上，不论是工经联还是工商联，它们都是作为一种过渡性的工作部门对行业协会商会进行培育、监管与规范等，以分步骤、分阶段地推进协会商会去行政化，向社会化、市场化改革，并努力创造条件向"一元"管理体制过渡。

第三，"三元"管理体制，也称三重管理体制。即在不改变现行传统双重管理体制下，通过组建专门化的"过渡性"政府机构来统一负责协调行业协会商会的发展，形成"三重"管理体制的模式。此做法在我国部分省份已有所实践，且取得一定成效。如上海、深圳的行业协会发展署、北京的行业协会和市场中介发展办公室、天津的行业协会脱钩办公室等都是如此。一方面，该做法可以为自发筹建的协会商会发展充当业务主管单位，另一方面，鉴于其所具有的行政权力和资源，又能够在一定程度上促进协会商会发展以及相关政策法规的出台与落实。

第四，"一元"管理体制，也称单一管理体制。即取消业务主管单位，直接去登记管理机关注册登记。在本质上，"一元"管理体制

---

① 这要求行业协会商会的成立首先经业务主管部门审查同意，而后才能到民政部或县级以上地方各级民政部门登记注册，而且行业协会商会的注册登记还要遵循"一业一会、一地一会"原则，即"在同一行政区域内已有业务范围相同或者相似的社会团体，没有必要成立的"，登记管理机关不予批准成立。

② 本质上，不论是工经联还是工商联，都不是政府部门，而是社会团体。实践中，浙江省温州市、嘉兴市等将工商联作为业务主管单位，河北省、辽宁省鞍山市等则将工经联作为业务主管单位。这种模式打破传统双重管理体制弊端，有效规避了自发建立的行业协会商会因无业务主管单位而不能注册登记的问题。

第四章　资政建议：政府监管与行业自律互动合作的机制建设　　137

是政府向社会"放权"与"赋权"的直接体现，其既利于减轻政府负担，推进职能转变与精简机构，又利于激发社会活力，促进市场竞争。如近年广东"一元制"的改革探索就取得很大成效。在某种程度上，这一探索也从根本上助推了全国行业协会商会管理体制的整体变革。例如，2013年《国务院机构改革和职能转变方案》中提出的"逐步推进行业协会商会与行政机关脱钩……加快形成政社分开、权责明确、依法自治的现代社会组织体制"之要求，则为后来我国社会组织管理体制改革作了铺垫工作，到2015年则在国家层面出台了《行业协会商会与行政机关脱钩总体方案》（以下简称《方案》），直至2016年年底《行业协会商会综合监管办法》的出台，为脱钩后的"一元"管理模式监管路径指明了方向。

第五，零监管模式，也称无监管模式。这主要涉及两种情况：一种是指对行业协会商会没有严格的监管，主要是以行业自律为主；另一种是对部分未登记的行业协会、境外行业协会商会等尚未进行监管。在中国，无监管模式主要是指第二种情况，即存在"监管真空"。这应是日后监管的重点领域或方向所在。

（二）脱钩后监管工作面临的挑战

无论上述何种监管模式都有各自之优劣，且在一定时期发挥了重要的历史作用与贡献。但是，随着《方案》的深化与推进，势必对脱钩后行业协会商会的监管工作带来前所未有的挑战，其主要凸显在以下几大方面。

一是监管主体发生变化，监管重心出现转移。即监管部门（主要是民政部门）将有所增加，监管重心有所转化。具体来说，一方面，传统监管部门——民政部门注册登记工作量骤增，监管压力增大。相较于民政部门以前只负责行业协会商会登记成立的初级任务，脱钩后的直接登记制度与"一业多会"试点，以及协助新成立的协会商会完善内部治理结构、规范监管制度等新任务，无疑对其提出了严峻的挑战。为此，要积极促使其尽快转变角色，适应行业协会商会新形势下出现的新情况、新问题等。另一方面，公安、财政、市场监督、税务等部门将成为新的重要监管主体。取消业务主管单位"大包大揽"

后，财政、税收、公安等专业领域需要相应的监管部门以配合民政部门开展监督①，这是监管即将面临的新问题与新难题。因为脱钩之前的财务、税收、会费等问题皆由业务主管单位进行监管，而脱钩后则主要实行政府综合监管与协会商会自治的新型治理模式。为此，如何尽快建立起"全过程，多方位"的综合监管体系，加强行业协会商会自治进程以及如何促进其协同共治，则是现实中亟须解决的问题。

与此同时，伴随着监管主体的变化，监管重心也有所转移，行业协会商会的财务税收、免税资格、公共项目财务审计、非市场行为等将成为监管的重点和难点。《方案》的出台，将催生大量新的行业协会商会，其也必将涉及各行各业。现实中鉴于不同行业协会商会的服务所得需要有不同的财务税收标准或免税资格与其匹配，而如何针对这些不同服务所得进行合理有效的监管及其相应的制度设计，则是新形势下监管的重点难点所在。

二是行业协会商会的公信力将愈发受到关注，特别是其利益代表性、信用信誉、财务透明等问题将愈发凸显。一定程度上，行业协会商会的健康可持续发展取决于其组织机构的公信力。与传统行业协会商会依赖于挂靠行政机关的权威性资源依附不同，新型行业协会商会与行政机关脱钩后，必将面临如何尽快确定其组织机构公信力的问题，而与此同时，从理论上讲，脱钩后的行业协会商会也会获得更多的运作空间、资源调配、权力分配及利益。为此，其利益代表性、信用信誉、财务透明等问题将会愈发受到社会各界关注。然而，鉴于当前我国行业协会商会信息披露制度与平台的缺失、协会内部监督制度和内部治理结构的形式化以及司法申诉渠道的不畅、社会监督不足等缘由，都难以使行业协会商会做到公开透明、公平公正。这些都是新形势下亟须通过制度设计而科学合理解决的难题。

三是行业协会商会维护自身利益诉求表达与合法权益的申诉自救渠道的畅通机制问题将愈发急迫。脱钩后的行业协会商会，失去原有

---

① 郁建兴等：《从双重管理到合规性监管——全面深化改革时代行业协会商会监管体制的重构》，《浙江大学学报》（人文社会科学版）2014年第6期。

挂靠行政机关的"保护",其不仅在资源获取途径方面受限,而且极易会被部分会员企业所"俘获",成为个别企业的代言人而非整个行业的利益维护者。当出现这种情况时,行业协会商会能否有畅通的渠道表达其自身诉求或通过合法手段进行自救,这些都是实践中亟须借鉴的现实问题,且这一问题会随着脱钩进程的加快愈发凸显。

二 国外监管的经验

国外市场经济发达国家或地区行业协会数量众多,居民覆盖率较高。在美国,行业协会数以万计,有七成的人至少参加一个协会或商会,有四成的人参加四个以上的协会或商会;法国则戏称"有多少法国人,就有多少协会",仅2007年一年就成立了约4.3万个行业协会商会;在日本,仅汽车类协会就有2000多家;在英国,目前统计在册的行业协会商会有35万多个;在德国,目前也有约30万个协会和联合会等之类的社会组织,其中以经济类行业协会商会最为活跃。[①] 由此可见,国外市场经济发达国家行业协会数量众多,且居民参与度较高,协会整体氛围较为活跃。而我国行业协会商会数量还相对不足,且在居民参与方面也与发达国家存在较大差距。

某种程度上,国外数量众多的行业协会商会的发达与活跃与有效的法律法规特别是监管体制密切相关。实际上,国外市场经济发达国家与地区对行业协会商会等社会组织的监管有多种模式。依据不同分类方法,可以从不同维度去阐释。

依据所属地域不同,可以划分为英美模式、大陆模式、混合模式等。英美模式以英国、美国、澳大利亚等为典型代表;大陆模式以德国和法国最为典型;混合模式以日本和韩国为典型代表。不同模式相应的监管方式也有所不同,具体详见下文论述。

依据监管部门数量的不同,可以将其划分为无部门监管、单部门监管、多部门监管三种模式。单部门监管通常指以政府机构为主,涵盖协会商会登记注册、日常管理、相关调查以及违法违规惩罚处罚等,如英国、新加坡等;多部门监管指多个政府部门联合对行业协

---

① 行业协会介绍,http://www.scthj.com/News/220070613031.aspp.2007-06-13。

商会进行监管，如日本、中国等；无部门监管模式则是指对行业协会商会没有严格的监管，主要依靠行业自律与自治，如德国、美国等。

依据监管性质的不同，可以将其划分为建设性监管和非建设性监管。① 这一划分是根据 Abbey 提出的对 NGO 进行建设性监管而延伸出来的。建设性监管主要涉及对行业协会商会简单的登记、自助的监管机制以及提供重要的服务，如提供小额信贷服务等。而非建设性监管主要是相对建设性监管而言的，指在常规监管之外，而非破坏性监管。

此外，还有回应性监管等其他新模式。如以回应性监管为例，其主要是尝试为有关决策者提供"决定何时监管"及其"择取何种监管方式"的一套系统化综合解决方案。② 言而总之，综合上述分析，分国别对主要市场经济发达国家的行业协会监管状况进行简要概述，以期为中国正在探索中的行业协会商会监管提供借鉴。

(一) 英美模式：英美政府对行业协会的监管

美国政府对行业协会商会的监管相对宽松，其既无专门化的监管机构，也未进行专门性的立法。这主要得益于以下三个因素：一是美国行业协会商会的独立性决定了其不需依托政府，且二者无隶属关系；二是美国行业协会商会相关组织机构相对健全，其对自身发展具有较高的责任心与使命感，使政府尚无必要对其严格监管；三是美国市场经济氛围浓厚，会员企业对其所在协会商会时刻进行监督，以保证其利益不受损害。此外，美国民主法治相对健全，监管立法程序相

---

① Edward Mac Abbey, "Constructive Regulation of Non-government Organizations", *The Quarterly Review of Economics and Finance*, 2008, pp. 48. 其实，Abbey 还提出了一个三部门间的等式："非政府组织+政府部门+私营部门=扶贫和经济增长"。他认为，政府应对非政府组织进行简化监管，减少登记和认证的程序。政府和非政府组织应该建立约定的性能标准，协调行动，积极向公众开放需求和问责制。此外，还应简化监管的环境，确保非政府组织的法律地位。

② 伊恩·艾尔斯和约翰·布雷斯维特提出回应性监管理论，他们在其《回应性监管：超越放松监管的争论》一书中，把回应性监管方法概括为"金字塔理论"，并区分了强制与管制策略金字塔。他们认为政府要根据不同的行业特征、产业结构、被监管者的动机和自我监管的能力而采用不同程度的干预措施与监管手段。参见李利利、刘庆顺《行业协会监管模式探索》，《合作经济与科技》2017 年第 8 期。

对完善，依法监管程序执行有效。实际中，美国政府也有对行业协会商会监管的义务与责任，但其主要依据是相关监管方面的法律法规，大致有分类、行为和公众监督三种类型。不论何种类型，其若要获取相关优惠政策，则需接受更为严格而广泛的监督，这其中包括来自政府、会员企业、社会公众、新闻媒体、舆论等方面的监督。其实，美国行业协会商会本身作为企业利益集团的代表，其在履行自身职责之时，也在一定程度上高效承担了政府很多方面的公共服务职能，甚至其成效比政府更为显著。

在英国，政府对行业协会商会的监管也比较宽松。特别是在英国的法律中，协会是最为松散的法律形式之一。协会商会本身甚至不具备法人资格，而只是一个由成员组成的社会组织或团体。法律形式通过协会商会的管理规则来体现，管理规则规定组织或团体的目的、权力和成员资格，但法律责任由成员个人和集体来承担。[①] 与此同时，在涉及协会商会财产所有权时，缺乏法人资格就会带来一系列问题。对此，英国与美国类似，也主要是通过相关监管方面的法律法规而非针对行业协会商会的专门性法律法规来规范。

澳大利亚政府对行业协会商会的监管与英美国家类似。整体来说，澳大利亚政府对行业协会商会的监管，一是在尊重市场规律的基础上合理监管。政府与行业协会商会之间没有直接的隶属关系，政府只需进行宏观调控和政策指导。二是依法监管。澳大利亚行业协会商会的建立和发展都经过国家立法批准，虽行业协会商会在经济发展中凭其行业影响力发挥重要作用，但是政府也严格依法监管，且这一监管不能越权。

（二）大陆模式：法德政府对行业协会的监管

法国政府对行业协会的管理整体来说较为宽松。其主要是通过"一松一紧"实现："一松"指成立条件相对宽松，"一紧"主要指管理非常严格。这与法国在"二战"后历经的大规模国有化的浪潮密切相关。之后，法国政府对协会商会从整体上有效区分，进行分类管

[①] 邵金荣：《非营利组织与免税》，社会科学文献出版社2003年版。

理。这就意味着法国政府在本质上对行业协会商会实行了积极干预。但有趣的是：一方面，法国政府较多干预国有企业的行业协会商会，而较少干预中小企业的行业协会商会；另一方面，法国政府严格管理垄断性国有企业的行业协会商会，而对竞争性企业的行业协会商会管理却相对宽松。这在某种程度上表明，法国政府在对行业协会商会监管方面坚持"抓大放小，鼓励市场竞争，激发社会活力"，从而形成了具有法国特色的行业协会商会监管形式。

德国政府对行业协会商会的监管主要靠法律法规进行制度规范和通过经济发展进行宏观调控。德国行业协会商会发展很好，但政府干涉并不多，其主要通过两种手段：一是让经济部负责制定法令法规，政府通过对经济进行宏观调控，进而引导行业协会商会的发展；二是注重奖惩机制的建立，政府通常不进行监管，仅对违法行为进行处罚，且处罚力度较大。这样，通过"管"与"控"的有机结合，实现德国政府对行业协会的有效监管。

（三）混合模式：日韩政府对行业协会的监管

日韩政府对行业协会商会的监管，实行"主管机关监管为主，登记机关监管为辅"的双重监管体制。在日本，其最大的特色是"强化社会性监管，弱化经济性监管"[①]。在韩国，行业协会商会的成立，要严格依法依规进行，部分行业协会商会甚至有单独立法。同时，辅之以强劲的社会监督，这或许与国外较为发达的市民社会密切相关。

综上，通过对上述市场经济发达国家或地区行业协会商会监管经验的系统引介，可以发现，市场经济发达国家的行业协会商会有许多成功的经验值得借鉴，如依法律法规成立协会商会、监督主体合理选取、监管方式科学设置、奖惩激励机制严格执行等。在此，将其监管的有效经验归纳如下：

第一，协会使命与行为准则明晰。国外市场经济发达国家或地区的行业协会商会通常都有其明确的使命与行为准则，即"一切为了企业，为企业服务"。这与其较为成熟的市场经济体制与经济氛围密切

---

① 刘燕：《国外行业协会发展监管的经验及启示》，《中国社会报》2014年7月21日。

相关。关于行业协会商会的基本服务内容，大致有三：拓展市场、科技创新和改善环境。① 特别是在市场经济条件下，占有和扩大市场份额是所有企业都首要考虑的因素，为此，开拓市场，尤其是开拓国际市场，是行业协会商会成立的一大宗旨与使命所在；其次是科技创新。科技创新是企业长久立足的关键所在，为此，行业协会商会要把科技创新作为其又一重要任务；最后，企业发展离不开良好的市场与政策环境，行业协会商会要努力迎合企业需求，营造适合其发展的良好氛围。

第二，法律法规较为完善。国外市场经济发达国家一般都有较为健全的监管制度或行业法律法规，它们虽名称不一，规定有所差异，但对其法律地位、组织属性、功能定位、作用发挥甚至活动内容及领域范畴等都做到有法可依。如德法的《工商会法》与《结社法》、日韩的《商工会议所法》、澳大利亚的《公司法》、美国的《非营利性法人法案》等，皆对协会商会从事或开展的活动及其范畴进行了有效约束与规制。

第三，监管体系多元化。国外政府对行业协会商会的监管通常采用一种多元主体的监管体系，如日本对行业协会商会开展年度报告制度，美国采用税收制度要求行业协会商会填写财务状况表格（Form 990）等。此外，还有诸多国家通过登记管理、税收、审计、检察、司法等多个部门对包括协会商会在内的社会组织实施多元化监督。同时，它们也十分重视新闻媒体、民众个体等作为非正式的监督主体所发挥的重要监督作用。

第四，监管方式多样化。因政治、经济、社会以及历史文化传统方面的差异，国外政府对行业协会商会的具体监管方式呈现出"多样化"的特征，但其殊途同归，皆体现在对其所开展业务活动的监管上。鉴于国外行业协商商会的非营利组织属性，其业务监管主要涉及审查年度业务、财务报告，督促依法依章开展业务，进行定期和不定

---

① 孙燕：《我国行业协会的现状和发展出路》，《江苏省社会主义学院学报》2007年第3期。

期的日常检查以及开展全国性的业务培训活动等方面。实践中，各国结合各自经济社会发展实际而所有差异与侧重，如美国政府则只对其营利性活动实施监管，其余均放开监管。

第五，财税监管较为规范。国外政府对行业协会商会财税监管方面的最大特征是公开透明。除此之外，还通过严格的年度财务审计、税收减免登记以及舆论监督举报等方式进行有效监管。如美国等要求协会商会在法人登记时要向税务部门履行社团减免税登记手续、德法等按照国家预算法规定的内容办理财务审查工作等①，各国根据其实际有所差异。

此外，实践中，国外行业协会商会的有效运转经验还涉及其会费制度、税收财务、免税政策、注册变更、代表企业、精干高效以及社会力量监督等方面，在此因篇幅所限，故不展开。

三 国外监管的启示

一定程度上，对行业协会商会的监管是一项专业性的综合化系统工程，其涉及众多指标与因素。但是，从根本上来说，监管是否有效，势必受到以下因素的影响，如立法、制度规范、运行机制、职责履行、沟通协调以及监管成本、监管时效、监管效果等。在此，结合上述对市场经济发达国家或地区行业协会商会监管的系统引介，根据中国行业协会商会改革实际，主要有以下几方面的启示。

（一）法律层面：立法监管

根据我国"单一制"政体和"总体性"社会的特征及其现实，对行业协会商会放任自流是不可能的。为此，若要有效规范行业协会商会良好发展，则首先要加强顶层设计，进行行业协会商会立法，依法监管。诚然，现代社会是法治社会，行业协会商会只有在法治的轨道上才能确保其健康有序发展。为此，在法律层面，应积极探索《行业协会商会法》立法，明确其属性、定位、目标及发展路径等，构建完善的行业协会商会监管法律体系与制度规范。

---

① 郁建兴等：《从双重管理到合规性监管——全面深化改革时代行业协会商会监管体制的重构》，《浙江大学学报》（人文社会科学版）2014年第6期。

(二) 制度层面：规范监管

在制度层面，建立严格的行业协会商会监管标准与体系。一方面，要加强多元主体监督，特别是加强不同部门、不同主体间的多元化监督，如政府、企业、媒体、民众及社会舆论等；另一方面，要强化制度监管层面的体制机制设计。如探索政府监管体制、行业自律体制、社会媒体监督体制等多元立体化的综合交叉监管方式，以形成全方位、多维度的监管体制机制。

(三) 职责层面：监而不管

国外很多市场经济发达国家政府对行业协会整体上采取"监而不管"的方式，如美国、法国、德国等。特别是从德国的经验可知，并非政府管得越多就是好政府，也并非监管越多效率就越高。某种程度上，监管适度，效果最佳；而监管过多所带来的高成本反而可能导致监管效率的低下，甚至无效。这就要求政府职能部门明确定位，厘清其与市场、社会的关系，而政府要做到"监而不管"，则要求在政府职能转变上对行业协会商会适度放权，强化监督管理职能。实践中，美国、德国等较为强调行业协会商会的自律及其自我监督，而英国、日本和新加坡等则更为注重发挥行业协会商会注册和登记机关的监管职责。由此可知，要做到"监而不管"，则必须增强行业协会商会的自律性及其机制建设。其中，在监管力度（程度、强度）方面。既有研究表明，在国际上盛行的三种主要监管模式中，大陆模式下政府对行业协会商会的监管最为严格，其次是混合模式，再次是英美模式。[①]尤其是在英美模式中，政府通常只对行业协会商会做一般常规性的规范，而任由行业协会商会自由竞争淘汰。结合中国实际，特别是脱钩后的行业协会商会发展，要根据行业特性、自身发展程度等而采取适合其自身发展的监管力度与方式，逐步增强其自律性，而非他律。

---

① M. Pligrim & R. M. Boon, *National Chambers of Commerce: A Primer on the Organization and Role of Chambers Systems*, http://www.cipe.org/sites/default/files/publication-docs/chamber_primer.PDF, 2012-08-28. 转引自郁建兴等《从双重管理到合规性监管——全面深化改革时代行业协会商会监管体制的重构》，《浙江大学学报》（人文社会科学版），2014年第6期。

（四）运作层面：独立运作，提升公信力

一方面，要提升行业协会的公信力，加强独立运作性。实践中，应注重行业协会商会的独立运作性，提高行业协会商会的专业化权威，加强会员单位的认可度。在某种程度上，行业协会商会作为会员企业的利益组织或联盟，理应是代表其行业利益与政府进行博弈的经济组织，应不断根据市场变化进行行业引导，而非一味迎合政府相关产业政策。例如，现阶段中国的很多行业协会商会是政府管理行业的一个有效抓手，而外国的协会商会则往往是代表会员企业利益跟政府博弈的组织，这在很大程度上决定着行业协会商会是否能够真正实现独立运作。另一方面，要提升政府公信力，适度干预。政府对行业协会商会的监管应坚持"有所为与有所不为"，适度及时有效干预，这样既可以提升政府对其监管的公信力，也可以确保行业协会商会沿着正确的方向稳步发展。

（五）沟通层面：畅通的协商机制

国外行业协会商会通常都与政府、会员企业之间有着密切的联系和顺畅的沟通协商机制。在当前我国行业协会商会脱钩的过程中，应注重沟通平台的建设与利益诉求表达机制的设计。对此，在沟通平台建设方面，应强化行业协会商会利益聚合和表达的功能，发挥桥梁纽带作用；在利益诉求表达机制设计上，应注重多元主体之间的平等对话，使其有序发声，从而将潜在的矛盾冲突化解在萌芽阶段。

（六）治理层面：自治与协同有机结合

党的十九大明确提出要"打造共建共治共享的社会治理格局"，"提高社会治理社会化、法治化、智能化、专业化水平"。行业协会商会作为新时期的一种现代经济性社会组织，这对其未来的规划与发展提出更高要求。借鉴国外经验，既要加快行业协会商会自治，又要加强其与其他社会组织的"互联互动互通"，以实现"共建共享共融"之格局。具体来说，既要健全行业协会商会理事会、监事会制度，探索实行理事长（会长）轮值制，尝试推行秘书长聘任制等，逐步建立健全以行业协会商会章程为核心的内部管理制度；又要搭建和完善行业协会商会与其他现代社会组织进行横向交流和沟通的平台与渠道，实现协同发展。

此外，高素质的从业人员、良好的政策环境以及开放的社会氛围等都对未来我国行业协会商会健康持续有序发展具有重要启示意义。

第二节 行业协会的被动反哺：行业的自律机制[①]

行业自律既是行业内交易规则的自我制定过程，也是一种与政府监管相并列的市场治理手段。[②] 实现行业自律是现代市场经济条件下规范和约束市场行为的重要机制，相对于政府监管来说更加持久和有效。[③] 行业自律的促进与实现是行业协会商会在与政府互动合作的过程中对政府的反哺，其依赖行业成员对行业公约、行业共识等内部契约的自动遵守。行业成员遵守了行业规范，实现了行业自律即视为其配合了政府的政策目标，实现了与政府的合作。因此，重点在于如何实现行业成员对行业公约这种"非法律约束"的自动遵守，这既需要行业成员从内部培养和形成尊重市场经济契约精神的观念与意识，也需要法制与行政的外部建设所给予的支持与保障。简而言之，要建立起一套完善的行业自律机制，为行业成员在进行自我管理和自我约束时提供履行行业职责和规范行业运行的重要保障。有关行业自律机制的建设和优化，我国学者们从不同的行业特点出发提出观点，例如：

康照萍对网络自媒体行业的自律机制进行剖析，提出网络自媒体机制是一个多侧面、多层次、多主体参与的综合有机体系。完善我国自媒体自律机制，要从网民、自治组织、平台自律能力和自律环境建设等多方面入手。提高网民自律的自觉性，摒弃官办行业自律组织形

[①] 此节部分内容已发表，见郭薇《行业协会商会脱钩后如何自律》，《学习时报》2018年3月30日。

[②] 常健、郭薇：《行业自律的定位、动因、模式和局限》，《南开学报》2011年第1期。

[③] 张晋光：《行业协会自律监管机制探讨》，《商业时代》2007年第12期。

式,赋予行业组织独立地位和空间,以立法规避自媒体平台靠"技术优势"出现一系列不负责任的行为,并要通过法律等硬性手段和举报等柔性手段相结合,以及规制实名制手段来营造良好的网络自媒体自律环境。①

吴洁、杨霞、谭益民指出,新时代我国司法鉴定行业的自律管理机制要能够找到结合点、焦点、关键点和发力点才能够实现行业自律机制的有机统一。从责任分工的角度认为行业自律管理是一个系统工程,实现司法鉴定行业的自我管理、自我教育、自我监督、自我服务和自我约束需要由行政管理部门负责牵头、行业协会负责辅助、司法鉴定机构负责落实上级指示、司法鉴定人作为具体责任人维护鉴定的科学性和公正性、公检法负责对社会舆论进行监督。由此,提高我国司法鉴定的质量和公信力。②

罗峰指出目前我国在线旅游存在许多乱象,其原因在于在线旅游行业自律法律和自律机制的缺失,导致行业内部丧失自我监管和自我约束。他指出要从建立在线旅游核心竞争力、强化在线旅游平台治理和建立以诚信为基础的在线旅游发展环境等几个角度来完善在线旅游行业的自律机制,从而促进行业的健康发展。③

刘文萃从多元主体"协同治理"理念和原则出发,指出食品行业自律具有导向、约束、激励、凝聚等积极功能,并有利于弥补食品安全治理领域政府与市场的"双重失灵"。其认为良好的自律实现机制是促进食品行业协会监管的前提,并提出通过进行运行机制设计,才能将有关协会章程和规范转化为行业的行动规则。同时,她指出食品行业自律机制设计要着眼于惩戒机制、信息公开机制、信用机制以及

---

① 康照萍:《完善网络自媒体自律机制研究》,硕士学位论文,内蒙古师范大学,2016年。
② 吴洁、杨霞、谭益民:《多管齐下多策并举强力推进新时代司法鉴定行业自律管理机制的有机统一》,中国法医学会,《中国法医学会·全国第二十一届法医临床学学术研讨会论文集》,2018年。
③ 罗峰:《完善行业自律管理机制促进在线旅游规范发展》,《中国旅游报》2019年10月18日第3版。

声誉机制四个方面，完善食品安全多元主体协同治理体系。①

从不同学者对不同行业的建议可见，我国各行业自律机制的建设尚不成熟，还需要进行进一步的修整和完善。我国目前正处于社会转型期，各行各业的监管体系都面临巨大的挑战。因此，无论是在理论层面还是在实践层面，都需要进一步加强对行业内部自律监管的研究，弥补政府与市场可能的"双失灵"，以行业内部的共同认知形成统一的行业运行规范，从而立体化规避行业发展的各项风险，营造良好的社会主义市场经济环境。从这个角度讲，我们必须正视目前行业自律机制缺失的不良现状，将行业自律机制建设作为行业监管框架体系的重中之重摆在更加突出的位置，建立"软硬"约束相结合的行业监管体系。

一　自律建设的痛点：自律机制严重缺失

脱钩之后相关部门出台系列综合监管办法保证"脱钩不脱管"，但问题在于，当前的"管"仍然是以政府为主体的传统的"监管"，属于外部监督，忽略了可以"从内部堡垒攻破"的行业自律的重要作用。事实上作为一级自律性组织，行业协会商会同时兼具着对自身的自律式约束和对行业成员的自律式监管两大功能，这两大功能是行业自律的一体两面。前者的实现需要借助政府的外部威慑，后者的实现需要借助完善的行业自律规章，而目前我们两个方面的行业自律建设均不完善。从促进行业协会商会自身的自律方面看，截至目前，中共中央办公厅、民政部、组织部、国家机关工委、中央编办等部门共颁布了8个重要文件、20项配套政策及说明，用以规范脱钩之后的党建外事、任职管理、国有资产、政府购买服务等各项工作，其中只有一个文件有助于促进脱钩后的行业协会商会自律问题。

从以行业协会商会为载体，借助行业自律规章促进行业成员自律的方面看更不容乐观。据不完全统计，当前我国共有行业协会商会、个协等各类行业组织近9万家，而其中制定了行业自律公约等行业自

---

① 刘文萃：《食品行业协会自律监管的功能及实现机制研究——基于协同治理的分析视角》，《现代商贸工业》2019年第7期。

律制度或者发布了行业自律宣言的不足1%。这其中存在着巨大的制度缺口，同时，即便在自律制度健全的行业协会商会也存在着自律规章千篇一律、内容空泛、缺乏有效惩戒手段、形同虚设或者规章失灵的现象。总之，行业自律建设仍任重道远，必须给予充分重视。

　　解决上述种种问题应以行业自律公约等规则的有效供给为前提，首先应建立健全行业协会商会的自律规章体系建设，这是开展行业自律监管工作的前提和基础。但就目前来看，各省市的脱钩改革方案对行业自律的实施和改进提及甚少，大多是将行业自律作为脱钩改革工作的辅助性措施。例如，2019年9月，上海市出台《全面推开行业协会商会与行政机关脱钩改革工作方案》，其中提到要发挥出行业协会商会的主体作用，推动行业协会商会参与社会治理和市场经济发展，尽管也强调行业协会商会要强化行业自律，但其着眼点在于保证脱钩后行业协会商会的合法性、自主性以及现代性上，而并未将行业自律作为建设的重点。[①] 再如2019年11月，北京市出台《全面推行行业协会商会与行政机关脱钩改革工作方案》，对脱钩后各级行业协会商会的工作内容以及脱钩期间行业协会商会的政策衔接和措施过渡进行了详细的规定，但在行业自律方面，仅形式化地提及鼓励行业协会商业参与行业立法、政府规划、公共政策、评估评价以及诚信体系建设等工作。[②] 可见，上述两市虽然对脱钩工作进行了周密部署，但对行业自律的强调甚少，并且目的并不在行业自律本身，加之没有出台相应的具有规范性和约束性的行业自律相关配套政策和法律法规，导致目前的行业自律仍然是"一纸空谈"，即将行业自律落实到实践过程中的制度根基相对薄弱。因此，目前行业自律机制的建立和优化的首要任务是解决自律规章体系的缺口问题，为后续的行业自律工作奠定基础。

　　其次，进行行业协会商会内部治理结构的调整，设立专门的行业

[①] 上海：《推进行业协会商会与行政机关脱钩改革工作》，《中国民政》2020年第3期。

[②] 《北京市全面推开行业协会商会与行政机关脱钩改革工作方案》，北京市民政局网站，mzj. beijing. gov. cn/art/2019/12/3/art_ 667_ 295786. html，2019年12月3日。

自律机构和人员，解决自律规则的运行问题。脱钩改革后，行业协会商会面临的挑战已经从外部转向内部。[①] 目前的行业协会商会内部治理结构存在一定程度的功能失调问题，表现为权力结构上的不平衡、独立监事机构缺失、一人身兼数职、参谋机构较少，进而导致服务能力缺乏专业性和高端性。[②] 调整内部治理结构是脱钩后促进行业自律监管顺利推行的重要步骤，必须严格把控内部治理结构建设：第一，依法履行行业协会商会职责，厘清政府监管与行业自律监管之间的职能分配关系。第二，行业自律是社会治理的一种新形式，还处于雏形阶段。目前我国对于行业自律这种新型监管模式的关注焦点仍然在于如何配合好行业协会商会与行政机关之间的脱钩改革，对其本身的发展的关心程度较低。但实际上行业自律对于规范行业运行的作用不容小觑。目前阶段，应加快建立独立的行业自律机构，填补人才缺口，在社会范围内形成培养从事行业自律从业人员的良好风气，提高行业自律监管的科学性和专业性。第三，在行业自律人员无法实现专职化的情况下，可以考虑以行业成员轮值的办法来解决行业自律常态化机制建设的问题。

最后，加大违规审查机制和渠道的建设，解决自律规则的监督与控制问题，从而形成行业自律建设的闭环系统，以"硬约束"推动行业协会商会组织权威性的建立和维护，最终实现依靠权威性维系组织发展的目标。行业协会商会与政府脱钩是建立在"政社分开，责权明确，依法自治"的基础之上的，其本质并不是要将政府与行业协会商会之间的关联完全割裂，而是以契约和市场的方式将二者联结起来。因此，从这个角度讲，在"后脱钩"时代，行业协会商会作为现代社会组织的一员，必须实现独立运作和依法自治，才能真正发挥功能和

[①] 郁建兴、周俊、沈永东、何宾：《后双重管理体制时代的行业协会商会发展》，《浙江社会科学》2013年第12期。

[②] 倪咸林：《行业协会商会脱钩后完善内部治理研究》，《行政管理改革》2016年第10期。

作用。① 同样地，对于行业自律中的违规行为只有做到及时发现和纠正，才能避免行业运行中的一系列乱象发生，而要做到这一点需要从以下几个方面入手：首先是源头上要保证入会主体的合法性，尤其是要对申请者进行多层次、全方位的资格认定，确保入会主体的质量，做好入口管理，从源头上遏制行业失范的可能性；其次，建立内外互联的审查渠道和平台，将内部自查自纠机制、知情人举报机制和外部媒体曝光、社会监督机制进行有机整合，实现违规审查的系统化建设；最后，反馈是评估一项工作实现程度的重要机制。因此，行业协会商会内部需要建立一个完善的评估反馈机制，并将行业成员的违规行为作为重要衡量指标，用于评估一段时期内某行业内部自律监管目标和效果的实现程度，以评促改。

二 自律建设的起点：完善自律规章体系建设培育行业自律的制度环境

完善的自律规章体系是行业协会商会有效治理的制度条件，这在当前《行业协会商会法》尚未出台、无法可依的情况下尤为重要，它决定了行业协会商会进行行业治理的规范性。但需要注意的是，"规范性"不代表"有效性"，行业协会商会的治理最终要实现的是"有效性"。为此，就需要首先保证自律规章的效力问题。从全球经验来看，一套成功的自律规章体系除了制度的完备性、标准的合理性及内容的充分性之外，更重要的是如何使自律规章可被自动遵守。为此，需要以自律承诺的"不可逆"来增强行业成员的合作意愿，避免其"搭便车"行为。同时，科学设计自律规章中的违规惩戒条款，加大行业成员的违规成本，改变目前行业自律规章缺乏失信惩戒条款或者惩戒没有威慑力的现状，从而形成行业成员"不愿失信"和"不能失信"的自律制度环境。

目前我国部分省市已经出台了行业自律制度建设的相关文件，例如：2019年6月，江苏省公共关系协会发布题为《行业自律与自律

---

① 贾西津、张经：《行业协会商会与政府脱钩改革方略及挑战》，《社会治理》2016年第1期。

制度建设》的文件，以注册会计师行业的自律为例，强调自律是维护行业核心价值的必然要求，是行业成熟的重要标志。行业自律的实现要求行业自身从内部制定完善的章程、规则和标准，并实现业内的共同遵守。根据2003年中国注册会计师协会出台的《关于加强行业自律管理体制建设的指导意见》，江苏省提出要通过建立诚信档案制度、业务报备制度、谈话提醒制度、自律惩戒制度、执业质量检查制度等在内的行业自律监管体系，营造良好的行业自律制度环境，坚实行业协会商会参与社会治理的制度根基[①]，以转变目前行业自律在运行过程中的制度性缺失局面。但是，由于行业系统内部的复杂性以及目前仍处于行业协会商会与行政机关脱钩改革时期，各行业的工作重点仍在于如何"脱钩"，而非如何"自律"，因此导致各行各业自律制度的建设与完善还存在一定的滞后性。此外，随着经济的飞速发展，行业内部的运行规律和特征也随之随时发生变化，这给制度建设的时效性和有效性提出了挑战。另外，科学技术在促进行业发展的同时，也强化了行业成员违规操作的隐蔽性，这就要求制度建设要能够在强调规则的同时，注意加强对违规操作的监测以及惩戒制度的建立和优化。尤其是在"后脱钩"时代，政府监管与行业自律监管之间的职能分配关系逐渐明晰，但随之而来的就是监管体系的巨大变革，无论是政府还是行业都要在新型监管模式下建立与之相适应的制度体系，在现存的制度基础上按照新的职能分配关系对监管体系进行修正和完善。

基于上述观点，未来的行业自律制度建设要着眼于以下几个方面：第一，提高行业整体的自律意识。行业自律目前已经在全社会范围内被提倡，各行业积极参与和推进自律机制的建设和运行。但对于所有行业来说，仍不同程度地存在一定数量上的"搭便车"行为。行业自律发生作用的根本途径在于全体行业成员为实现行业共同利益而自觉遵守行业自律公约和相应道德准则。但"搭便车"行为的存在严

[①]《行业自律与自律制度建设》：江苏省公共关系协会网站，http：//www.jspra.cn/?m = home&c = View&a = index&aid = 379，2019年6月25日。

重阻碍了共同利益的实现程度，损耗了行业自律监管的重要意义。因此，要在行业成员之间大力宣扬行业自律制度建设的重要性和必要性，要求行业成员在思想和行动上保持一致，发挥出行业协会商会对成员的巨大凝聚力量，促进行业自律监管合力的形成。

第二，将行业自律上升到国家的制度性规定。"脱钩"之后，越来越多的领域将更多依靠行业自律式监管，从这个层面讲，行业自律不应该仅是一个停留在道德层面的机制，而更应该被以"硬法"的形式固定下来。目前我国对于行业自律的提倡还处于将其定位于脱钩改革方案的辅助性措施的角色上，削弱了其重要程度。虽然行业自律也在全社会范围内引起了较为广泛的关注和推行，但由于没有国家的强制性规定，可能导致部分行业对于行业自律的消极对待和谎报、瞒报相关行业发展事实等现象的出现。因此，自律建设的首要任务是将其置于制度"大环境"中去，由国家牵头对行业自律工作进行部署和指导，将行业自律列为"规定动作"，要求各行业协会商会以本行业发展特征为依据制定自律制度，并在行业内部进行精准的政策解读和制度执行监管，从而强化行业自律的制度根基。同时要注意配齐相关的法律法规政策，要求自律机构定期上报行业自律监管情况，以"硬约束"规范行业成员的违规行为，从而促进行业的整体健康发展。

第三，行业内部自律制度建设要着重对惩戒制度和信用制度进行制定和完善。惩戒机制是行业自律发挥作用的核心机制，构成行业协会自律监管的制度性基础。要通过制定行业行为规范和惩戒规则体系，约束行业会员企业的市场行为，调整企业成员间的市场关系，并在此基础上维持行业秩序。[①] 但需要注意的是，惩戒机制的建立要具有科学性和灵活性，尽可能将行业成员的违规违法行为量化，根据行为不当的程度和类别，施以不同水平的惩罚和警示；制度建设的另一个重要方面是要将信用机制引入行业自律的建设中。社会信用体系的建设是我国社会主义市场经济走向成熟的重要标志，但同时也是市

---

① 刘文萃：《食品行业协会自律监管的功能及实现机制研究———基于协同治理的分析视角》，《政策与商法研究》2019 年第 7 期。

经济发展的一个薄弱环节。对于社会治理来说，社会信用体系建设与之具有协同性，这种协同性主要体现在四个方面，分别是主体、制度、技术和环境上的协同。[①] 因此，行业自律作为社会治理的重要手段之一，要在全行业范围内加强信用体系建设。首先，要求行业成员以诚信为基础开展各项经营管理活动；其次，运用法治思维进行行业的自律监管，颁布有关失信惩戒的制度规定，激发行业成员自觉遵守"诚信公约"的意识；再次，利用数字技术、云技术、区块链技术、人工智能等现代信息技术强化信用信息平台的建设，包括建立市场信用档案，用于记录、保存和共享行业成员的信用信息，推动行业内部和各行业之间的合作；还要建立和完善全行业征信系统，依法采集有关企业和个人的信用信息，帮助个人或企业进行合作对象的选择、进行信用风险的控制。最后，要进一步扩大信用监管对象范围。对于行业协会商会而言，要尽可能地将行业内部包含的所有参与主体全部纳入信用监管的对象中来，督促其真正做到在全行业范围内的"诚信"和"守信"。

三 自律建设的重点：健全自律机构组织建设扫除行业自律结构障碍

好的规章制度需要有好的执行，否则就是一纸空谈。鉴于行业成员的违规行为具有隐蔽性，需要不时地走访、暗查、协调、规范，因此以专门的机构和人员为载体执行自律规章更具效率。然而当前，我国很多行业协会商会缺乏专门的自律机构和自律人员，自律工作不专业、不专门，导致了自律规章执行在组织机构上的障碍。鉴于行业协会商会脱钩后的行业失范风险，建议大力推进行业协会商会内部的自律机构建设，可选择抽调一部分工作人员组成自律办公室或者安排行业代表组建自律委员会轮岗督促自律等做法，在行业协会商会内部成立二级自律机构，以双重自律体制给行业自律的执行多加一道"保险锁"。

[①] 董树功、杨崎林：《基于社会治理的社会信用体系建设：学历逻辑与路径选择》，《征信》2020年第8期。

具体来说，行业自律的实现要靠行业自律组织制定相应的章程、规则和标准，并建立相应的自律组织体系，为将文件指示落实到行业发展的实践过程中去提供载体。正如我国学者曾经提到过的那样：行业自律作为一种重要的行业自主治理与约束的手段，是很难仅通过市场治理自发形成的，需要借助一定的行业自律组织来实施。以中关村闪联产业联盟为例（下称闪联），它一直致力于 IGRS 标准的制定。该标准于 2005 年成为国家推行性标准，并成为中国第一个 3C 协同产业技术标准。2012 年，闪联颁布了《闪联联盟团体标准管理办法》。[①] 闪联作为我国团体标准的首批试点单位之一，截至 2017 年年底，由它牵头制定的国家标准已有 15 项，国际标准 8 项，行业标准 7 项，团体标准 9 项，正在制定的 ISO/IEC 国际标准 6 项，国家标准 10 项和团体标准 3 项，构建了比较完善的标准体系，可以广泛应用在智能家居、智慧照明、智能用电、智慧教育、智能家电等众多领域。[②] 除此之外，闪联还特别注重组织内部治理，建立了完善的组织治理结构，涵盖了秘书处、专家委员会、技术组、知识产权组、市场组等 7 个部门。在闪联，行业规章、信息平台和监督评价共同作用促进了闪联联盟的行业自律。闪联联盟以标准促进行业治理的经验及其完善的自律组织结构设置，为中国其他行业的自律组织构建和自律手段实施提供了范本。独立的行业自律组织机构的存在，担任了政府与行业成员之间信息的传播媒介角色。要赋予自律组织一定的自主权，允许组织在接受行业发展的国家意志时，可以根据行业自身发展的实际情况以及行业发展的实际需求，对政府下发的有关文件和指示精神进行再梳理，以帮助行业成员更好地理解相关政策文件，并能够根据行业特色进行经营管理工作；再次，行业自律组织的机构设置要注重合理性。部门数量不宜过多、各部门之间的工作分工要明确，要采取措施减少治理结构功能失调的风险，工作程序设置要以方便行业成员办理

[①] 吕欣、杨幽红：《团体标准的组织治理研究——基于行业自律的视角》，中国标准化杂志社、中国计量大学：《团体标准研究与实践论文集（三）》，2018 年，第 72—77 页。

[②] 《闪联主导制定的信息设备资源共享协同服务系列 6 项国家标准正式发布》，闪联产业联盟官网，http://www.igrs.org/news_info.php?id=316。

相关事务以及方便自律机构处理相关事务为目的，最大程度地提高工作效率。自律组织除日常的事务处理部门之外，还要设立单独的自律工作监管部门，其主要职责是监测行业自律工作的运行情况，包括一定时期内行业内部发生的违规操作情况、对违规操作的处理情况以及各阶段自律工作的比较情况等，以此作为开展下一阶段行业自律工作的依据。

需要指出的是，构建一个良好的行业自律组织机构并非易事。由于目前我国行业自律监管中存在一定的不利因素，因此，目前行业自律组织建设的首要着眼点并不在于组织本身，关键是要建立一个良好的组织运行环境。有关目前我国行业自律组织建设存在的风险和挑战，主要有以下几个方面：第一，"委托—代理"关系的缺失，这主要表现在行业成员与自律组织之间。形成这种缺失的主要原因在于信息的不对称。组织章程中对会员及自律组织的行为规范、行动依据的规定是显性的"委托—代理"关系，而其他由于行业特征形成的行为习惯则是隐性的"委托—代理"关系。行业成员对自身是否采取监督其他成员的行为具有完全信息，处于信息优势方，是代理人，而自律组织并不知道行业成员会采取哪种行为，处于信息劣势方，是委托方。[①] 这种信息的不对称极有可能导致自律组织与行业成员之间在工作意志、政策执行等各个方面发生冲突，因而导致内部治理失衡。第二，信息不对称也会导致另一个严重后果——行业成员的道德风险。行业成员可能会利用自己比自律组织更加掌握自身发展情况的优势，为追求自身利益的最大化，做出违背集体利益的行为。并且，自律组织向行业成员传达有关行业发展规则和行业监督等信息时，行业成员仍然以效用最大化为目标，加之在预算约束条件下，许多行业成员存在不花费任何成本享受行业的监督所带来的正外部性的可能，即出现行业监管上的"搭便车"行为。因此，在这种情况下，建立起行业成员间的相互监督机制显得尤为重要。行业组织要明确行业成员的权利

[①] 陆优优：《对自发型行业协会内部治理中存在的道德风险问题的思考——以温州商会为例》，《荆楚学刊》2015年第16卷第3期。

与义务，建立起激励机制，鼓励各成员参与到行业监督中去。第三，专业人才队伍建设的不足。目前我国的各级各类教育中以及各行业管理人员的培训当中，很少涉及对行业自律专业人才的培养，并且行业自律人才的选拔缺少对此类知识和相关经验的考核。因此，行业自律工作的实施缺少相应的理论和专业支撑，这就导致我国的行业自律势必要经过一个较长的、靠经验探索的过程。鉴于教育培养行业自律人才是一个相对来说需要花费较长时间的过程。所以，目前可采取的缓解人才缺失问题的措施在于在行业组织中按照相应方法选拔有担任此类工作能力的人员进行培训。由以上论述可见，行业自律组织的建设还存在多项阻碍，扫清阻碍需要进行多个方面的改进。

四 自律建设的终点：法律和综合监管形成外部威慑促进自律规章自动遵守

行业自律公约作为现代行业自律的制度基础，是行业自律管理活动中的共同管理契约，在行业自律管理组织及其成员间具有一定的"业内法律"效力，[①] 但是由于其并不具有完全的强制性，所以目前行业成员对行业自律公约的遵守主要是由行业成员的自律意识和道德水平决定的。但必须看到，任何行业成员都很难摆脱理性经济人思想以及"搭便车"行为的出现。因此，单单依靠目前的行业自律公约来约束行业成员的行为，并不能很好地形成行业自律监管的合力，反而容易造成行业内部的混乱局面。导致这种现象的根本原因在于行业自律公约普遍存在制度效力缺失的情况：第一，制定和修改程序的随意性影响行业自律公约的权威性；第二，惩戒机制的不完善影响行业自律公约的实施效果；第三，规范行业自律公约的立法滞后影响自律公约的法律效力。[②] 上述制度效力缺失导致的后果就是：制度约束力的不足使得行业成员存在由于追求自身利益而进行行业违规操作的可能性。

[①] 李少锋：《行业自律公约的性质及其法律效力》，《法制与社会》2008年第16期。

[②] 杨艳：《简论行业自律公约法律效力的完善》，《中国商界》（下半月）2009年第4期。

第四章 资政建议：政府监管与行业自律互动合作的机制建设

故，鉴于行业自律公约等自律规章只是"君子协定"，依靠的是行业成员的道德约束。因此，若要实现行业自律规章的自动遵守还离不开法律规制和政府监管的外部威慑。为此，首先应加速推进《行业协会商会法》的制定进程，使脱钩后行业协会商会及其会员的各项活动在法治的轨道上运行，实现行业自律的有法可依；其次，相关部门应尽快出台促进行业协会商会自律的政策文件，将自律公约、自律机构等的建立健全作为规范行业协会商会的"规定动作"，并促使其将与之相关的制度规定向民政部门备案以供审查和监督；最后，鉴于行业自律的另一层内涵是行业协会商会自身的自律，因此还需要进一步加大政府的综合监管力度，尤其是加强对行业协会商会的服务及业务、纳税和收费以及党建和执纪等方面的监管和监督，以防止行业协会商会本身可能会出现的乱收费、乱评比、乱表彰、乱认证或者与企业共谋等不自律行为。

此外，有关行业协会商会的法律制定需要注意以下几点：

第一，要在厘清政府与行业协会商会关系的基础之上进行。后脱钩时代，二者之间的关系愈加明晰，为行业协会商会法的制定提供了有利条件，在一定程度上加快了完成行业自律建设的进程，可以说，关系的厘清是良法制定的前提。

第二，行业协会商会的相关法律的起草、制定和出台要求政府、市场和社会等多元主体共同参与进行。在法律的制定中，政府作为国家宏观发展的"掌舵者"，具有保证法律实行有益于整个社会发展的卓越远见。并且，在国际竞争方面，政府拥有比市场和社会更加准确的、有关国际行业协会商会自律发展状况的相关信息，能够有效吸收国外的先进经验，决定法律建设的着眼点，提升法律的执行活力；而行业协会商会跟政府相比，更加掌握行业内部的实际发展情况，并能够直接收集市场的相关诉求和建议。因此，应加大市场和社会对相关法律文件起草的参与力度和幅度，防止法律建设的"一概而论"，避免因与法律条款不匹配而引起行业的不良发展情况的产生。

第三，行业协会商会内部的规约制定要在国家法律允许的情况下"按需制定"。这就要求各个行业协会商会在制定"行业法律"之前。

通过信息平台、走访调查等形式掌握行业发展趋向，了解行业成员对于"业内法"各条款的意见和建议。由于存在行业成员不愿如实上报自身实际偏好的情况，行业协会商会要能够采取一定措施对其进行引导。鼓励行业成员自觉主动上报偏好，提高法律的精准性。

第四，惩戒机制的建设要具有科学性。首先，要建立完善的内部监管体系。以行业协会商会监管为主，行业成员间的相互监督为辅，并采取"轮流负责制"要求符合条件的行业成员轮流负责监测行业发展情况、承担行业自律监管责任、负责行业成员合理需求的搜集和上报，配合行业协会商会规范整个行业的运行轨迹；其次，无论是对政府法律文件还是业内法的解读和执行监督都要落实到行业成员本身。自律组织要定期组织若干工作小组对行业成员的法律理解和执行情况进行检查和监督，采取随机指定的方式决定由哪个工作组负责哪些行业成员的检查工作，尽可能避免工作人员与行业成员之间的徇私舞弊行为；最后，公开有关行业成员的违规行为和处罚决定。行业成员的违规行为判定要借鉴专家咨询制度，以强化处罚结果的科学性和权威性。公开其行为的目的主要包括三点：一是维护相关行业自律法律规约的权威性，促使全体行业成员认识到行业运行要做到"有法可依"和"有法必依"，一旦进行违规操作，必将受到法律和业内规章的制裁；二是剔除行业成员认为违规操作具有"隐蔽性"的侥幸心理，引导其认识到信息技术的"两面性"，正确掌握信息技术的使用程度和使用方式，创造行业发展的良好网络环境；三是督促行业成员自觉承担法律处罚结果，抬高其再次进入行业的"门槛"，以督促行业内其他成员自觉遵守行业规范、依法经营。

第五，要完善消费者投诉与反馈的平台建设。作为行业产品和服务的直接享用者，消费者的实际感受是行业进行自我调整的重要依据。任何法律的建设与修正都是为了更好地满足社会的需求，行业协会商会的相关法律建设亦应如此。

总之，法律监管属于行业发展的外部监管体系，起到强制性的监管效果，可以将之看成有利行业发展的"硬环境"，而行业自律规章建设则从另一方面入手，有助于形成促进行业健康发展的"软环境"，防止行业协会商会脱钩后异化为行业成员谋取利益的团体和工具,同时也有助于使行业协会商会实现其自律功能,提升组织公信力,由服务性的组织真正变成服务与管理兼具的行业公共组织,促进行业的规范发展,从而与法律的规制形成合力,使脱钩后的行业协会商会可持续发展。

第三节 二者的互通互联：三大机制建设

本节的逻辑理路：政府监管与行业自律严丝合缝地相互配合需要内部的机制建设"牵线搭桥"。载体激励的耦合机制、权力配置的调节机制，以及自律失灵的控制机制被看作促进行业协会商会与政府合作的三大"圈内"机制。其中，载体激励的耦合机制主要是从政府对行业协会商会进行激励惩戒的意义上表征的；权力配置的调节机制主要是从政府与行业协会商会合理分权的意义上表征的；自律失灵的控制机制主要是从政府对行业协会商会负向监管的意义上表征的。政府监管与行业自律互通互联的机制建设首先是需要政府的放权，以此激励行业协会商会的积极性。但"放"不是一味地"放"，"放"也有"放"的讲究和原则，一是要做好权力的配置，使政府的归政府，协会的归协会，实现权力匹配的各归其位；二是"放"不意味着脱离控制，放权后还要做好权力置换的合法监督。

一 载体激励与载体制裁的耦合机制

行业协会商会是行业自律的载体，对行业协会商会进行激励和制裁是促进其与政府合作治理的一体两面。有制裁无激励将会造成行业协会商会动力不足，有激励无制裁则又可能会助长行业协会商会的不当行为，关于监管和制裁最后一章将用大篇幅论证，因此，此处仅论述激励。由于当前我国行业协会商会建设尚不完善，同样作为一类社会公共组织，其在权力、能力、财力上无法与政府相匹配，这就带来了二者之间在合作上必然的不平衡。为填补这种"天然沟壑"，使二者能够相互耦合，需要通过一定的制度设计，从权力、能力、财力入手，对行业协会商会进行激励。结合我国行业协会商会的实际，一般来讲，能力建设属于"内力"，需要行业协会商会通过练好"内功"来提升，外部激励对其作用有限，故此处不作论述。而由于历史原因或自身建设问题，我国行业协会商会仍然在很大程度上受制于法律、行政、社会或会员（尽管脱钩改革已经进程过半），在这种背景下，其权力与财力建设可以在某种程度上被看作一种"外力"，需要被其他主体从外界帮扶来补足。

综合以上分析，载体激励的第一个方面是权力激励。行业协会商会的权力来自于法律赋权，政府委托和会员让权三种途径，而三者能否向行业协会商会授权取决于其对行业协会商会是否"认同"。具体地说，法律认同的表现是"立法"，主要是通过法律、法规等文件的形式对行业协会商会的地位、功能、职责、权限等问题进行具体明确的规定来实现；政府认同的表现是"批准"和"委托"，主要通过政府对行业协会商会的授权、委托，或批准准予行业协会商会登记、变更、撤销，进行业务指导和对违规企业的终极激励惩治（如罚款、责令停业整顿等行政处罚）来实现；会员认同的表现是"参与""让权"与"合作"，主要通过会员对行业协会商会进行的各项活动或制定的各项规范之参与与遵守来实现。[1]

中国行业协会商会所受到的权力激励明显不足。改变这种状况应加快制定并颁布实施《行业协会商会法》，提升政府职能转变和公共服务购买的进程，加快构建新型政会关系，培育行业协会商会的社会自组织能力，增强行业协会商会的行业代表性、企业互益性及社会公益性，进一步从"法律赋权、政府委托、会员让权"三个角度，赋予行业协会商会更多能直接有效地影响会员改变行动和决策的权力，以此增加行业协会商会与政府合作的动能。[2]

载体激励的第二个方面是财力激励。当前政府对行业协会商会的

---

[1] 郭薇：《以培育行业协会商会公信力为抓手应对"脱钩"挑战》，《中国社会报》2016年9月26日。

[2] 郭薇：《以培育行业协会商会公信力为抓手应对"脱钩"挑战》，《中国社会报》2016年9月26日。

财力激励主要是通过购买服务实现的，不再是直接的财务支持，这是政社互动进步的一种体现，但由于政府、政策、协会自身等因素的限制，当前我国政府向行业协会商会购买服务仍不完善，还受到一系列因素的制约。一项研究表明，政府向行业协会商会购买服务受制的主要原因在于一方面缺乏政府购买服务的政策环境，另一方面政府对其做好服务也缺乏信心。① 而且，政府向行业协会商会购买服务的公平性和公开性也一直倍受争议。未来为增强政府对行业协会商会的财力激励使其愿意与政府合作进行会员规范和市场治理就需要进一步完善政府购买服务的各项制度，科学确定政府购买服务的内容、范围、承接主体，积极鼓励行业协会商会公平参与承接政府购买服务，落实改革财政支持方式、税收优惠政策、明确服务事项清单、创新购买服务方式和规范票据管理；同时，要加强监督管理，确保行业协会商会在承接政府购买服务过程中能够诚实守信、质优价廉，从而不断增强社会各界对行业协会商会做好服务的信心。②

脱钩改革之前，我国的行业协会商会受到业务主管单位和登记管理机关的双重管理。业务主管单位对于行业协会商会的约束力较强，二者之间呈现出一种"强关系"特征。虽然业务主管单位在许多方面给予行业协会商会一定程度的支持，但也引起了过度干预的不良局面。这种过度干预和管理极大地打击了行业协会商会参与社会治理的积极性，而脱钩改革的进行使行业协会商会与其业务主管单位之间的关系发生了巨大变迁，"去行政化"原则使二者在机构、职能、资产等各个方面实现脱钩分离。③ 脱钩后行业协会商会接受的管理主要来源于五个方面：第一，要接受登记管理机关登记管理；第二，与行业管理部门进行业务联系；第三，要接受社会组织党建工作机构党建领导；第四，要接受综合监管部门的监管；第五，要与相关职能部门之

---

① 赵立波：《政府购买行业协会商会服务研究》，《学习论坛》2016年第1期。
② 陈竞：《支持规范行业协会商会承接政府购买服务》，《中国政府采购报》2017年5月9日。
③ 马长俊：《解构与重构：行业协会商会脱钩改革的政会关系变迁研究》，《行政管理改革》2020年第2期。

间进行工作衔接。① 由此可见，脱钩后的政府与行业协会商会之间的关系由二重管理体制向系统管理的方向转变，并逐渐强调行业协会商会自身对于社会治理的重要作用，治理主体呈现出多元化的趋势。② 虽然传统的政府主导的体制尚未发生完全的转变，但是脱钩后的行业协会商会与政府之间形成了一种共生的关系，行业协会商会承接政府的各项职能，包括行政审批类职能、行业自律类职能、社会服务类职能、市场监管类职能等。③ 由此可见，行业协会商会在行业的治理过程中承担着越来越重要的角色，这就要求相关部门对行业协会商会的监管工作也要做出相应改进。目前对于行业协会商会与行政机关的脱钩改革还是秉持"脱钩不脱管"的指导思想进行，行业管理由原来行政化准入的管理方式，转变为政府部门综合监管与服务以及协会商会自治自律相结合的新型综合监管模式。④ 就行业协会商会对行业成员进行的内部制裁来讲，目前还没有较为成熟的成文法律或制度，但作为实现行业自律的手段，行业协会商会无疑是承担整个行业自律性发展责任的重要主体。目前的行业自律制度和体系空白为行业协会商会职能的进一步发挥提供了很大的自由空间，有利于行业协会商会更加全面地进行行业监管。

　　载体激励与载体制裁的耦合机制的建立从激励与制裁两个方面对行业协会商会的发展进行了讨论。虽然我国很早就开始强调行业协会商会能够起到引导行业自律的作用，但是直到近几年行业协会商会才真正受到重视。在目前强调创新社会治理模式的大背景下，行业实现自我管理也是实现国家治理现代化的重要方面。因此，无论是政府还是行业内部，首要任务就是积极推动行业协会商会在行业自律组织建

---

① 王名、贾西津：《行业协会论纲》，《经济界》2004年第1期。
② 马长俊：《解构与重构：行业协会商会脱钩改革的政会关系变迁研究》，《行政管理改革》2020年第2期。
③ 姜伟军：《行业协会商会承接政府职能转移模式创新研究》，《浙江工商职业技术学院学报》2019年第18卷第4期。
④ 季云岗：《构建"政府监管+依法自治"新型综合监管模式——民政部社会组织管理局副局长廖鸿就〈行业协会商会综合监管办法（试行）〉答记者问》，《中国社会组织》2017年第1期。

设、机构设置、人才聘用、政策法规制定等方面的工作,给予行业协会商会进行行业内部自律治理的权力,并加大对行业协会商会的财政补贴力度,及时对其工作进行监督和评价,以激励和监管相结合的方式支持我国的行业监管模式改革,形成促进行业向好发展的助推力,早日实现脱钩目标,为脱钩后各行各业的平稳有序发展奠定坚实的基础。

二 权力配置与边界划分的调节机制①

脱钩的目的是让社会组织回归社会,以真正的社会主体身份推动社会发展,解决社会问题,其斩断的是行业协会商会与政府之间的"依附关系",而不是"合作关系"。脱钩之后,行业协会商会的可持续健康发展仍然需要借力政府,只是手段、方式、二者间的主体关系与以往不同。鉴于此,中国语境下行业协会商会的健康发展绕不开新型的政会关系,而新型政会关系的构建以二者职能权限的合理划分为前提和基础,这就涉及政府与行业协会商会在市场治理权上的优先排序、职能权限、边界划分等问题。

从理论角度看,就优先排序而言,由于行业协会商会规模较小、与企业的联系性密切、具备行业治理的专业知识同时又拥有天然的协调性,因此,在两种治理模式中应首先发挥行业协会的功能作用,起到"原汤化原食"的效果,同时保留政府监管的外部威慑,即前文调研数据中提到的"先自律、后监管";就职能权限而言,由于法律授权、政府委托和会员让权三方赋权均不足导致当前行业协会商会在履行职能时处处受限。因此,需要加快推进《行业协会商会法》的出台,赋予行业协会商会法定的职责权限,并以政府放权、购买服务等方式进一步增强行业协会商会的权力比重,促进其治理能力的提升;就边界划分而言,应以"政府—市场—社会"的大三角关系为疆界,遵循"利于行业治理"的原则,使行业的问题尽可能在"社会"的范围内得以解决。同时,在不影响稳定的大局之前提下,尽可能改变

---

① 部分内容已发表,见郭薇《行业协会商会脱钩后如何可持续发展》,《中国社会报》2017年4月24日。

目前行业协会商会仅进行市场行为治理的现状，将其治理边界更多引向市场结构的调整与治理上。

从现实角度看，行业协会商会与行政机关脱钩，是深化"放管服"改革的必然选择。① 前文提到脱钩改革后，行业协会商会将承担原来由政府承担的部分职能，并且提到我国的脱钩改革要坚持"去行政化"原则进行，其目的都是要简化政府职能、下放政府权力，切实提高以行业协会商会为代表的行业组织进行自我管理的能力，以促进各行各业加快形成自律性监管机制。"放管服"改革之所以被提出，主要是因为过去由于政府管的"过死、过宽、过多"，导致市场活力受到束缚，因此需要创新监管模式，强化监管手段来扭转这种局面。"放管服"改革中的"放"指的是以深化行政审批制度改革为重点推进简政放权，"管"是指要加强事中事后监管，"服"指的是优化政府服务，这三个组成部分所指向的含义均与行业协会商会与行政机关脱钩改革的内涵相一致。脱钩改革对于职能边界梳理的目的在于实现"五脱钩"和"五规范"：一是机构脱钩，行业协会商会由双重审批转变为依法直接登记，行政机关由业务主管转变为综合监管，规范行政委托和监管关系；二是职能脱钩，行业协会商会由承担一定行政职能转变为依规承接政府委托或移交事项，规范职责分工关系；三是资产财务脱钩，行业协会商会办公用房、财务管理独立，财政资金由直接拨款逐步向政府购买服务转变，规范财产关系；四是人员管理脱钩，人员由行政机关管理转变为用人独立和社会化管理，负责人由行政机关批准任命转变为按章程自主产生，规范用人关系；五是党建、外事等事项脱钩，脱钩后仍要加强党的领导，全国性行业协会商会党建工作按照原业务主管单位党的关系归口分别由中央直属机关工委、中央国家机关工委、国务院国资委党委领导，地方性行业协会商会党建工作依托各地党委组织部门和民政部门建立社会组织党建工作机构

---

① 《要全面推开协会脱钩改革》，中央政府网站，http://www.gov.cn/zhengce/2019-06/20/content_5401719.htm，2019年6月20日。

第四章　资政建议：政府监管与行业自律互动合作的机制建设

统一领导，规范党建关系。① 由此可见，行业协会商会脱钩改革与简政放权改革在本质上都是为了去行政化，还权于社会或市场，通过重新调节"政府—市场—社会"三者的权力边界，逐渐形成新时代要求下的"政府—市场—社会"的新动态平衡。

在这种新的动态平衡之下，行业协会商会也不再是原来的、对政府完全依附式的组织，而是将作为市场治理的独立主体而存在，而在脱钩改革之前，行业协会商会的基本属性是充当政府行政管理的助手，行业协会商会的行动依据是政府意志。在职能定位上，行业协会商会主要负责提供行业统计数据、参与产业政策、行业标准和行业发展规划制定及建设行业公共服务平台等辅助政府进行行业管理和建设的工作。② 但是，目前政社分开已经成为社会共识，所谓政社分开就行业监管方面而言，就是将那些适合由行业协会商会等社会组织承担的职能交给社会组织承担，其余职能则保留给政府承担。我国有学者将行业发展相关事务划分为六大类并指明了各类事务对应的职能承担单位，分别是私益性的企业研发事务、私益性的企业经营事务、行业"共益性"研发事务、行业"共益性"经营事务、公共性的行业研发事务和公共性的行业管理事务。其中，前两类事务由相关企业负责，第三、第四类事务由行业协会商会负责，第五、第六类事务由政府和行业组织共同负责。这种分类为行业协会商会与政府间职能的合理划分提出了有益参考，但遗憾在于其是站在公共物品理论的角度进行的，如果在实际的实践过程中，无法找到一个合理的标准和依据对上述行业事务进行划分，那么行业协会商会的职能依然不能得到合理的界定。③

虽然目前我国已经阐明了要实现行业协会商会与行政机关改革的

---

① 《脱钩改革让行业协会商会褪去"官色"》，中央政府门户网站，http://www.gov.cn/zhengce/2015-07/09/content_2894254.htm，2015年7月9日。
② 张建民：《全面深化改革时代行业协会商会职能的新定位》，《中共浙江省委党校学报》2015年第5期。
③ 陈建国：《以职能划分推动行业协会商会与行政机关脱钩改革》，《中国社会组织》2015年第21期。

"五脱钩""五规范"目标，在一定程度上厘清了政府与行业协会商会之间的职能关系。但是值得注意的是，政府、行业和社会都处在一个动态的发展系统中，任何能够呈现三者发展的规律都只在特定的历史时期内具有参照性。就长期来看，并不存在任何一种一成不变的运行机制能够完全适应于时代发展的需要。因此，政府与行业协会商会以及行业成员之间的职能划分要能够随着实际情况的变化而有所调整。这就要求，无论是参与行业治理和监管的哪一方主体，都要能够时刻保持对行业发展过程中职能划分的不合理之处的警惕性。尤其是行业协会商会，作为目前行业自律的主要责任主体，要具备对整个监管体系的准确认知能力，能够根据行业发展变化趋势，发挥主动性，积极争取应由自己承担的职能并及时向政府归还无法承担的职能，建立政府与行业协会商会之间灵活的"委托—代理"关系。同时，政府与行业协会商会之间的职能划分还必须能够因行业特征的不同而有所变化，避免"一刀切"现象。行业协会商会要时刻关注行业成员对政府政策和行业相关法律、规则的落实情况，积极组织开展有关人员的培训工作，定期进行行业协会商会工作评估，使整个行业的治理和监管体系充满灵活性，实现并不断完善二者职能边界的弹性变化机制。

对于行业协会商会的职能定位，目前大多数情况下还是将重点放到市场行为的规范和纠正上，只能起到"治标"作用，并不能从根本上杜绝行业成员违规行为的发生。这是由于市场是具有开放性的，它允许任何符合条件的市场主体随时进入、平等参与竞争，行业协会商会的规范功能无法立即延伸到对新的主体行为的监管中去，而只能对旧的主体行为起到约束作用。一旦新进入的市场主体发生行业违规行为，行业协会商会必须单独对其进行行业规范和操守的重申，这在很大程度上引起了行业协会商会自律工作的重复性。简而言之，目前的行业自律仍然是一种"亡羊补牢"式的监管，尽管行业协会商会平时也注重对行业成员的行为进行引导，但实质上还是将重点放在问题发生后的管制，缺少一种新旧主体共同适用的"防患于未然"式的规则机制，这不仅降低了监管的工作效率，还增加了行业的监管成本。因此，行业协会商会职能边界的确定要以规范市场行为为手段，以建立一套能够促进行业自律实现的市场结构和竞争机制为目标，保证无论是行业内已有的市场主体还是随时进入市场的新主体都能够置身于一个良好的行业发展环境中，自觉减少违规行为出现的概率。

三　职能承接及自律失灵的控制机制[①]

合理放权与职能承接是行业协会商会与政府互动合作内部机制建设的一体两面。有效的二者合作既需要政府放权到位也需要行业协会商会自身具有履行这些权力的能力，尤其是中国行业协会商会类型繁杂，不同层级、不同规模、不同生发方式、不同管理形式的行业协会商会的职能承接力均不同，因此，对行业协会商会进行赋权必须考虑其是否具有足够的职能承接力，否则权力赋予越充分则越容易引起行业失范问题，反而不利于行业协会商会的发展。从这个角度看，不能一味将二者合作的不力归结为政府揽权，还必须看到行业协会商会自身可能存在的不完善之处。因此，在要求政府放权的同时甚至之前，先做好行业协会商会本身的能力建设，"两条腿走路"才是可取之道。

行业协会商会与政府"脱钩"的过程是政府权力下放的过程，也是政府还权于社会的过程。在这一权力置换的过程中，形式上是斩断了行业协会商会与政府之间的行政依附关系，实质上则是行业协会商会对政府的传统资源依赖的断裂，"脱钩"必然使行业协会商会的资源依赖更多向会员企业倾斜，容易导致行业协会商会由政府依附发展为企业依附。而从行业协会商会的基本属性分析，行业协会商会归根结底是具有俱乐部性质的互益性组织，天然的"反竞争基因"的作用、天然的"姻亲关系"的影响以及天然的"协调能力"的变异使行业协会商会促进行业成员集体行动的结果可以是集体自律，也可以是集体共谋。20世纪90年代初，在中国掀起的沸沸扬扬的行业自律价运动就是一个很好的佐证，包括近年来发生的天津自行车协会的电子监管码抗辩事件、沈阳房地产商的价格联盟事件等也充分说明了行业协会被会员俘获，伙同其共同进行反竞争行为并非偶然。因此，为

[①]　部分内容已发表，见郭薇《行业协会商会脱钩后如何可持续发展》，《中国社会报》2017年4月24日。

了维护公共利益，政府在权力下放的同时必须进行权力置换的依法、依规监督。为此，应从加强行业协会商会的内部治理入手，进一步推动关涉行业协会商会发展的法制建设，增强行业协会商会的党建工作，并做好政府监管和社会监督，构筑"党的领导—法治依托—政府监管—内部治理—社会监督"的权力共管新格局，谨防行业协会商会反竞争行为给其健康发展带来的破坏和阻碍。

　　进一步分析，行业协会商会之所以能够承接政府职能，是因为其承袭了社会组织在承接政府职能方面的独特优势。首先，社会组织具有公益性。这是其最大的优势；其次，社会组织具有中立性。中立性保证社会组织在处理相关事务时"不偏不倚"，中立性是实现公平的重要保障，有利于提升组织的公信力，便于工作的开展；最后，社会组织具有一定的权威性。这种权威性的主要来源是其所具有的参与治理的专业优势，能够对行业内部的各项事务进行合理的分析和处理。[①]但在实际的职能承接过程中，上述优势能不能得到充分的发挥，关键在于承接单位是否具备能够承担某些职能的条件。这种条件可以用"四化"进行概括：工作人员专职化、办事机构实体化、工作方式信息化、工作内容专业化[②]，这"四化"在我国目前的行业协会商会中还需要进行进一步的落实和完善。换句话说，我国行业协会商会承接政府职能的基础较为薄弱，还需要进行进一步地提高。社会组织承接政府职能并不意味着政府可以完全放任不管，政府在任何时候都是国家意志的代表，是国家大政方针的掌握者和国家宏观发展的引领者。在政府权力的下放过程中，政府要能够明确权力转移的范围和具体清单目录，在社会资源和资金支持上多向有关社会组织倾斜。社会组织的职能承接也不代表行业脱离了政府的控制，这种职能承接目的在于赋予社会组织较大的自主权，以形成符合治理需求的行业结构和运行机制。总之，要做好政府职能的承接工作，不能单单依靠政府的权力

[①] 王玉辉：《医学会组织承接政府职能的相关探讨》，《中国冶金工业医学杂志》2020年第4期。
[②] 赵斐苗：《学会承接政府转移职能的经验与思考》，《学会》2018年第8期。

下放，也不能单单依靠社会组织的积极参与，而是要在符合实际发展情况的基础上，在二者之间建立起长效的沟通机制，使之相互配合、良性互动，便于进行职能边界调整，以增强政府职能下放的科学性和客观性，推动行业组织提高行业自律的效率和水平。

另外，通过对以往经验的总结，我们知道，市场监管中的"政府失灵"和"市场失灵"时常发生，其主要原因是信息不对称导致的决策失误使资源的配置效率达不到理想的水平。作为一种新的市场监管方式，行业自律中也存在一定程度的信息不对称，因此同样存在发生"自律失灵"的风险。除了信息的不对称之外，造成"自律失灵"的原因还可能包括如下几个方面：第一，行业协会商会对行业成员就行业整体利益的共识教育不足，导致行业成员未能就行业共同利益凝聚起较高程度的行业共识，因此在实际中对所开展的行业自律工作漠不关心、不愿配合；第二，自律制度、组织体系和法律法规的缺失导致行业协会商会职能履行的不充分，从而引起行业自律的制度性、体制性、机制性失灵；第三，行业协会商会的道德风险。与政府官员寻租、创租行为相同，行业协会商会的专职人员也存在为追求自身利益的最大化而对有关行业成员的违规操作进行包庇和隐瞒的行为，从而引发行业自律中的道德风险；第四，行业成员违规操作的隐蔽性导致其违规行为不易被察觉，助长某些行业成员不良行为的发生，进而导致严重的监管失误。总之，通过上述讨论可以得知：行业自律的实现并不总是能够完全解决行业成员的违规问题，一般情况下，行业协会商会需要在其他监管主体的配合之下，才能更好发挥作用。特别是目前阶段，行业协会商会的力量依旧薄弱，行业自律的失灵状况极易发生，大大降低了行业自律实现的可能性和行业协会商会发挥作用的水平和程度。随之相伴的是，如何控制这种失灵状况的发生也是脱钩改革后政府、社会组织和行业成员应该慎重考虑的重要问题。有鉴于此，我国行业自律的实现必然要经历一个较为漫长和艰难的过程，虽然国内已经存在比较好的行业自律范本，但是要想实现全国、全行业范围内的自律式监管，还是要做好打一场"持久战"的准备。

第四节　社会的多点控制：社会的监督机制[①]

本节逻辑理路：政府监管与行业自律互动合作的实现需要政府、协会、企业、社会的共同努力。鉴于本研究的核心研究主体是政府与协会商会，社会不是重点，因此，以下社会的部分只作简论。

社会的监督机制是促进行业自律实现的第三大类机制。以往的研究表明行业自律主要受制于源自社会的两方面压力：一是受制于为吸引消费者支持和追随而产生的压力，二是受制于消费者协会等NGO运动而产生的压力。学者沃特鲁巴指出"当行业成员测知市场及其外部顾客看重某种自律行为并会相应地回报这种行为的时候，就会更积极地参与自律。比如，特定的顾客群体或许会被行业关于环境问题、慈善事业的积极政策所吸引，并通过直接购买行业成员的产品或口口相传的宣传活动来进行回应。"[②] 社会压力的主体来自消费者、投资者、雇员、某些环保爱护者、诸如消费者协会等NGO、大众媒体等多个方面。格雷厄姆（David Graham）和伍兹（Ngaire Woods）将这种来自社会的压力归结为由于企业破坏环境或滥用人权所导致的来自风险管理的压力、来自投资者的压力、来自消费者及激进分子的压力及保留和吸引雇员的压力。[③] 可见，来自社会的压力是促进行业自律的重要条件，其与政府的监管、行业的监督形成多角度支撑，共同作用于行业自律的实现过程。

在我国经济社会发展的实践中，社会监督也越发受到重视。习近平总书记曾经提出"在新的起点上，推动党内监督同国家机关监督、

　　[①]　郭薇：《政府监管与行业自律——论行业协会在市场治理中的功能与实现条件》，中国社会科学出版社2011年版。

　　[②]　Thomas R., "Wotruba. Industry Self - Regulation: A Review and Extension to a Global Setting", Jour - nal of Public Policy & Marketing, Vol. 16, No. 1, 1997: 38 - 54.

　　[③]　David Graham, Ngaire Woods., "Making Corporate Self - regulation Effective in Developing Countries", World Development, Vol. 34, No. 5, 2006: 868 - 833.

第四章 资政建议：政府监管与行业自律互动合作的机制建设

民主监督、司法监督、群众监督、舆论监督有效贯通，把权力置于严密监督之下"的重要观点，为建设中国特色社会主义监督体系指明了方向。[①] 社会监督主要指的是权力系统外部由公民个人、新闻媒体、第三方组织等，依照现行的法律法规规定，通过多种渠道和方法，对社会组织及其工作人员进行的一种非强制性的监督。目前社会组织社会监督的实现路径主要包括：扩大公众参与、强化新闻媒体监督、建立健全第三方评估制度、加大信息公开力度等。[②] 在我国，政府失灵与市场失灵的"二重压力"催生了社会监督。这表现为在实际的市场监管中，无论是采用政府监管还是市场自律，或是二者相结合的监管方式，市场的发展仍然存在一系列较难解决的问题。政府监管的滞后、疏漏点、监管负担及监管俘获等问题的存在，市场自律监管的意识和动力不足以及司法部门普法工作不到位导致了许多商家无视行业规则和行业道德，不惧监管和法律威慑，一味追求自身的利益最大化而忽略消费者的权益。

尤其是，在现阶段我国互联网经济正处于飞速发展的背景下，政府监管和市场自律的难度和范围进一步扩大。互联网经济作为一种新型经济业态，蕴藏着无数新的利益增长点，是对原有的利益格局以及人类生活行为方式的一种改变。我国对互联网经济的监管总体上采取的是适度监管原则，赋予它较大的发展自主权，以实现市场自主和社会自治，政府在其中只起到辅助性的监督作用。[③] 正如 2019 年，我国出台的《优化营商环境条例》第五十五条提到的，对新技术、新产业、新业态、新模式等要实行包容审慎监管，针对其性质、特点分类制定和实行相应的监管规则和标准，留足发展空间，同时确保质量和

[①] 吴建雄、夏彩亮：《中国特色社会主义监督体系的优势》，《红旗文稿》2019 年第 17 期。

[②] 张力文：《构建互联网思维下社会组织的社会监督机制》，《人力资源开发》2018 年第 6 期。

[③] 沈岿：《互联网经济的政府监管原则和方式创新》，《国家行政学院学报》2016 年 5 月 3 日。

安全，不得简单化予以禁止或者不予监管。① 但是，互联网经济所具有的能够打破时间、空间限制进行交易的特征也进一步加剧了市场主体与消费者之间信息不对称以及利益冲突问题。因此，需要引入第三方监管形式以帮助政府和市场缓解监管压力，规范新经济的发展路径。由此可见，在全社会范围内提倡建立社会监督机制，作为与政府监管和市场自律式监管并行的第三种监督形式，是完善我国市场监管体系以及国家治理体系的必要举措。

相对于前两种监管方式而言，社会监督之所以能够发挥作用，主要在于其独特优势：第一，社会监督与群众联系更加密切。对该优势而言，社会监督更像是消费者与国家和市场之间的媒介。通过各种形式的社会监督搜集消费者的意见和诉求，帮助政府和市场做出政策的调整和机制的修改，从而完善市场发展的制度框架。第二，从舆论威力来讲，社会监督的影响力更大。社会监督中的舆论监督利用互联网的便捷性将有关的商品形象和违法行为展现在大众的视野之中，帮助消费者及时了解商品的具体信息，做出正确的消费选择，并且舆论监督还能够提高消费者的维权意识，为消费者表达诉求、举报不良行为提供平台，缩短权益维护与消费者之间的距离，提高权益维护的可能性以及不良事件的处理效率。第三，社会监督有利于人民民主的实现。社会监督实质上是要求全体社会成员共同承担监督责任，共同维护社会秩序，是我国人民当家作主在社会监督领域的一种体现，这种监督形式有利于唤醒人民的"主人翁"意识，自觉加入实现社会共同利益的集体行动中去。第四，社会监督减轻政府与市场的监管压力，有利于在全社会范围内形成监管合力，大大降低了政府监管的机会成本，促使政府将更多时间和精力转移到其他有关国家宏观发展的领域内。不仅如此，市场也能够将更多的资源用于产品研发、创新销售方式等各个环节，提高整个市场的发展水平和质量。综合分析目前我国市场发展的整体性特征以及社会监督的种种优势，可以得出：社会参

---

① 《优化营商环境条例》，中央政府门户网站，http://www.gov.cn/zhengce/content/2019-10/23/content_5443963.htm，2019年10月23日。

第四章 资政建议：政府监管与行业自律互动合作的机制建设

与市场监管和社会治理是一个"不可逆"的趋势，社会监督是我国推进国家治理体系和治理能力现代化进程中不可缺少的重要组成部分。

那么若要实现社会监督，需要做出何种努力呢？我国作为商品生产、销售大国，经济社会的发展呈现出较大的复杂性。因此，建立社会监督机制还需要从多个方面进行考虑。例如，要建立有效的公民监督机制。建立"宣传、平台建设、信息反馈"相结合的公民监督工作机制，以提高公民维权意识和责任意识为前提，以建立有效的沟通平台为载体，以向公民提供反馈为保障，提高公民参与社会监督的规范性，筑牢国家监管体系的基础力量；要培养新闻媒体、相关网站以及各种自媒体平台的自我约束能力。这些行业内部，成员之间也存在激烈的业务竞争，这就导致了近几年许多"假新闻"的出现，这些"假新闻"严重误导大众的价值判断和价值取向，导致大众形成错误的社会认知。同时，各种自媒体平台如雨后春笋般发展起来，为谣言的产生和传播提供了机会，庞大的用户数量为谣言的发酵提供了温床，而平台自身的监管还不具备杜绝此类现象发生的功能，但对社会的发展来说，不实信息的发布却存在巨大的危害，因此要督促这些行业提高自律意识，营造良好的信息传播环境；要提高社会组织处理社会不良事件的能力。除本书提到的行业协会商会外，还要对行业内外一切具有合法性的社会组织进行教育和培训，提高它们参与社会监督的能力，并对其参与社会监督的合法性进行维护，给予它们更大的空间发挥社会监督的优势。需要注意的是，由于各种形式的监督都是由人参与的，避免不了的理性经济人思想导致无论采取哪种形式的监管都有可能产生监管者的道德风险问题。因此，社会监督的公正性归根结底要靠法律的刚性来保障。纵观前文所述，对于本书所要实现的行业自律机制而言，政府监管和社会监督构筑了市场自律的外部围墙，将行业成员牢牢笼在依法经营和管理的框架中，并利用此类外部力量催生行业内部的自律意识。

回归到目前的中国行业监管中来，行业自律所受到的社会压力主要来源于消费者个人、消费者团体和大众传媒。其中，消费者团体对行业自律的影响存在"短、平、快"的特点，这种影响一般会在短期内给企业或行业带来巨大压力，但其有效性消融得也会较快，持续时间往往不长，未必能促进行业从根本上进行转变。而消费者个人和大众传媒对行业自律的影响主要依靠社会舆论这一媒介，通过消费者的口口相传或者现代媒体的网络传播进行舆论造势，从而达到影响企业或行业自律的目的。这种影响由于速度快、力度大、面积广、时间长或者由于深入人心往往对企业或行业可持续地保持自律有至关重要的作用。

更具体地说，消费者个人和大众传媒对企业或行业自律的影响也存在差别，前者的影响更内敛和隐形，后者的影响更奔放和显著。当前，由于中国公民的公众参与和维权意识尚不发达，社会压力的作用在消费者群体中显现得并不明显，尤其是以消费者运动等形式出现的极端的社会压力很少，中国消费者一般只是通过"放弃选择"的隐性压力发挥作用。如多年前的三鹿奶粉事件直接影响了中国消费者群体对国产奶粉的放弃，如今的各类疫苗事件则直接影响了消费者群体对国产疫苗的观望、质疑、抵制甚至放弃。这种放弃选择的隐性压力经过一定的时间沉淀最终会作用于企业和行业的声誉，并影响其自律与否的价值选择。从积极的角度看，尽管时间漫长但其能够相对更加彻底地改变企业或行业对自身自律的认知。

另外，对大众传媒来说，根据前文的调研结果，在行业成员出现不自律行为时，行业协会商会很少选择将其行为向媒体曝光，从这个角度看，尽管大众传媒对企业或行业的影响较大，有时甚至是致命的，但在现阶段，来自大众传媒的社会压力对行业自律的影响是有限的。

必须看到一点，就是尽管社会监督是实现行业自律的重要条件，但并非必要条件。而且，有时候社会监督对促进行业自律的作用也有待具体考量。如学者赫利蒂尔对来自社会的压力就持保留态度，他在研究中首先假设"NGO反对使用特殊物质、生产过程或产品而发动的运动越激烈，为防止危害行业的名誉，该行业参与自律的可能性越高"。但是在通过对英国造纸部门的案例分析后发现，其在没有NGO运动威胁的情况下，出现了志愿协议。因而驳斥了这一假设，指出非政府组织的运动不是发生自律的必要条件，只是可能条件之一。他指出"NGO实现了作为志愿目标监督者的角色，而在敦促志愿协议有效的执行上并没有发挥作用。"[1] 可见，有时候行业协会商会只是守护行业自律的"稻草人"，对行业自律在实践中能否真正实现无法发挥决定性作用。当然，此种观点并不是在否定社会监督的作用和重要性，而是对行业自律与社会监督之间的关系进行说明。这种观点提醒我们，实现行业自律主要还在于行业内部行业成员对行业自律公约、行业道德的自愿履行以及对有关法律规定的遵守和执行上，社会监督起到的只是辅助作用。

第五节 未来的进一步合作：具体的政策建议

本节的逻辑理路：避免行业协会商会被企业俘获裂变为利益集团，不能单纯依靠行业协会商会的有限自觉，加强行业协会商会与政府的合作，尤其是脱钩之后与政府的合作，敦促其对会员进行规范和治理还必须从政府自身出发，以完善的综合监管体系保证脱钩不脱管。因此，本节主要关注脱钩后实践中存在的真正问题，并针对这些问题对未来加强行业协会商会与政府合作提出具体政策建议。

一 当前亟须关注的十大问题

改革开放以来，我国行业协会商会在服务企业、提升自身发展、优化内外部治理结构，创新社会治理、激发社会活力、促进社会发展、繁荣社会事业、扩大国际合作与影响力等方面都取得了巨大成效。但由于行业协会商会立法的缺失、传统内生性的成立方式及自上而下的管理体制等，使现阶段整体上我国行业协会商会在区域分布、数量规模、内涵发展、结构调整以及能力建设等方面还存在诸多问题

---

[1] Adrienne Heritier, Sandra Eckert, "New Modes of Governance in the Shadow of Hierarchy: Self – regulati – on by Industry in Europe", *Journal of Public Policy*, Vol. 28, No. 1, 2007: 113 – 138.

与不足，使其难以充分发挥功效。在此，结合《行业协会商会与行政机关脱钩总体方案》，对当前我国行业协会商会和脱钩后行业协会商会可能存在的问题进行探析，聚焦点集中在以下十个方面：

（一）行业、地域分布不均，良莠不齐

当前我国行业协会商会整体上还存在总量相对较少，发展不均衡的问题。其突出体现在行业、地域分布失衡，有的省份上万家，有的省份仅百家，差距甚大且发展程度不一，良莠不齐。实践中，部分行业协会由政府派生而来，具有浓厚的行政色彩，甚至成为"二政府"；有些行业协会演化为相关政府部门的"小金库"，进行双向利益输送；有些行业协会偏离职能定位，重收费、轻服务，企业苦不堪言；有些行业协会商会覆盖面相对较窄，其代表性和权威性不足，难以维护会员企业的利益；部分行业协会商会甚至形同虚设，无所作为，对企业吸引力不足等。这些都严重背离了行业协会商会的自主性、服务性和非营利性的本质。为此，亟须加强对行业协会商会的积极引导与监管。

（二）职责转型尚未完全，身份定位交叉混乱

我国的行业协会商会产生于计划经济向市场经济转轨的特殊时期，其管理方式、角色定位等打下了深刻的时代烙印。一方面，民政机关登记、挂靠机关主管的传统管理方式使行业协会商会或多或少与政府部门产生联系，一定程度上承接了政府的职能延伸；另一方面，在政府不能管，或者已经剥除政府管理的领域，行业协会商会又可以借着传统的政府联系或资源，利用其第三方的角色进行渗透。在市场在资源配置中起决定性作用的当前，具备这种时代烙印特点的行业协会商会在尚未完全角色转换之前，呈现出角色多重、职能多样、业务多元的特点，被形象地形容为"戴着行会的帽子，舞着政府的鞭子，坐着行业的轿子，拿着企业的票子，供着官员兼职的位子"。由此产生的多余审批项目、不合理收费、繁多的资格授予考试、企业或产品排名等实际上为企业生产经营增加了负担。

（三）历史合理性渐逝，"合法性"缺失问题凸显

我国行业协会商会的兴起与发展有一定的历史合理性，但随着市

场经济的持续深化，其组织合法性缺失问题愈发凸显。调查发现，在市场经济条件下，鉴于当前我国行业协会商会"内生模式强，外生模式弱"的现状，行业协会商会现存最大弊端则在于其在行业中"合法性"的缺失。也就是说，在法律层面上，当前我国行业协会商会发展存在着"历史合理性与现实合法性"之间的尖锐矛盾。这在很大程度上抑制了行业协会商会的进一步发展。有学者认为，当前我国行业协会商会在社会合法性（会员、消费者等主体的认同）、政治与行政合法性（政府认同）和法律合法性（国家认同，主要通过"立法"形式）等方面均存在严重不足，并认为应尝试从"法律授权、政府委托、社会让权"三重视角进行破解[1]，以重塑其新时期的组织合法性。

实际中，有关行业协会商会的立法，多散见于诸如《社会团体管理条例》《关于加快推进行业协会商会改革和发展的若干意见》《关于异地商会登记有关问题的意见》、民政部《关于〈社会团体登记管理条例〉有关问题的通知》以及《台湾同胞投资企业协会管理暂行办法》《外国商会管理暂行规定》等一些行政法规、规章和政策性规范文件。在地方层面，全国各省市也相继进行了契合地方实际的诸多立法探索实践，这在经济发达省份或地区尤为明显。如《广东省行业协会条例》《深圳经济特区行业协会条例》以及《广州市行业协会商会承接政府有关职能的监督管理试行办法》等[2]。但是，整体来看，这些相关文件大多是条例、暂行办法或规定以及通知意见等，法律位阶相对较低，社会影响力有所局限，现实中的执行力度也受到很大限制，而针对协会商会未来发展与长远规划的顶层制度设计而言，仍缺乏一部针对性强的、专业化的、全国性的、高位阶的法律法规——《行业协会商会法》，以致现阶段行业协会商会在概念界定、性质判定、功能定位、作用发挥、监督管理等方面长期缺乏上位法的依据，从而在实际工作开展中受到诸多限制。

---

[1] 郭薇：《以培育行业协会商会公信力为抓手应对"脱钩"挑战》，《中国社会报》2016年9月26日。

[2] 岳文静：《关于行业协会改革发展的问题与对策》，《机构与行政》2015年第9期。

（四）组织机构不健全，组织能力建设乏力

行业协会商会作为一种现代社会组织，机构健全与否和组织能力强弱是其健康有序发展的关键所在。一方面，当前我国行业协会商会存在组织机构不健全、管理混乱之窘况；另一方面，也还存在组织概念不清，组织能力建设乏力等问题。针对前者，现阶段我国绝大多数行业协会商会尚未建立起较为完善的现代治理制度①，尤其是不少协会商会因职能定位不准确而存在重复设置、职能交叉、管理混乱等现象。针对后者，现阶段部分行业协会商会还尚未从"二政府"或"红顶中介"的角色转变过来，对其作为现代社会组织的概念认识不清，组织能力建设无从抓起。特别是在自身定位、人才队伍建设等方面乏力。如在协会商会人才建设方面，很多行业协会商会在职人员尚未纳入所在省市人才政策框架体系以及包括行业协会商会在内的社会组织劳动人事制度缺失、行业协会商会对年轻的高学历人才缺乏足够吸引力、专业人才缺乏，年轻人特别是高学历者所占比例不高等问题突出。

（五）独立性与自主性问题

理论上，行业协会商会是独立法人主体，依法独立自主地开展活动。政府有关部门和任何个人不得在任何时间、地点以任何方式、方法干涉其工作。但是，现实中作为社会组织微观主体的行业协会一方面处于自由市场选择之中，另一方面却尚未完全获得市场微观主体应有的资格与能力，自身独立性与运行自主权皆有所受限。由此可知，现阶段传统双重管理体制很大程度上严重制约了行业协会商会的自我独立发展，甚至部分行业协会商会沦落为"二政府"或甘愿充当"红顶中介"，其独立性与自主性严重缺失。尽管《行业协会商会与行政机关脱钩总体方案》已付诸实施，但目前尚处于试点阶段，还未广泛推广，其独立性与自主性之成效也有待观察。

（六）行业协会商会的"准入"存在垄断问题

根据行业协会商会章程精神，企业加入行业协会商会应当完全自

---

① 如健全会员大会（会员代表大会）、理事会（常务理事会）、内部监事会（监事）以及党组织参与重大问题决策等制度。

愿，既不得"强制入会"，也不得把企业是否入会作为经营许可审批的前置条件，为企业设定所谓的"潜规则"或"第二规则"。实践中，恰恰相反，各种强制企业入会、设置前置审批条件等现象屡禁不止，防不胜防。实践中，尽管业务主管部门和登记部门的双重管理体制已不合时宜且正在探索改进之中，但一时之内全部改变现状在很大程度上也非现实。特别是《行业协会商会与行政机关脱钩总体方案》出台后，这一状况虽有所改进，但目前仍处在全国性行业协会商会的试点阶段，各地政策执行情况还有待检验。

（七）税收制度设置不合理、会费问题弊病丛生

税收制度一直是困扰行业协会商会发展的一大问题。一方面，缴纳所得税政策使行业协会商会负担沉重，发展积极性与后劲不足；另一方面，境外行业协会商会等组织在我国境内设立办事处、分会和专业化委员会等机构的管理存在弱化甚至"盲点"问题。现实中的一大难题是，对于这类组织没有登记管理办法而直接造成对于合法登记的行业协会商会等组织越管越严，甚至管死；而对于不合法登记或尚未登记的所谓行业协会、学会或商会等存在"监管真空"，甚至根本就不管，从而对其税收更是无从谈起。这无疑是我国现代社会组织管理的一大尴尬。

与税收制度密切相关的是行业协会商会的会费问题。结合社会各方面的公开报道与舆论热点焦点议题，通过课题组多地走访调研了解到，现阶段我国行业协会商会的会费问题仍然十分突出，为绝大多数会员企业或单位所诟病。大致来看，其主要涉及收缴、使用与管理三方面严重问题。在会费收缴方面，广泛存在会费收缴法律依据不足、收缴方式方法不规范，如现实中普遍存在以代收费名义将其他收费连同会费一起收取、强行收取、"利诱威逼式"收取等不法或不良现象。在会费使用方式方面，因协会商会的社团属性（现称"社会组织属性"）等原因广泛存在着会费使用不透明、不公开，使用随意性大、使用方向不合理等突出问题。在会费管理方面，长期存在会费收入未缴财政专户、

隐瞒会费真实收入、截留、转移部分会费等违法违规现象。① 这些皆表明当前我国行业协会商会的会费收缴、使用、管理等缺乏规范，相对不严格甚至存在制度上的漏洞等严重问题。

（八）服务工作不到位，市场适应能力较差

"服务（会员单位）"是行业协会商会宗旨与使命，也是构筑组织公信力的灵魂。理论上，成立行业协会商会是本着为会员单位或企业、人民群众等排忧解难②，集中解决行业发展中存在的共性问题、难题等。而实践中有的协会存在"只收费""少服务"甚至"不服务"的现象，一味追逐利益最大化；甚至个别协会商会工作人员肆意违反职业准则，以权谋私，严重损害其形象，不利于协会商会服务工作的广泛开展。

马克思主义经典原理告诉我们，内因是关键，外因是条件，外因通过内因起作用。当前我国行业协会商会发展的一大问题是自身综合素质不高，从而导致市场适应能力较差。鉴于脱钩之前，绝大多数行业主管部门很少将培育发展行业协会商会纳入机构改革与政府职能转型之整体规划，并没有将本该移交给它们的政府职能落实到位，导致其根本发挥不了多大作用，部分协会商会处于"半死不活"状态。这样，脱钩之后，很多行业协会商会一时难以适应，对其发展规划与目标定位不清晰，尚未形成健全的自我发展能力，故难以承担起发展重任，更难以适应严峻的市场竞争。

（九）汲取资源能力有限，社会影响力不足

众多周知，行业协会商会持续发展有赖于政府、会员企业或单位的集聚及其人财物力方面的支持，但是，一个客观事实是，现阶段我国行业协会商会的资源汲取能力相对较弱。如在财力资源方面，政府主导型的行业协会商会主要是通过政府部门行政介入而直接或间接获取各类资金与资源；企业主导型的行业协会商会主要是依赖大集团或大公司注入

---

① 操世全：《行业协会监督管理亟待加强》，《中国审计报》2006年9月8日。
② 关于加强行业协会管理和监督的调研报告参见原创力文档，https：//max.book118.com/html/2017/0102/79373464.shtm.2017-01-02。

资金及其对会员企业的"虹吸效应";民间发起的行业协会商会则在前期筹备资金上困难重重。在人力资源方面,现有行业协会商会广泛存在办公人员多是兼职而非专职人员,对行业协会商会专业业务及其运作机制等存在认知不足的问题。

同时,与资源汲取能力有限紧密相关的则是社会影响力问题。行业协会商会作为众多企业与居民身边的社会组织,中小企业与公众的支持和参与是关键。从国内行业协会商会的发展来看,绝大多数都是政府主导型的,其最大问题则是社会的参与度受限,这样容易被相关"利益集团"俘获,甚至沦为其"代言人",从而对整个行业形成了"排斥效应"。

(十) 央地政策的协同问题以及脱钩后的新问题、新情况层出不穷

行业协会商会作为同类企业或单位的聚合体,是会员利益的代表性经济组织。然而,鉴于中央政策与地方性行业协会的旨向差异,其在局部利益与整体利益方面有时难免出现分歧。现实中,存在一些行业协会商会的中央政策与地方政策不衔接、不配套、不协调等而实践中又难以协同的问题,有待进一步加强顶层设计与宏观指导。在此,以地方行业协会商会脱钩为例,《行业协会商会与行政机关脱钩总体方案》明确要求行业协会商会与行政机关尽快脱钩,但一个现实问题是,脱钩后,至少短期内行业协会商会之前所面临的诸如经费不足、人才缺乏、内部人控制、管理不规范、服务能力不强等问题将愈发凸显。同时,脱钩后的一些新情况、新问题也层出不穷。其中,一大问题是部分行业协会有意将其工作职能和主管单位"模糊"处理,以此混淆视听,"糊弄"脱钩改制政策。

二 未来应致力于的发展方向

行业协会商会自身的完善程度直接影响其与政府合作的效能。同时,"强政府、弱社会"的现状决定了"以监管促合作"仍将在相当长一段时间内作为二者互动合作的主导原则,而多元治理的时代背景又将"以契约促合作(最典型的是政府购买服务)"推上历史舞台。因此,未来二者互动合作的走向既要抓行业协会商会的自身建设,又要抓政府的监管、服务的购买,"两手抓""两手都要硬"。

从现实情况来看,就监管而言,随着传统双重管理体制的日趋瓦解,行业协会商会"去行政化"工作取得阶段性突破,但"破"并非"立",其并未破解既有监管体制的弊端,脱钩后行业协会商会的综合监管办法也并未全面超越或优越于传统监管措施。为此,建议相关部门未来仍将目光聚焦于监管模式创新,以监管的持续改进促进行业协会商会对政府的理性配合。按照《中共中央关于全面深化改革若干重大问题的决定》《国务院机构改革和职能转变方案》《行业协会商会与行政机关脱钩总体方案》等精神,也要加快政府职能转变,增强还权社会的力度与速度,加大购买服务的幅度,从而促进行业协会商会规范发展,增强其与政府合作的意愿与能力。总之,在新形势、新背景下,结合未来中国行业协会商会发展旨向,实践中继续推进行业协会商会与政府的互动合作应在以下方面做出努力:

(一)加强脱钩后协会商会党建工作的有序推进

在《行业协会商会与行政机关脱钩总体方案》及其配套文件《关于加强社会组织党的建设工作的意见(试行)》《关于改革社会组织管理制度促进社会组织健康有序发展的意见》中,都对社会组织的监管、党建有明确要求和规定。加强行业协会商会党建工作,是加强党对行业协会商会的政治领导和有效监督,保证其健康发展的重要举措,是我国特有的政治优势。为此,要加强党建工作,首先需明确"为什么抓"[1]和"抓什么"的问题。关于前者,鉴于责任与使命要求,要将党的领导与建设放在首要位置;针对后者,要充分发挥党组织在政治引领、团结凝聚群众、推动事业发展、建设先进社会组织中的重要作用。实践中,一方面要用创造性的方式、方法持续推进党组织的有效覆盖及其相关配套党建工作稳步落实[2],做好软弱涣散党组织台账,并加快推进流

---

[1] 《行业协会商会要加强党建工作——工委召开脱钩试点单位动员部署会议》,《紫光阁》2016年第1期。

[2] 此过程中应注意"三个结合"原则:突出政治功能和强化服务功能相结合、坚持党的领导与行业协会商会依法自治相结合、党建工作统一性与行业协会商会情况多样化相结合。参见"国家发展改革委、民政部组织召开全国性行业协会商会综合监管暨信息共享工作会议"网易网财经频道,http://money.163.com/16/1229/22/C9G4MK6J002580S6.html,2016年12月29日。

动党支部、联合党支部的建设。另一方面要实施分类管理，对已脱钩的行业协会商会，严格按照归口党建工作机构要求，做好党建关系调整后的各项衔接工作；对尚未脱钩的，应尽快与归口党建工作机构建立直接联系。

（二）重塑理念，明确目标，合理定位

理念是行动的先导。行业协会商会作为一种社会组织，其并非行政机构，更非"红顶中介"，应是政府和企业之间的桥梁和纽带。为此，首先要明确为企业服务的宗旨与目标。如基础目标涉及制定行业规划与标准；提供全面、准确、及时的信息服务；协调政府、企业间各种关系等。外贸目标主要涉及帮助会员企业开拓国际市场；积极参与制定有利于本行业发展的贸易政策；推动建立反倾销预警机制；帮助会员企业应对外贸诉讼；加强国际协调，争取行业利益等；其次，要合理定位。一方面，协会商会应坚持市场导向、民主办会，提升服务绩效，厘清行业协会与政府、市场间的关系；另一方面，要与时俱进，走出国门，把握国际动态，更好地服务会员；最后，在进行合理定位的过程中，厘清行业协会商会与政府部门的关系至关重要。解决这个问题的关键在于，找到一个划分二者权限的科学标准。鉴于政府在管理体制改革中的主导优势，应加大对协会商会"放权赋能"力度，探索"法不禁止即权利"的协会创新行为和"法不授权即禁止"政府规制，真正做到二者各司其职，机构各自独立，人员彼此分离。

（三）规范协会商会法人治理结构，提升治理能力

规范协会商会法人治理结构，全面提升其治理能力。一则贯彻落实会员大会制度和理事会、常务理事会会议制度，保证其内部实现权利与义务的平衡；二则积极探索推行公推直选、自主办会、自我管理的组织构架，建立健全包括协会负责人民主选举制度、财务管理制度、监督评估制度、协商议事制度等在内的各项配套制度；三则尝试推行行业协会商会监事会制度；四则建立协会商会对业内大事的反应机制和财务等工作资料的公开发布机制，使行业协会商会逐步做到会务透明和公开；五则规范其退出和再生机制。

应持续提升行业协会自身建设，完善行业协会内外部管理体制与运

行机制，提升组织能力建设、提高办事效率等，促进和引导行业协会商会自主运行、有序竞争、优化发展。在此，值得注意的是，应不断完善引人用人机制，使协会商会成为人才高地。创新人才开发机制，促进优秀人才的大量集聚和脱颖而出，建立来源多样化的高素质职业化人才储备库；以《行业协会专职工作者专业技术水平认证》立项为契机，制定相关评价制度，加强任职和后续教育培训，逐步经考核后持证上岗；建立符合行业协会特点的绩效评估体系，制定与之相配套的社会保障和薪酬、待遇、晋升等制度。

（四）加快法治建设，有效维护行业利益为其发展营造良好环境

行业协会商会法治建设分为三个层面：一是国家层面的法律建设；二是行政层面的法治建设；三是协会层面的规范建设。首先，完备的法律制度体系是行业协会商会健康有序发展的重要保障。现实中，监管"坚持依法监管，加快行业协会立法步伐"[1]虽被多次提及，但因诸种原因，至今我国都尚未出台一部针对行业协会商会发展的全国性、专业性的法律，故"依法监管"难以得到实质性的贯彻落实。为此，在《行业协会商会与行政机关脱钩总体方案》新要求的新形势、新背景下，有必要借鉴国外行业协会商会的相关法律法规，加快出台适合中国国情的《行业协会商会法》。

其次，从行政层面的法治建设讲，应进一步完善监管方式，优化年度检查，深化执法监察，并全面推进行业协会商会的评估工作和行业自律工作。在年度检查上，除了传统的报表检查和实地检查外，还应进一步建立完善行业协会商会网上办事大厅，推动行业协会商会网上年检；在执法监察上，应完善执法制度、方式和流程，建立行政执法流程示范文本，全面推行约谈制度、行政告诫制度和重大事项报告制度，对长期不开展活动、不参加年检的行业协会商会实施撤销登记，通过深化执法监察保障行业协会商会健康有序发展；在推进行业协会商会的评估和自

---

[1] 参见国务院办公厅《关于加快推进行业协会商会改革和发展的若干意见》，中华人民共和国中央政府网站，http://www.gov.cn/gongbao/content/2007/content_663678.htm，2007年5月13日。

律工作上，应首先统一标准，建立行业协会商会评估制度体系，同时因地制宜，分类评估，并可以考虑适当探索、引入专业的第三方评估，以评估促建设，以评估促发展。另外，还应积极倡导行业协会商会开展自律与诚信创建活动，敦促其建立完善行规行约，多角度规范行业发展。

最后，从协会层面的规范建设讲，应进一步建立健全各项制度建设，规范行业协会商会的内部管理，为行业协会商会健康有序发展打下良好基础。其中，在制度建设方面，结合行业协会商会制度不健全、缺少统一的内部管理制度标准的现状，可考虑制定"行业协会商会法人治理指南"系列制度的示范文本，如各类《行业协会商会组织章程》《行业协会商会会员（代表）大会制度》《行业协会商会理事会制度》《行业协会商会选举工作规程》《行业协会商会财务管理制度》《行业协会商会印章管理制度》《行业协会商会档案管理制度》《行业协会商会收发文制度》的示范文本等在全国发放，对行业协会商会制度建设进行指导。

（五）加快建立行业公共信息平台，健全行业协会商会诚信体系

公开透明是保证社会组织非营利性和独立性的关键所在。现代社会是信息社会，特别是近年来随着中国"互联网＋"的盛行，应尽快建立行业协会商会公共信息平台，加大信息整合力度与特色信息挖掘，提升服务水准。实践中，要通过这一基础性信息平台更好地提供行业指导、咨询及信息服务等，更高效地为企业、行业及社会提供智力支撑，以不断规范市场主体行为，引导行业健康有序发展，促进产业提质增效升级。例如，深圳已搭建了行业协会商会信息平台，建立起行业协会商会活动异常名录制度的信用监管模式，以充分运用现代互联网技术逐步提升行业协会商会的公信力和影响力。

要加快建立健全行业协会商会诚信体系。目前众多行业协会商会都已意识到行业自律及其诚信体系建设的重要性，但是，现阶段绝大多数行业协会因自身能力及发展路径模糊等多方面原因而无法承担起行业诚信体系建设的重任。在此背景下，则亟须相关政府部门的协助与支持，引导并鼓励其探索建立自下而上的行业诚信认证体系。或许，当前一条较为可行的路径是，依托各省市现有联合征信体系，进一步整合各行业

主管部门以及工商、税务等相关部门资源，构建行业协会行业商会诚信档案信息库，为行业协会商会的长远发展奠定根基。同时，要加强不同行业间、媒体、舆论等对这一诚信体系的监督，以促进其能够尽快实现脱钩后的公信力建设。

（六）持续加强对行业协会商会的监管

要持续加强对行业协会商会的监管，特别是加强对包括年检、财务审计、第三方评估、信用等级评价、信息公开和社会监督、移动式抽检、检查等，逐步构建一种能够适应新形势和竞争性环境的行业协会商会监管新体制。但是，也应逐步克服监管单位之间标准不统一、信息沟通不畅、监管的量化指标不明确、监管力量配置不合理等不足的问题。

其中，针对行业协会商会会费收缴不规范与乱收费问题，一方面，应不断加强行业协会商会自律，完善自身治理结构。另一方面，政府应对其收费行为进行积极引导与严格规范。例如，经过充分调查研究后，可面向社会或行业发布收费指导性意见，增强协会收费的透明度和约束力，以助于更好管住伸向企业乱要钱的手。与此同时，定期向会员及社会公开协会商会财务收支情况，且相关审计部门应及时对其进行审计并进行公示，使协会商会的财务收支状况在"阳光"下运行。此外，还要坚决杜绝行业主管部门或政府其他部门挪用、侵占行业协会会费的行为，对违规行为，应当严肃查处，依法追究责任人的行政责任和法律责任。

（七）加强对政府部分职能的承接和公共服务的购买范围与力度

行业协会商会是现代社会组织的重要形式，也是政府购买服务承接主体的重要组成部分。一定程度上，行业协会商会的发展是市场经济走向成熟的标志，也是政府简政放权、治道模式变革与社会关系深调的必然产物。为此，一方面要加大政府职能转变，另一方面要引导行业协会通过多种形式承接政府转移的部分职能。在这一双重变革进程中，既要持续提升行业协会商会的专业化水平与服务能力，推动其服务重心从政府转向社会、企业、行业、市场等方面，又要严格规范和完善政府职能委托和"购买服务"的监督、评估机制等，以形成常规化、程序化的制度安排。

总之,行业协会商会作为成熟市场经济国家中社会治理的重要主体,是一个国家市场经济充分发达的重要标志。其与政府脱钩,是建立"政社分开、权责明确、依法自治"的现代社会组织体系的重要举措。为此,若要充分发挥行业协会商会在促进产业发展、规范行业发展、服务企业需求、承担社会责任等方面的作用与功效,则亟须做好行业协会商会脱钩工作,为其依法自治与独立运作提供制度空间,以持续推进其自身治理能力与治理体系的现代化。

第五章 结论与贡献

第一节 结论

长期以来我国一直以"政府监管"作为国家治理格局的主导框架，而从国际经验来看，"全球结社革命"背景下多元治理已成为现代国家治理的通识规则，我国"强政府—弱社会"的治理现状显然不符合时代发展潮流。为此，党的十八届三中全会确立推进国家治理现代化的改革总目标，这一目标在党的十九大再次重申，并在十九届四中、五中全会得以基本定型、进一步完善和发展。行业协会商会作为重要的社会公共组织，是国家治理谱系中的一级。行业协会商会等社会组织能否参与国家治理是衡量国家治理现代化实现与否的重要指征。

改革开放 40 多年来，作为现代经济体系中的重要组成部分，行业协会商会无法与政府形成稳定规范的、常态化的合作机制可被视为现代市场经济体制缺项。相反，积极发挥行业协会商会等社会组织的作用，提升行业自律的水平和能力，促进其与政府合作治理则有助于增强市场监管的有效性，完善社会主义市场经济秩序；让政府和社会各行其是、各负其责，将"恺撒的归恺撒，上帝的归上帝"也有助于理顺政府与社会的关系，助力政府职能转变并促进社会自治能力的提升；另外，从阶段性的务实意义来看，当前正值行业协会商会与行政机关脱钩改革的关键时期，作为现阶段为数不多的与脱钩改革有关的一项实证研究，本成果中的调研和研究结论有助于及时发现改革中存在的问题，为进一步深化改革提供政策建议。从理论上看，其学术价值在于充实多元治理理论的内容，为公共领域治理新格局的形成提供理论支撑。

一 实证发现

在词频统计的部分，经过对高频词汇的具体分析，最大的发现在于：脱钩改革之前，行业协会商会"内部人"的角色定位和职能认知与学界的常规认识不同。这些"内部人"对自身的角色定位是"桥梁纽带"偏"政府帮手"，职能定位是"自律式监管而非服务"，而过去的传统文献一般都在分析行业协会商会的"应然状态"，讨论应该是什么，不应该是什么，普遍认为行业协会商会应该是"桥梁纽带"，应该为企业服务，不应该是"政府帮手"等。而从实际的情况看，词频分析的结果与学界的理论分析存在很大差异，提示脱钩改革之前行业协会商会更多将自身置于"行业管理者"的地位，相对忽略了其对行业的核心职能——服务，这与脱钩改革之后形成了巨大的对比。鉴于目前脱钩改革已经全面铺开，过多讨论改革之前行业协会商会的状态已经意义不大，此处仅作为与后文的对比和呼应简单提及。根据脱钩改革之后进行的问卷调查，发现以下问题：

1. 脱钩不脱管并未实现，部分地区甚至存在改革倒退现象

"脱钩不脱管"是此次脱钩改革的目标之一。但是在目前的脱钩改革进程中，若想实现此目标，还存在许多亟须解决的现象和问题。通过对本研究的梳理，可以将这些问题和现象归结为三类：

第一，对于脱钩改革政策的理解和执行不同。这种不同主要表现在三个方面：首先，不同地区对脱钩改革的接受程度不同，存在一部分地区漠视脱钩改革政策、不愿接受和参与到改革行动中去，从而拖慢整体改革进程；其次，对脱钩改革后行业协会商会的管制不同。一部分人担心脱钩后行业协会商会仍然无法摆脱政府"一头独大"的阴影，另一部分人则担心若行业协会商会完全独立，对其有效管制的缺失是否会造成不利影响；最后，对脱钩改革方案执行的不同。脱钩改革相对来说是我国社会改革中的新生事物，各地区对改革的深意理解参差不齐，因而导致不同地区脱钩工作不同程度地出现行业协会商会的"政府依附"式和"完全自主"式的两种较为极端的改革执行模式，并因而产生附带问题。因此，若要真正实现"脱钩不脱管"，还需在相关地区做好政

府与行业协会商会之间的协调工作，明确政府与行业协会商会之间的职能界限，进一步为实现脱钩改革打好"提前量"。

第二，对于脱钩改革所涉及的职能衔接的落实不同。脱钩改革之前，行业协会商会主要受到业务主管部门的指导和监督。脱钩要求包括行业协会商会在内的社会组织提高自我管理的能力和范围，但由于我国相当数量的行业协会商会在自我生存、自我发展、自我管理等方面缺乏自主能力。因此，要求原业务主管部门与行业协会商会之间保留一定的职能衔接。但在实际的脱钩改革中，我们看到部分地区存在一定数量的业务主管部门完全"卸任"的情况，任由行业协会商会自主处理一切事务。这种消极对待改革的态度不仅会导致行业协会商会变成"无头苍蝇"，还会割裂部分治理主体之间的联系，阻碍脱钩改革顺利进行，甚至不利于社会组织在社会中的长远发展，以及共建共治共享的现代"政府—社会"关系远景规划目标的实现。

第三，对于脱钩改革前后的心理建设不同。改革需要经历一定的心理建设，以便于改革工作的顺利推进。对于本次脱钩改革，即便政府与行业协会商会彼此之间明白改革成功的前提是厘清二者的关系，但在实际的改革过程中，行业协会商会并没有完全剔除对业务主管部门的依赖心理，习惯性倚仗其帮助，而政府作为改革的提倡者，具有比行业协会商会更加准确的改革认知，但是基于行业协会商会完全空白的改革经验，对于行业协会商会寻求的支持又无法做到完全的"置之不理"，导致政府出现了"管也不是、不管也不是"的矛盾心理。因此，改革呈现出一定程度的模糊性，需要科学进行心理建设，尽快缓解此类现象，才能实现政府与行业协会商会各司其职地完成改革目标。

2. 行业协会商会正在成为党建工作的"飞地"，党建真空现象亟须关注

一般来讲，脱钩改革后，行业协会商会将拥有更大的社会管理职权，但随之而来的则是对其进行监管的难题。这不仅因为我国现存的行业协会商会数量庞大、分布广泛，并且新生速度快、种类多，或者因为部分行业协会商会职能不健全尚无法完全自主承接政府下放的职权和功能，还因为行业协会商会本身具有的经济性以及其异化为利益集团的可

能性等因素，导致如何正确处理"权力下放"与"行为管制"之间的关系成为脱钩后规范行业协会商会行为的一项根本课题。解决这项根本课题的抓手在于抓好脱钩改革的各项工作，尤其是对这一改革起到全面领导和集中统一领导的党建工作。

从上述角度来看，根据本书调查发现，脱钩改革将更多的精力用于如何实现改革目标，而忽略了党对改革工作领导的重要性。脱钩后的党建工作虽然一直在进行，但是与脱钩改革的总体进程相比出现了严重的滞后现象和相当程度的边缘化现象。这种现象如若不尽快解决，不仅是脱钩改革领域党对一切工作领导的机制缺失，还会助长行业协会商会滥用职权、反政府等不良行为。因此，建议进一步督促行业协会商会在实践中将党建工作落实到位，存在党建空白的行业协会商会尽快组建党支部，定期开展党建活动并上报支部发展情况。

3. 自律建设不完善，多数行业自律公约是"稻草人"和"纸老虎"

目前，我国各行业协会商会对于行业成员行为的约束仅仅是依靠对行业自律公约的推行上。但是，行业自律公约不具备法律效力，仅作为一种公序良俗发挥作用，并不足以起到对行业成员的强制性威慑。根据调查发现，相当一部分行业甚至没有制定正式的行业自律公约。在这些行业内部，自律行为的产生依靠的是行业协会商会的劝导以及行业成员对社会道德的自觉遵守，自律能力和效果堪忧。

进一步讲，虽然脱钩改革工作并没有取得完全的胜利，行业自律尚未形成成熟的机制。但不得不承认，行业自律已然成为一种社会共识，是完善社会治理体系的重要手段。行业自律公约是自律意识的文本体现，但是载体、惩戒机制的缺失导致其效用的发挥具有较大的脆弱性。所以，需要建立软硬结合的公约运行环境，以规章促进公约条例落实、以惩戒保障公约条例履行。只有彻底扭转行业自律公约的"稻草人"和"纸老虎"形象，增强其权威性，才能达到对行业成员的规范作用，提高全行业的自律意识。

4. 脱钩后行业协会商会的角色认知及职能诉求发生颠覆性位移

脱钩改革之后，行业协会商会的履职形式从过去的"政府指挥"转变成现在的"自主发挥"，这种转变也促使行业协会商会逐渐改变自己的角色认知。脱钩前，作为政府治理工具的行业协会商会，工作更多被定位于"管理"而不是"服务"；脱钩后，行业协会商会的职能履行更多从"遵从"变为"承接"，工作抓手在"服务"而不在"管理"，前后刚好调个个儿。这不仅是行业协会商会对自身职能认知上的一种提升，同时也是对公共服务社会化发展趋势的一种顺势作为。

另外，需要认识到的是，这种履职侧重点的转变并不是靠"喊口号"便能实现的，正如调查所显示——行业协会商会对政府政策性支持的需求愈加强烈，并希望通过此次改革提高其参与社会治理的能力。同时，由于脱钩改革进行的时间并不长，大部分行业协会商会尚不具备独立承担组织运行的实力和能力。理论上，我们将行业协会商会目前的履职内容定位在职能确立、规章制定、公约完善等方面。但实际上，有半数行业协会商会的诉求表现在政府的资金支持上，看似很重要的法律建设也仅仅排在其需求的第四位，而对权力的需求基本位于最后一位。这种需求排列反映出目前的行业协会商会最大的难题在于解决如何"生存"的问题，而不是如何"发展"的问题。令人失望的是，对上述几种需求的满足，许多行业协会商会仍然寄期望于政府，在这种寻求帮扶的态度依然是过去对政府依赖心理的延续。政府的权力下放意味着行业协会商会可以有更大的空间自由采取相应措施进行资源的协调和配置，在这种背景和改革期待之下，部分行业协会商会依然存在的"等靠要"思想不仅是对脱钩改革目标的一种背离，还在一定程度上损耗了政府权力下放的意义和作用，亟待改善。

二 理论观点：以"圈内、圈外"机制共建促进互动合作内外循环

政府监管源发于行业自律的"有限自觉"，行业自律发端于政府监管之"强弩之末"，两者互为补充，共同成为市场秩序的"守护人"。现代市场经济的发展尤其需要外部监管与内部自律协调合作，运用两种思维、使用两种手段对市场进行共同治理。经过脱钩前后实证研究的对比发现：脱钩改革之后，行业协会商会由行政依附转为社会依附，由政府依赖转为会员依赖，不再倚仗政府行政资源的行业协会商会与市场主体同盟的天性被释放和进一步激发，行业自律与政府监管互动合作的问题由此更加复杂、更难破解。抛开这一点，对多数

行业协会商会来说，脱钩前后其面临的基本问题并没有太大变化，只是原来的显性问题被进一步深化（如人与钱的问题），原来的隐性问题得到显现而已（如协会商会的反竞争行为问题）。从这个角度来看，目前的改革成效只是做到了"分开"（不讨论是否分得彻底），离促进行业协会商会自治、自律发展，建立新型政会关系的改革目标还有距离。总之，脱钩改革带来的这些新情况、新问题亟须尽快解决，鉴于机制建设是解决一切问题的基础建设，因此，加紧进行政府监管与行业自律互动合作的机制建设是明智之选。具体包括政府的监管机制、行业的自律机制、二者的互动互联以及社会的多点控制。

首先，行业自律的实施载体——行业协会商会本身具有三个"先天不足"（协调能力的天然变异、天然的反竞争基因、天然的姻亲关系），因此，政府必须从外部对其实施监管威慑，以防止行业协会商会"有奶便是娘"，与会员共谋扰乱市场秩序，破坏二者的合作关系。从这个角度讲，机制建设的首选是政府的监管机制，这是政府在互动合作中的主动行为；其次是行业协会商会以行业自律的形式对政府实现的反哺，即尽管行业协会商会进行行业治理的初始本意不是为了与政府合作，但其加强行业治理，促进行业自律的行为在客观上配合了政府的规制目标，因此这也是合作的一种，可以看成行业协会商会的被动合作；再次，在多元治理的时代背景下，行业协会商会与政府互动合作的实现还需要依靠社会监督机制的多点控制。以上三大机制构成政府监管与行业自律互动合作的"外圈"。最后，在政府监管或行业自律单独的建制基础上，还需要建立促进二者合作的具体互动机制，包括载体激励机制、权力配置机制、边界划分机制、职能承接机制、失灵控制机制等，这些"圈内"机制构成政府监管与行业自律互动合作的"内圈"。通过圈内、圈外的配合，形成促进政府监管与行业自律互动合作"内循环—外循环"的双向流动系统。

第二节 贡献与不足

本研究立足于国家治理现代化背景下的行业协会商会脱钩改革，通过对比脱钩前和脱钩后行业协会商会的发展挑战以及政府监管与行业协会商会之间的职能分配关系变化，为构建政府监管与行业自律互动合作的有效机制提出政策建议。

一 研究贡献

本研究在理论层面和实践层面对我国实现脱钩改革任务、促进政府监管与行业自律合作以及优化社会治理模式提供了一些可鉴之处：

（一）理论贡献

本研究在理论层面的贡献主要有三点：第一，研究采取定量研究与质性研究相结合的方法，对18.8万字的访谈稿进行了词频统计。同时，对全国除西藏、青海、甘肃、宁夏、海南、台湾、香港之外的全部其他27个省份进行了问卷调查，并以此为基础对全书观点进行了数据统计分析和支撑，提高了研究结果的科学性和可靠性。以定量和质性分析为基础，以行业协会商会脱钩改革为依托，对政府监管和行业自律互动合作进行的研究目前在全国几乎是没有的，这成为本书最大亮点和贡献；第二，本研究构建了一个有关政府监管与行业自律互动合作机制建设的、较为完整的宏观分析框架——"政府的主动互动、行业协会商会的被动反哺、二者的互通互联以及社会的多点控制"，尤其是"二者互联互通的机制建设"部分从耦合机制、调节机制、控制机制的角度对脱钩改革之后行业协会商会与政府合作进行市场监管所面临的现实困难与障碍进行了深入分析，具有一定的理论创新性；第三，更具体地说，本研究聚焦于行业自律这一核心研究问题，从制度环境、结构障碍、运行机制、外部威慑等几个角度系统分析了行业自律建设的起点、重点、痛点和终点，为未来的相关研究提供了几点理论观点上的借鉴，视为一项可能的理论创新。

（二）实践贡献

本研究在实践层面的贡献主要包括以下五点：第一，优化国家"放管服"改革的实现路径。探索政府监管与行业自律之间的合作机制的核心内容之一是要厘清政府与行业协会商会之间权力下放的内容和范围。因此，是对我国"放管服"改革的进一步深化；第二，完善市场监管体系建设。行业自律是我国市场监管的一种手段，脱钩改革使得行业自律从"政府助手"角色上升到自主承担管理任务的角色，是我国市场监管体系的一种变革，不仅强化了市场监管的活力，也促进监管手段更加贴近行业实际发展情况；第三，提升社会组织的地位。近年来，社会组织在国家发展过程中承担着越来越重要的角色。本研究对行业协会商会承接政府职能的优势进行了详细的分析，由此强调了以它为代表的社会组织承担社会治理的可行性和必要性，为其参与国家事务提供了支持；第四，提供行业协会商会"脱钩后"的行动依据。脱钩后行业协会商会对自身的认知仍存在一定程度的模糊性，本研究明确了其目前存在的问题及困境，并在自律组织建设、组织规章制定、法律法规建设、专业人员聘用等方面为行业协会商会今后的发展提供了路径指导；第五，有助于优化整体社会治理格局。由行业协会商会深入承担行业的自律监管职责，对政府而言，是简政放权在实践中的实现，有助于其将更多精力用于其他方面的社会治理；对市场而言，行业自律的实现降低了行业发展的各项风险，市场可以将更多资源用于研发、生产、销售等环节，不仅降低了市场监管的成本，还形成了更好的、促进市场健康发展的资源条件，有助于推进社会整体的治理格局朝着国家治理体系和治理能力现代化的方向发展。

二　研究不足

本研究对政府监管和行业自律合作机制的实现提供了较为完整的政策建议，最终的研究成果为行业协会商会的自律建设指明了方向，但是仍然存在可以进行更加深入研究的空间。首先，本研究曾提到目前的行业协会商会对自身的认知不足问题，尤其表现在许多组织仍然摆脱不了过去以政府为主导的"依附式"发展。通过前面的数据分析可以得出这是目前普遍存在的一种现象，严重阻碍了政府与行业协会商会合作进行监管的机制建设进程。研究结果显示，若要实现二者之间的合作，必然要先解决二者之间的职能划分问题。因此，首先要解决行业协会商会的认知偏差问题，才能形成正确的合作关系。本研究虽然阐明了这种客观事实的存在，但是并没有对其产生的原因和解决的路径进行更进一步的探析。所以，需要今后的研究对这一缺失进行补充，目的是要更加明确介入政府"简政放权"改革的权力清单和范围，建立行业协会商会承接职能并履行职能的激励机制，实现政府与行业自律之间的合作监管奠定基础。

其次，本研究是在国家进行行业协会商会与政府脱钩改革的大背景下进行的，以实现二者的互动合作为目标，进行了系统性研究，研究结果具有较大程度的宏观性。换句话说，本研究的成果是对所有行业在内的自律建设提供了相对统一的指导，对行业之间的差异性考虑有所欠缺，因此，存在研究成果对某些行业的指导作用较弱的可能性。所以，在未来的研究中，可以根据各行业不同发展特点的实际情况，探索建立更加符合各行业发展实际需求的政府监管与行业自律的合作机制，逐渐将研究重点由机制建设转移到机制的实用性上来，使该机制的提出更加具有实践意义。

附录　脱钩后行业协会商会可持续发展问卷调查

您好！我们正在进行国家社科基金年度规划课题项目研究，为了解脱钩之后政府监管与行业协会商会可持续发展的双向政策需求，促进二者合作共赢，特制定本问卷，问卷实行匿名制，题目选项无对错之分，所有数据只用于科学研究，请放心填写，谢谢您的配合！

第一部分

1. 您的工作单位类型是？

   A. 党政部门（党委、政府、人大、政协）

   B. 行业协会商会、促进会等

   C. 高校科研机构

   D. 国有企业

   E. 民营企业

   F. 其他事业单位

   G. 其他

（说明：如果您不在行业协会商会工作，问卷将会自动跳转至第18题。）

2. 您所在行业协会商会的会员企业大概有多少家？

   A. 200家及以下

   B. 201—500家

   C. 501—1000家

   D. 1000家以上

3. 您所在的行业协会商会最初的成立方式是？

   A. 官办行业协会

B. 半官办行业协会

C. 民办行业协会

D. 其他_____

4. 你认为行业协会商会应该是（最多选三项）？

A. 联系政府与企业的纽带

B. 会员利益的代表者

C. 政府利益的代理人

D. 行业事务的管理者

E. 社会利益的维护人

F. 其他_____

5. 2015年7月，《行业协会商会与行政机关脱钩总体方案》出台，您所在的行业协会商会是否愿意与政府进行脱钩？

A. 愿意

B. 不愿意

C. 无所谓（本来就与政府没关系）

D. 其他_____

6. 脱钩后行业协会商会首先应提升的能力是（最多选两项）？

A. 向企业提供服务的能力

B. 帮助企业吸纳资金的能力

C. 与政府谈判沟通的能力

D. 承接政府购买服务的能力

E. 向社会树立良好声誉的能力

F. 其他_____

7. 过去五年您所在的行业协会商会接受过以下检查（可多选）：

A. 集中年检、网上年检（报表）

B. 实地抽查

C. 行政约谈、行政告诫

D. 第三方评估、被开展信用评价

E. 其他_____

8. 脱钩后原业务指导部门对您所在的行业协会商会进行了以下工

作（可多选）：

　　A. 制定了职能移交清单

　　B. 将部分职能移交给协会

　　C. 仍对协会商会进行政策和业务指导

　　D. 向协会商会进行了公共服务购买

　　E. 以上都没有

　　F. 其他_____

9. 如果脱钩后您所在的行业协会商会发生内部矛盾纠纷，在行政层面，您主要会去哪里寻求解决（可多选）？

　　A. 登记审查机关（民政部门）

　　B. 监督管理机关（市场监管部门）

　　C. 执法检查机关（公安部门等）

　　D. 原业务指导部门

　　E. 不知道去哪里解决

　　F. 其他

10. 您所在行业协会商会的党组织形式是：

　　A. 党总支、党支部

　　B. 联合党支部

　　C. 临时党组织

　　D. 暂未成立党组织

　　E. 其他_____

11. 您所在行业协会商会配备了几名专职党务工作者？

A. 1 名

B. 2 名

C. >3 名

　　D. 有党建工作指导员、联络员

　　E. 无任何形式的专职党务工作者

12. 您所在行业协会商会多久进行一次党建活动？

　　A. 一周一次

　　B. 一个月一次

C. 一年一次

D. 暂时没有条件组织党建活动

E. 其他_____

13. 您所在的行业协会商会是否拥有常设的行业自律机构？

A. 是

B. 否

14. 您所在的行业协会商会是否已制定正式的、类似行业自律公约的文件？

A. 是

B. 否

如选择"是"请继续回答第15题，如选择"否"，将直接跳到第16题。

15. 该行业自律公约对会员违规的惩罚条款包括（可多选）：

A. 罚款

B. 业内通报

C. 限期整改

D. 失信信息录入信用库

E. 行业集体制裁

F. 开除会籍

G. 媒体曝光

H. 上报监管部门

J. 其他_____

16. 对您所在的行业协会商会来说，脱钩后影响发展的首要问题是（可多选）？

A. 缺乏有力的领导人（会长、秘书长等）

B. 人才招聘难和人才流失问题

C. 会员招募难

D. 会费收取难、收入低问题

E. 治理结构不完善问题

F. 缺乏法律保障

G. 缺乏行业治理权力

H. 缺乏政府的各项资源支持

I. 没有办公场所

J. 受政府管制太严重

K. 无人管制

L. 其他_____

17. 脱钩后，您认为行业协会发展最需要政府给予哪方面的支持？（可多选）

　　A. 政策支持（税收优惠、购买服务等）

　　B. 权力支持（简政放权）

　　C. 资金支持（政府补贴）

　　D. 法律支持（协会立法保障）

　　E. 参政议政（参与政策制定、促进行业标准制定等）

　　F. 其他_____

第二部分

18. 您认为"脱钩不脱管"最重要的是（可多选）？

　　A. 加强法律法规等制度建设

　　B. 完善政府综合监管体系

　　C. 完善行业协会商会信息体系和信息公开制度

　　D. 建立健全行业协会商会法人治理结构

　　E. 建立行业协会商会领导者过错责任追究机制

　　F. 建立健全行业协会商会退出机制

　　G. 加强第三方监督评估

　　H. 其他_____

19. 脱钩后，您最担心的问题是（可多选）？

　　A. 依靠政府获得的体制内资源减少

　　B. 承揽政府交给的业务所获得的经济效益减少

　　C. 如何转型、提高服务能力

　　D. 如何运用好从行政部门下放的权力

　　E. 行业协会商会被会员俘获，发展为利益集团

F. 政府权力被弱化，难以控制协会商会

G. 其他_____

20. 您认为脱钩后，行业协会商会与政府的关系会发展成什么样（单选）？

    A. 竞争关系（代表会员利益与政府谈判）

    B. 合作关系（与政府一起管理会员）

    C. 以"竞争"为基础的"竞争—合作"关系

    D. 以"合作"为基础的"竞争—合作"关系

    E. 行业协会仍然是政府附庸，谈不上合作

    F. 契约关系（买卖关系，形式是购买服务）

    G. 其他_____

21. 您认为"脱钩"后政府与行业协会商会应采取哪种合作形式（可多选）？

    A. 宏观政府管、微观协会管

    B. 各管一块、相互分工

    C. 先行业自律，后政府监管

    D. 协会表面自治、政府实际操作

    E. 相互配合、相互依托

22. 您认为脱钩后政府与行业协会商会合作的困难有哪些（可多选）？

    A. 各自为政、互不信任

    B. 相互推诿、互无担当

    C. 协会无权威、政府无帮手

    D. 内缺机制、外无载体

    E. 明脱钩、暗未脱钩（脱钩不脱管）

23. 您认为"脱钩"后政府与行业协会商会合作对企业有哪些影响（可多选）？

    A. 减少企业的行政符合成本

    B. 提升企业自律

    C. 增加企业监管负担

D. 尚无明显影响

E. 其他_____

24. 您认为利用行业协会商会进行行业治理的障碍是什么（可多选）？

A. 行业协会商会财力不足

B. 行业协会商会能力不足

C. 行业协会商会权力不足

D. 行业协会商会权威性不够

E. 行业协会商会缺乏法律支持

F. 行业协会商会可能与会员"共谋"

G. 其他

25. 您认为"通过行业协会商会可以促进行业自律的实现"有赖于（可多选）？

A. 行业成员的共同利益

B. 行业成员的内部契约

C. 行业协会商会的行业声誉

D. 完善的法律保障

E. 行业协会商会良好的内部治理结构

F. 政府监管和制裁的威慑

G. 社会舆论的压力

H. 其他_____

以上是问卷的全部内容，再次谢谢您的帮助与配合！

参考文献

中文文献

蔡晔琦：《协会、制衡与政府信誉》，《经济评论》2004年第1期。

陈竞：《支持规范行业协会商会承接政府购买服务》，《政府采购报》2017年5月9日。

陈金罗：《社团立法和社团管理》，法律出版社1997年版。

陈瑞：《近代广告行业自律与政府监管略论》，《贵州社会科学》2016年第6期。

陈樱琴：《公平会独立性之研究》，《公平交易季刊》1999年第1期。

程楠：《全国性行业协会商会正有序稳步脱钩——访民政部民间组织管理局副局长廖鸿》，《中国社会组织》2016年第17期。

樊卫国：《论民国上海同业公会的"政治行为"》，《民国研究》2014年秋季号，总第26辑。

傅昌波、简燕平：《行业协会商会与行政脱钩改革的难点与对策》，《行政管理改革》2016年第6期。

葛亮：《行业协会商会去行政化的困境与路径协同——以政府转移职能为抓手》，《中国机构改革与管理》2016年第5期。

高运成：《推进新常态下行业协会商会健康有序发展》，《社会治理》2016年第1期。

龚强、雷丽衡、袁燕：《政策性负担、规制俘获与食品安全》，《经济研究》2015年第8期。

郭薇：《政府监管与行业自律——论行业协会在市场治理中的功

能及实现条件》，中国社会科学出版社 2011 年版。

郭薇：《政府监管需要与行业自律形成合力》，《学习时报》2013 年 5 月 6 日。

郭薇：《以培育行业协会商会公信力为抓手应对"脱钩"挑战》，《中国社会报》2016 年 9 月 26 日。

郭薇：《行业协会商会脱钩后如何可持续发展》，《中国社会报》2017 年 4 月 24 日。

郭薇：《行业协会商会脱钩后如何自律》，《学习时报》2018 年 3 月 30 日。

贺绍奇：《政府与行业协会商会脱钩后的政社关系重构——基于 ISDA 的案例研究》，《中共浙江省委党校》2016 年第 2 期。

黄坡、陈柳钦：《政府规制与行业自律的辩证关系研究》，《学习论坛》2005 年第 12 期。

季云岗、王冰洁：《脱钩是行业协会商会发展的必由之路——专访民政部民间组织管理局副局长李勇》，《中国社会组织》2015 年第 19 期。

贾西津、张经：《行业协会商会与政府脱钩改革方略及挑战》，《社会治理》2016 年第 1 期。

罗豪才等：《软法与公共治理》，北京大学出版社 2006 年版。

黎军：《行业组织的行政法问题研究》，北京大学出版社 2002 年版。

李利利、刘庆顺：《脱钩后行业协会社会关系网络分析》，《对外经贸》2017 年第 6 期。

刘晓贵：《加快落实行业协会商会综合监管的几点思考》，《中国社会组织》2017 第 10 期。

刘燕：《国外行业协会发展监管的经验及启示》，《中国社会报》2014 年 7 月 21 日。

马德坤：《近代工商业组织"自治"性刍议——以同业公会为例》，《学术界》2015 年第 8 期。

彭和平：《商业银行风险管理的理论与系统》，西南财经大学出版社 2001 年版。

彭小玲、蔡立辉：《貌离神合：市场中介组织行业自律的行政化现象研究》，《行政论坛》2016 年第 3 期。

邵金荣：《非营利组织与免税》，社会科学文献出版社 2003 年版。

沈萍：《政府监管与行业自律相结合的监管模式——由美国注册会计师行业监管模式引发的思考》，《兰州商学院学报》2005 年第 5 期。

沈永东、宋晓清：《新一轮行业协会商会与行政机关脱钩改革的风险及其防范》，《中共浙江省委党校学报》2016 年第 2 期。

石碧涛：《转型时期中国行业协会治理研究》，博士学位论文，暨南大学，2011 年。

宋晓清：《谨防行业协会商会与行政机关脱钩过程中的三种风险》，《中国社会组织》2015 年第 21 期。

孙燕：《我国行业协会的现状和发展出路》，《江苏省社会主义学院学报》2007 年第 3 期。

汤蕴懿、胡伟：《制度变迁与制度均衡——析上海地方治理过程中外国商会的角色》，《上海交通大学学报》（哲学社会科学版）2006 年第 5 期。

王华：《治理中的伙伴关系——政府与非政府组织间的合作》，《云南社会科学》2003 年第 3 期。

王林生、张汉林等：《发达国家规制改革与绩效》，上海财经大学出版社 2006 年版。

王名：《非营利组织管理概论》，中国人民大学出版社 2002 年版。

王名、贾西津：《行业协会论纲》，《经济界》2004 年第 1 期。

王名：《走向公民社会——我国社会组织发展的历史及趋势》，《吉林大学社会科学学报》2009 年第 3 期。

王树文：《公共服务市场化改革与政府监管创新》，人民出版社 2013 年版。

王湘军：《电信业政府监管研究——行政法的视角》，博士学位论文，中国政法大学，2009 年。

王勇：《扎实推进行业协会商会与行政机关脱钩改革》，《社会治理》2016年第1期。

王永治：《关于行业协会价格功能定位及其行为规范的几个问题》，《价格理论与实践》2003年第10期。

魏静：《商会自治的基石：商会自治规范研究》，《西南农业大学学报》（社会科学版）2009年第4期。

温锐、周海燕：《政府主导下的经济发展——1927—1937年南京国民政府与市场调适关系分析》，《江西财经大学学报》2014年第3期。

文学国：《政府规制：理论、政策与案例》，中国社会科学出版社2012年版。

吴宗祥：《行业协会治理机制的制度需求和制度供给》，《学术月刊》2003年第7期。

席涛：《美国管制：从命令—控制到成本—收益分析》，中国社会科学出版社2006年版。

徐家良、薛美琴：《行业协会承接政府职能转移特征分析》，《上海师范大学学报》（哲学社会科学版）2015年第5期。

徐家良：《双重赋权：中国行业协会的基本特征》，《天津行政学院学报》2003年第5期。

燕继荣：《社会变迁与社会治理》，《北京大学学报》（哲学社会科学版）2017年第5期。

杨公仆：《产业经济学》，复旦大学出版社2005年版。

杨宜勇、关博：《行业协会商会脱钩政府：探索、挑战和改革》，《时事报告》2014年第3期。

易继明：《论行业协会市场化改革》，《法学家》2014年第4期。

余晖：《受管制市场里的政企同盟——以中国电信产业为例》，《中国工业经济》2000年第1期。

郁建兴、周俊、沈永东、何宾：《后双重管理体制时代的行业协会商会发展》，《浙江社会科学》2013年第12期。

郁建兴：《调适性合作：十八大以来中国政府与社会组织关系的

策略性变革》,《政治学研究》2017 年第 3 期。

郁建兴、沈永东、周俊:《从双重管理到合规性监管——全面深化改革时代行业协会商会监管体制的重构》,《浙江大学学报》(人文社会科学版) 2014 年第 4 期。

岳文静:《关于行业协会改革发展的问题与对策》,《机构与行政》2015 年第 9 期。

曾铁兵:《注册会计师职业协会问题研究评述》,《中国注册会计师》2005 年第 7 期。

赵立波:《政府购买行业协会商会服务研究》,《学习论坛》2016 年第 1 期。

赵小平:《与行政机关脱钩:2014 年行业协会商会改革的热点分析,中国社会体制改革报告 No.3 (2015)》,社会科学文献出版社 2015 年版。

赵小平:《2015 年行业协会商会与行政脱钩改革进展评述与政策建议》,《社会体制蓝皮书》2016 年。

张丹丹、耿志国:《阻抗——官办社团与政府关系的新诠释》,《河海大学学报》(哲学社会科学版) 2006 年第 1 期。

张华:《连接纽带抑或依附工具:转型时期中国行业协会研究文献评述》,《社会》2015 年第 3 期。

张捷、徐林清、张媛媛:《转型期中国产业中间组织的制度变迁》,《产经评论》2010 年第 2 期。

张千帆等:《宪政、法治与经济发展》,北京大学出版社 2004 年版。

张冉:《我国行业协会管理体制弊端、实践创新及变革趋势》,《昆明理工大学学报》(社会科学版) 2007 年第 4 版。

张新文、谢焕文:《西方发达国家行业协会的角色功能及运行机制》,《广西民族学院学报》(哲学社会科学版) 2004 年第 5 期。

郑琦:《社会组织监管:美国的经验与启示》,《社会主义研究》2013 年第 2 期。

周汉华:《政府监管与行政法》,北京大学出版社 2007 年版。

朱光磊：《中国政府职能转变问题研究论纲》，《中国高校社会科学》2013年第4期。

朱剑红：《脱钩改革——让行业协会商会褪去"官色"》，《人民日报》2015年7月9日第6版。

朱英：《中国传统行会在近代的发展演变》，《江苏社会科学》2004年第2期。

朱英：《近代中国同业公会的传统特色》，《华中师范大学学报》（人文社会科学版）2004年第3期。

［美］A.克鲁格：《寻租社会的政治经济学》，《经济社会体制比较》1988年第5期。

［美］埃莉诺·奥斯特罗姆、罗伊·加德纳、詹姆斯·沃克：《规则、博弈与公共池塘资源》，王巧玲、任睿译，陕西人民出版社2011年版。

［美］埃莉诺·奥斯特罗姆：《公共资源的未来：超越市场失灵和政府监管》，郭冠清译，中国人民大学出版社2015年版。

［美］丹尼尔·F.史普博：《管制与市场》，余晖等译，上海三联书店1999年版。

［美］戈登·塔洛克：《寻租——对寻租活动的经济学分析》，李政军译，西南财经大学出版社1999年版。

［美］科恩：《论民主》，聂崇信、朱秀贤译，商务印书馆2004年版。

［美］罗伯特·帕特南：《独自打保龄：美国社区的衰落语复兴》，刘波等译，北京大学出版社2011年版。

［美］罗伯特·帕特南：《使民主运转起来——现代意大利公民传统》，王列、赖海榕译，中国人民大学出版社2015年版。

［美］沃尔夫：《市场或政府：权衡两种不完善的选择》，谢旭译，中国发展出版社1994年版。

［美］约翰·罗尔斯：《正义论》，何怀宏、何包刚、廖申白译，中国社会科学出版社1988年版。

［美］詹姆斯·布坎南：《自由、市场与国家》，平新乔等译，上

海三联书店 1989 年版。

［日］清水盛光：《传统中国行会的势力》，《食货月刊》1985 年第 12 期。

［英］约翰·密尔：《论自由》，徐宝骙译，商务印书馆 2012 年版。

英文文献

Abragaml L. Newman, David Bach, "Self‐Regulatory Trajectories in the Shadow of Public Power: Resolving Digital Dilemmas in Europe and the United States", *Governance: An International Journal of Policy, Administration, and Institutions*, 2004, Vol. 17, No. 3.

Adrienne Heritier, "Sandra Eckert. New Modes of Governance in the Shadow of Hierarchy: Self‐regulati‐on by Industry in Europe", *Journal of Public Policy*, 2007, 28（1）.

Anthony Ogus., "Rethinking Self‐regulation. Oxford" *Journal of Legal Studies*, 1995, 15（1）.

Aseem Prakash, Matthew Potoski, "Collective Action through Voluntary Environmental Programs: A Club Theory Perspective", *The Policy Studies Journal*, 2007, 35（4）.

Ashby, Simon, Chuah, Swee Hoon, Hoffmann, Robert, "Industry Self‐Regulation: A Game Theoretic Typology of Strategic Voluntary Compliance", *International Journal of the Economics of Business*, 2004, 1（1）.

Atkinson, M. M., Coleman, "W. D. Strong States and Weak States: Sectoral Policy Networks in Advanced Capitalist Economies", *British Journal of Political Science*, 1989, Vol. 19, No. 1.

A. Hemphill, Thomas, "Self‐regulating Industry Behavior: Antitrust Limitations and Trade Association Codes of Conduct", *Journal of Business Ethics*, December 1992, Vol. 11, No. 12.

Barnett, Michael L., "Finding a Working Balance between Competitive andCommunal strategy", *Journal of Management Studies*, 2006, 43（8）.

Bartle, Ian Vass, Peter, "Self – regulation Within The Regulatory State", *Public Administration* Vol. 85, No. 4, 2007.

Bowen F., "Marking Their Own Homework: The Pragmatic and Moral Legitimacy of Industry Self – Regulation", *Journal of Business Ethics*, 2017, No. 2.

Boyland E. J., Harris., J. L., "Regulation of Food Marketing to Children: Are Statutory or Industry Self – governed Systems Effective?" *Public Health Nutrition*, 2017, Vol. 20, No. 5.

Braithwaite, J., In P. Grabosky & J. Braithwaite (Eds.), "Responsive regulation in Australia", *Business Regulation and Australia's Future*, 1993.

Braithwaite, John, "Responsive Regulation and Developing Economies", *World Development*, 2006, 34 (5).

Brautigam, D., Rakner, L., Taylor, S., "Business Associations and Growth Coalitions in Sub – Saharan Africa", *The Journal of Modern African Studies*, 2002, Vol. 40, No. 4.

Caraher, M. Perry, I., "Sugar, Salt, and the Limits of Self – regulation in the Food Industry", *Bmj*, 2017, No. 357.

Christmann, P., Taylor, G., "Firm Self – regulation through International Certifiable Standards: Determinants of Symbolic versus Substantive Implementation", *Journal of International Business Studies*, 2006, Vol. 37, No. 6.

Christodoulos Stefanadis., "Self – regulation, Innovation, and the Financial Industry", *Journal of Regulatory Economics*, 2003, 23 (1).

Coglianese, C., Mendelson, E., "Meta – regulation and Self – regulation", In R. Baldwin, M. Cave M. Lodge, Eds. *The Oxford Handbook of Regulation*, Oxford: Oxford University Press, 2010.

Dafna Schwartz; Raphael Bar – El., "The Role of a Local Industry Association as a Catalyst for Building an Innovation Ecosystem: An Experiment in the State of Ceara in Brazil", *Innovation*, 2015.

Dalziel, M., "The Impact of Industry Associations", *Innovation: Management Policy & Practice*, 2006, 8 (3).

Darnall, Nicole, Sides, Stephen, "Assessing the Performance of Voluntary Environmental Programs: Does Certification Matter", *Policy Studies Journal*, 2008, 36 (1).

Dumitrescu C., Hughner R. S., II Clifford, "Policy and Marketing Changes to Help Curb Childhood Obesity: Government Ban vs. Industry Self-regulation", *International Journal of Consumer Studies*, 2016, Vol. 40, No. 5.

Eijlander, Philip, "Possibilities and Constraints in the Use of Self-regulation and Co-regulation in Legislative Policy: Experiences in the Netherlands - lessons to be learned for the EU", *Electronic Journal of Comparative Law*, 2005, 9 (10).

Grajzl, Peter, Murrell, Peter, "Allocating Lawmaking Powers: Self-regulation vs. Government Regulation", *Journal of Comparative Economics*, 2007, 35 (3).

Hahn, R. W., Policy Watch, "Analysis of the Benefits and Costs of Regulation", *Journal of Economic Perspectives*, 1988, 12 (4).

Havas, John M., "Counseling the Trade Association", *Public Relations Quarterly*, 1969, 14 (2).

Khanna, Madhu, Koss Patricia & Jones, Cody, "Motivations for Voluntary Environmental Management", *The Policy Studies Journal*, 2007, 35 (4).

Kimenyi, M. S., "Interest Groups, Transfer Seeking and Democratisation. American", *Journal of Economics and Sociology*, 1989, Vol. 48, No. 3.

Kotz, David M., "Neoliberalism and the Social Structure of Accumulation Theory of Long - Run Capital Accumulation", *Review of Radical Political Economics*, 2003, 35 (3).

Kshetri, N., Dholakia, N., "Professional and Trade Associations in a

Nascent and Formative Sector of a Developing Economy: A Case Study of the NASSCOM Effect on the Indian Offshoring Industry", *Journal of International Management*, 2009, Vol. 15, No. 2.

Lenox, Michael J., "The Role of Private Decentralized Institutions in Sustaining Industry Self - regulation", *Organization Science*, 2006, 17 (6).

Levy, B., Spiller, P., *Regulations, Institutions and Connitment* Cambridge: Cambridge University Press, 1996.

Lin - Hi N., Blumberg, I., "The Power (lessness) of Industry Self - regulation to Promote Responsible Labor Standards: Insights from the Chinese Toy Industry", *Journal of Business Ethics*, July 2017, Volume 143, Issue 4.

Maitland, I., "The Limits of Business Self - Regulation. California", *Management Review*, 1985, Vol. 27, No. 3.

Marques, J. C., "Industry Business Associations: Self - Interested or Socially Conscious?" *Journal of Business Ethics*, 2016, Vol. 143, No. 4.

McCubbins, Mathew D., "Abdication or Delegation? Congress, the Bureaucracy, and the Delegation Dilemma", *Regulation*, 1999, 22 (2).

Moon, Seonggin, "Corporate Environmental Behaviors in Voluntary Programs: Does Timing Matter?" *Social Science Quarterly*, 2008, 89 (5).

Moore, M., Hamalai. L., "Economic Liberalisation, Political Pluralism, and Business Association in Developing Countries", *World Development*, 1993, Vol. 21, No. 12.

Moore, M., Schmitz, H., "Idealism, Realism and the Investment Climate in Developing Countries", *Institute of Development Studies*, 2008.

Ngaire Woods, David Graham, "Making Corporate Self - regulation Effective in Developing Countries", *World Development*, 2006, 34 (5).

Noel, J., Lazzarini Z., Robaina, K., A. Vendrame, "Alcohol Industry Self - regulation: Who is it Really Protecting?" *Addiction*, 2017, Vol. 112, No. S1.

Papaioannou, Theo, Watkins, Andrew, Mugwagwa Julius and Kale Dinar, "To Lobby or to Partner? Investigating the Shifting Political Strategies of Biopharmaceutical Industry Associations in Innovation Systems of South Africa and India", *World Development*, 2016, Vol. 78, pp. 66 – 79.

Park, Sub, "Cooperation between Business Associations and the Government in the Korean Cotton Industry 1950 – 70", *Business History*, 2009.

Peltzmann, S., "Towards a More General Theory of Regulation", *Journal of Law and Economics*, 1976 (19).

Renée de Nevers, "Regulating War? Voluntary Regulation and the Private Security Industry", *Security Studies*, 2009, 18 (3).

Ruggie, J. G., "Global Markets and Global Governance—The Prospects for Convergence", In S. Bernstein & L. W. Pauly, Eds. *Global Liberalism and Political Order: Toward a New Grand Compromise?* Albany, NY: State University of New York Press, 2007.

Sen, K., "The Political Dynamics of Economic Growth", *World Development*, 2013, No. 47.

Senden, Linda, "Soft Law, Self – regulation and Con – regulation in European Law: Where do They Meet?" *ElectronicJournal of Comparative Law*, 2005, 9 (1).

Sharfman, I. L., "The Trade Association Movement," *American Economic Review*, 1926, Vol. 16, No. 1.

Simpson, David Lee, Sue, "Public Perceptions and the Role of the Industry", *Journal of the Royal Statistical Society*, 2003, 166 (2).

Smith, A., *An Inquiry into the Nature and Causes of the Wealth of Nations*, University Park: Penn State Electronic Classics, 1776.

Staber, U., Aldrich, H., "Trade Association Stability and Public Policy", In R. Hall & R. Quinn, Eds., *Organizational Theory and Public Policy*, 1983.

Stigler, George, "The Theory of Economic Regulation", *Bell Journal of Economics*, 1971 (2).

Sunstein, Cass, *After the Rights, Revolution* Boston: Harvard University Press, 1990.

Watkins, A., Papaioannou, T., Mugwagwa, J., Kale, D, "National Innovation Systems and the Intermediary Role of Industry Associations in Building Institutional Capacities for Innovation in Developing Countries: A Critical Review of the Literature", *Research Policy*, 2015, Vol. 44, No. 8.

Wotruba, Thomas R., "Industry Self – Regulation: A Review and Extension to a Global Setting", *Journal of Public Policy & Marketing*, 1997, 16 (1).

后 记

本书主要依托国家社科基金青年项目2019年度结项成果"政府监管与行业自律互动合作的实现机制研究——基于现代国家治理体系下'脱钩'改革背景的研究",全书共分为研究综述、理论建构、数据支撑、政策建议四个部分,立足于国家治理现代化背景下的行业协会商会脱钩改革,对比了脱钩前和脱钩后行业协会商会的发展挑战以及政府监管与行业自律互动合作机制的变化,并针对这些变化在最后一章给出了政策建议。本书的特色与亮点一个是主题上的亮点,当前,学界专门针对脱钩改革的系统性研究不多,另外一个是研究方法上的亮点:本书采用了定量研究和质性分析方法相结合的研究方法,对18.8万字的访谈稿进行了词频统计,同时,对全国除西藏、青海、甘肃、宁夏、海南、台湾、香港之外的27个省份进行了问卷调查,回收有效问卷1000份,并以此为基础对全书观点进行了数据统计分析和支撑。总之,以定量和质性分析为基础,以行业协会商会脱钩改革为依托,对政府监管和行业自律互动合作进行的研究目前在全国几乎是没有的,这成为本书最大的亮点。但由于自身的惰性,书稿未能在核心研究成果出炉的第一时间得以持续升华整理并上市出版也成为一点遗憾。

写作本书过程中,再次切实体会了"学海无涯"和"三人行必有我师"的滋味,本书的写作得益于团队合作,其中既得益于博士生师门同人的助力,又得益于晚学团队的助益,一并表示感谢!各章具体执笔人如下:第一章 毛讷讷、王天楠;第二章 王天楠、郭薇;第三章 郭薇、王天楠;第四章 原轲、何欣颖;第五章 何欣颖、郭薇。本书写作正值本人孕育之时,这份成果是我的家人与我一起完成的,谢谢他们的无私付出!

最后,对所有参考文献的原作者表示深深的敬意!